Schulordnung für die Realschulen

Textausgabe –
Bayer. Erziehungs- und Unterrichtsgesetz (BayEUG),
Bayerische Schulordnung (BaySchO)
und Realschulordnung (RSO)

45., vollständig überarbeitete Auflage 2022

Carl Link

Abgeschlossen nach dem Rechtsstand vom 01.09.2022

Gliederungsübersicht

Seite

Bayer. Gesetz über das Erziehungs- und Unterrichtswesen (BayEUG) 3

Bayerische Schulordnung (BaySchO). 78

Realschulordnung (RSO). 150

Stichwortverzeichnis 179

Hinweis:
In dieser Textausgabe sind das Bayerische Gesetz über das Erziehungs- und Unterrichtswesen (BayEUG), die Bayerische Schulordnung (BaySchO) und die Schulordnung für die Realschulen (RSO) vollständig abgedruckt. Zusammen bilden die drei Vorschriften die schulordnungsrechtliche Grundlage für die Realschulen in Bayern.
Änderungen seit der letzten Auflage sind mit Strichen am Rand markiert. Ein ausführliches Stichwortverzeichnis am Schluss unterstützt das gezielte Auffinden der Vorschriften

---

Bibliographische Information der Deutschen Bibliothek
Die Deutsche Bibliothek verzeichnet diese Publikation in der deutschen Nationalbibliografie; detaillierte bibliografische Daten sind im Internet über **http://dnb.d-nb.de** abrufbar.

Art.-Nr. **09645000** — (ISBN 978-3-556-09645-1)

www.wolterskluwer.de
www.wolterskluwer-online.de

Alle Rechte vorbehalten.
© 2022 Wolters Kluwer Deutschland GmbH, Wolters-Kluwer-Straße 1, 50354 Hürth.

Das Werk einschließlich aller seiner Teile ist urheberrechtlich geschützt. Jede Verwendung außerhalb der engen Grenzen des Urheberrechtsgesetzes ist ohne Zustimmung des Verlages unzulässig und strafbar; dies gilt insbesondere für Kopien, Vervielfältigungen, Bearbeitungen, Übersetzungen, Verfilmungen oder die Speicherung in elektronischen Programmen und Systemen.

Der Inhalt dieses Werkes, alle Vorschriften, Erläuterungen, Anregungen und weiterführenden Fachinformationen, sind mit größter Sorgfalt zusammengestellt. Dies begründet jedoch nicht einen Beratungsvertrag und keine anderweitige Bindungswirkung gegenüber dem Verlag. Es kann schon wegen der nötigen Anpassung an die individuellen Gegebenheiten des Einzelfalls keine Gewähr für Verbindlichkeit, Vollständigkeit oder auch Fehlerfreiheit gegeben werden, obwohl wir alles tun einen aktuellen und korrekten Stand zu erhalten.

Umschlagkonzeption: Martina Busch, Grafikdesign, Homburg-Kirrberg
Satz: Newgen KnowledgeWorks (P) Ltd., Chennai
Druck und Weiterverarbeitung: Wydawnictwo Diecezjalne i Drukarnia w Sandomierzu, Sandomierz, Polen

Gedruckt auf säurefreiem, alterungsbeständigem und chlorfreiem Papier.

BayEUG

Bayerisches Gesetz über das Erziehungs- und Unterrichtswesen (BayEUG)

in der Fassung der Bekanntmachung vom 31. Mai 2000 (GVBl. S. 414, 632), zuletzt geändert durch Gesetz vom 5. Juli 2022 (GVBl. S. 308)

Inhaltsübersicht (nicht amtlich)

ERSTER TEIL
Grundlagen

Art. 1 Bildungs- und Erziehungsauftrag
Art. 2 Aufgaben der Schulen
Art. 3 Öffentliche und private Unterrichtseinrichtungen
Art. 4 Schulbauten
Art. 5 Schuljahr und Ferien
Art. 5a Besondere Bestimmungen

ZWEITER TEIL
Die öffentlichen Schulen

ABSCHNITT I

Art. 6 Gliederung des Schulwesens

ABSCHNITT II
Schularten und Mittlerer Schulabschluss

a) **Allgemein bildende Schulen**
Art. 7 Die Grundschule
Art. 7a Die Mittelschule
Art. 8 Die Realschule
Art. 9 Das Gymnasium
Art. 10 Schulen des Zweiten Bildungswegs

b) **Berufliche Schulen**
Art. 11 Die Berufsschule
Art. 12 (aufgehoben)
Art. 13 Die Berufsfachschule
Art. 14 Die Wirtschaftsschule
Art. 15 Die Fachschule
Art. 16 Die Fachoberschule und die Berufsoberschule
Art. 17 (aufgehoben)
Art. 18 Die Fachakademie

c) **Förderschulen und Schulen für Kranke**
Art. 19 Aufgaben der Förderschulen
Art. 20 Förderschwerpunkte, Aufbau und Gliederung der Förderschulen
Art. 21 Mobile Sonderpädagogische Dienste
Art. 22 Schulvorbereitende Einrichtungen und Mobile Sonderpädagogische Hilfe
Art. 23 Schulen für Kranke; Hausunterricht

Art. 24 Förderschulen und Schulen für Kranke; Ausführungsbestimmungen
Art. 24a (aufgehoben)

d) **Mittlerer Schulabschluss**
Art. 25 Mittlerer Schulabschluss

ABSCHNITT III
Errichtung und Auflösung von öffentlichen Schulen; Schulveranstaltungen; Zusammenarbeit; kooperatives Lernen

a) **Allgemeine Grundsätze**
Art. 26 Staatliche Schulen
Art. 27 Kommunale Schulen
Art. 28 Erfordernisse der Raumordnung
Art. 29 Bezeichnung von Schulen und Schülerheimen
Art. 30 Schulveranstaltungen
Art. 30a Zusammenarbeit von Schulen, kooperatives Lernen
Art. 30b Inklusive Schule
Art. 31 Zusammenarbeit mit Jugendämtern und Einrichtungen der Erziehung, Bildung und Betreuung; Mittagsbetreuung

b) **Besondere Regelungen für Pflichtschulen**
Art. 32 Grundschulen
Art. 32a Mittelschulen
Art. 33 Förderschulen und Schulen für Kranke
Art. 34 Berufsschulen

ABSCHNITT IV
Schulpflicht, Pflichtschulen, Sprengelpflicht, Gastschulverhältnisse, Wahl des schulischen Bildungswegs

Art. 35 Schulpflicht
Art. 36 Erfüllung der Schulpflicht
Art. 37 Vollzeitschulpflicht
Art. 37a (aufgehoben)
Art. 38 Freiwilliger Besuch der Mittelschule
Art. 39 Berufsschulpflicht
Art. 40 Berufsschulberechtigung
Art. 41 Schulpflicht bei sonderpädagogischem Förderbedarf oder längerfristiger Erkrankung

BayEUG

Art. 42	Sprengelpflicht beim Besuch öffentlicher Pflichtschulen	
Art. 43	Gastschulverhältnisse	
Art. 44	Wahl des schulischen Bildungswegs	

ABSCHNITT V
Inhalte des Unterrichts

Art. 45	Lehrpläne, Stundentafeln, Richtlinien und Bildungsstandards
Art. 46	Religionsunterricht
Art. 47	Ethikunterricht
Art. 48	Familien- und Sexualerziehung

ABSCHNITT VI
Grundsätze des Schulbetriebs

Art. 49	Jahrgangsstufen, Klassen, Unterrichtsgruppen
Art. 50	Fächer, Kurse, fachpraktische Ausbildung
Art. 51	Lernmittel, Lehrmittel
Art. 52	Nachweise des Leistungsstands, Bewertung der Leistungen, Zeugnisse
Art. 53	Vorrücken und Wiederholen
Art. 54	Abschlussprüfung
Art. 55	Beendigung des Schulbesuchs

ABSCHNITT VII
Schülerinnen und Schüler

Art. 56	Rechte und Pflichten

ABSCHNITT VIII
Schulleiterin oder Schulleiter, Lehrerkonferenz, Lehrkräfte und sonstiges Personal

Art. 57	Schulleiterin oder Schulleiter, ständiger Vertreter
Art. 57a	Erweiterte Schulleitung
Art. 58	Lehrerkonferenz
Art. 59	Lehrkräfte
Art. 60	Weiteres pädagogisches Personal
Art. 60a	Sonstiges schulisches Personal sowie Verwaltungs- und Hauspersonal
Art. 61	Angehörige kirchlicher Genossenschaften

ABSCHNITT IX
Einrichtungen zur Mitgestaltung des schulischen Lebens

a) Schülermitverantwortung

Art. 62	Schülermitverantwortung, Schülervertretung
Art. 62a	Landesschülerkonferenz, Landesschülerrat
Art. 63	Schülerzeitung

b) Elternvertretung

Art. 64	Einrichtungen
Art. 65	Bedeutung und Aufgaben
Art. 66	Zusammensetzung des Elternbeirats
Art. 67	Unterrichtung des Elternbeirats
Art. 68	Durchführungsvorschriften

c) Schulforum

Art. 69	Schulforum

d) Berufsschulbeirat

Art. 70	Berufsschulbeirat
Art. 71	Aufgaben
Art. 72	Durchführungsvorschriften

e) Landesschulbeirat

Art. 73	Landesschulbeirat

ABSCHNITT X
Schule und Erziehungsberechtigte, Schule und Arbeitgeber

Art. 74	Zusammenarbeit der Schule mit den Erziehungsberechtigten
Art. 75	Pflichten der Schule
Art. 76	Pflichten der Erziehungsberechtigten
Art. 77	Pflichten der Arbeitgeberinnen und Arbeitgeber

ABSCHNITT XI
Besondere Einrichtungen und Schulgesundheit

Art. 78	Schulberatung
Art. 79	Bildstellenwesen
Art. 80	Schulgesundheit

ABSCHNITT XII
Schulversuche, MODUS-Schulen

Art. 81	Zweck
Art. 82	Zulässigkeit
Art. 83	Organisation

ABSCHNITT XIII
Kommerzielle und politische Werbung, Verarbeitung personenbezogener Daten

Art. 84	Kommerzielle und politische Werbung
Art. 85	Verarbeitung personenbezogener Daten
Art. 85a	Automatisiertes Verfahren zur Unterstützung der Schulen

ABSCHNITT XIV
Erziehungs-, Ordnungs- und Sicherungsmaßnahmen

Art. 86	Erziehungsmaßnahmen, Ordnungsmaßnahmen
Art. 87	Sicherungsmaßnahmen
Art. 88	Zuständigkeit und Verfahren
Art. 88a	Wiederzulassung

ABSCHNITT XV
Schulordnung

Art. 89	Verordnungsermächtigung

DRITTER TEIL
Private Unterrichtseinrichtungen

ABSCHNITT I
Private Schulen (Schulen in freier Trägerschaft)

a) Aufgabe

Art. 90	Aufgabe privater Schulen

Art. 1 **BayEUG**

b) Ersatzschulen
Art. 91 Begriffsbestimmung
Art. 92 Genehmigung
Art. 93 Mindestlehrpläne, Mindeststundentafeln, Prüfungsordnungen
Art. 94 Voraussetzungen für die Unterrichtsgenehmigung, persönliche Eignung
Art. 95 Untersagung der Tätigkeit
Art. 96 Keine Sonderung der Schülerinnen und Schüler
Art. 97 Wirtschaftliche und rechtliche Stellung der Lehrkräfte
Art. 98 Bedingungen und Erlöschen der Genehmigung
Art. 99 Änderungen der Genehmigungsvoraussetzungen, Auflösung einer Schule
Art. 100 Staatlich anerkannte Ersatzschulen
Art. 101 Ersatzschulen mit dem Charakter öffentlicher Schulen

c) Ergänzungsschulen
Art. 102 Begriffsbestimmung, Anzeigepflicht
Art. 103 Untersagung
Art. 104 Mindestlehrpläne, Prüfungen

ABSCHNITT II
Lehrgänge und Privatunterricht
Art. 105 Lehrgänge und Privatunterricht

VIERTER TEIL
Schülerheime
Art. 106 Begriffsbestimmung
Art. 107 Errichtung und Änderungen
Art. 108 Schülerheime bei Förderschulen
Art. 109 Aufsicht
Art. 110 Untersagung

FÜNFTER TEIL
Schulaufsicht, Schulverwaltung
Art. 111 Allgemeines, Leistungsvergleiche
Art. 112 Aufsicht über den Religionsunterricht
Art. 113 Befugnisse der Schulaufsichtsbehörden
Art. 113a Automatisiertes Verfahren zur Unterstützung der Schulverwaltung
Art. 113b Statistik
Art. 113c Evaluation
Art. 114 Sachliche Zuständigkeit
Art. 115 Schulämter
Art. 116 Beteiligung an der Schulaufsicht
Art. 117 Bayerisches Landesamt für Schule

SECHSTER TEIL
Maßnahmen zur Durchsetzung der Schulpflicht, Ordnungswidrigkeiten
Art. 118 Schulzwang
Art. 119 Ordnungswidrigkeiten

SIEBTER TEIL
Staatsinstitute und Studienkollegs
Art. 120 Staatsinstitute für die Ausbildung von Fachlehrern und Förderlehrern
Art. 121 Studienkollegs

ACHTER TEIL
Übergangs- und Schlussbestimmungen
Art. 122 Übergangsvorschriften
Art. 123 Rechts- und Verwaltungsvorschriften, elektronische Verwaltungsinfrastrukturen
Art. 124 Einschränkung von Grundrechten
Art. 125 Inkrafttreten, Außerkrafttreten

ERSTER TEIL
Grundlagen

Art. 1 Bildungs- und Erziehungsauftrag

(1) ¹Die Schulen haben den in der Verfassung verankerten Bildungs- und Erziehungsauftrag zu verwirklichen. ²Sie sollen Wissen und Können vermitteln sowie Geist und Körper, Herz und Charakter bilden. ³Oberste Bildungsziele sind Ehrfurcht vor Gott, Achtung vor religiöser Überzeugung, vor der Würde des Menschen und vor der Gleichberechtigung von Männern und Frauen, Selbstbeherrschung, Verantwortungsgefühl und Verantwortungsfreudigkeit, Hilfsbereitschaft, Aufgeschlossenheit für alles Wahre, Gute und Schöne und Verantwortungsbewusstsein für Natur, Umwelt, Artenschutz und Artenvielfalt. ⁴Die Schülerinnen und Schüler sind im Geist der Demokratie, in der Liebe zur bayerischen Heimat und zum deutschen Volk und im Sinn der Völkerversöhnung zu erziehen.

(2) Bei der Erfüllung ihres Auftrags haben die Schulen das verfassungsmäßige Recht der Eltern auf Erziehung ihrer Kinder zu achten.

BayEUG Art. 2

Art. 2 Aufgaben der Schulen

(1) Die Schulen haben insbesondere die Aufgabe,
- Kenntnisse und Fertigkeiten zu vermitteln und Fähigkeiten zu entwickeln,
- zu selbständigem Urteil und eigenverantwortlichem Handeln zu befähigen,
- zu verantwortlichem Gebrauch der Freiheit, zu Toleranz, friedlicher Gesinnung und Achtung vor anderen Menschen zu erziehen, zur Anerkennung kultureller und religiöser Werte zu erziehen,
- Kenntnisse von Geschichte, Kultur, Tradition und Brauchtum unter besonderer Berücksichtigung Bayerns zu vermitteln und die Liebe zur Heimat zu wecken, zur Förderung des europäischen Bewusstseins beizutragen,
- im Geist der Völkerverständigung zu erziehen und die Integrationsbemühungen von Migrantinnen und Migranten sowie die interkulturelle Kompetenz aller Schülerinnen und Schüler zu unterstützen,
- die Bereitschaft zum Einsatz für den freiheitlich-demokratischen und sozialen Rechtsstaat und zu seiner Verteidigung nach innen und außen zu fördern,
- die Durchsetzung der Gleichberechtigung von Frauen und Männern zu fördern und auf die Beseitigung bestehender Nachteile hinzuwirken,
- die Schülerinnen und Schüler zur gleichberechtigten Wahrnehmung ihrer Rechte und Pflichten in Familie, Staat und Gesellschaft zu befähigen, insbesondere Buben und junge Männer zu ermutigen, ihre künftige Vaterrolle verantwortlich anzunehmen sowie Familien- und Hausarbeit partnerschaftlich zu teilen,
- auf Arbeitswelt und Beruf vorzubereiten, in der Berufswahl zu unterstützen und dabei insbesondere Mädchen und Frauen zu ermutigen, ihr Berufsspektrum zu erweitern,
- Verantwortungsbewusstsein für die Umwelt zu wecken,
- im Rahmen der Bildung für Nachhaltige Entwicklung die Schülerinnen und Schüler beim Erwerb von Kompetenzen zu unterstützen, die sie befähigen, nachhaltige Entwicklungen als solche zu erkennen und aktiv mitzugestalten.

(2) Inklusiver Unterricht ist Aufgabe aller Schulen.

(3) Die Schulen erschließen den Schülerinnen und Schülern das überlieferte und bewährte Bildungsgut und machen sie mit Neuem vertraut.

(4) ¹Die Schulleiterin oder der Schulleiter, die Lehrkräfte, die Schülerinnen und Schüler und ihre Erziehungsberechtigten (Schulgemeinschaft) arbeiten vertrauensvoll zusammen und pflegen eine Kultur der offenen Kommunikation. ²Mit dem Ziel der Qualitätssicherung und -entwicklung gestaltet die Schule den Unterricht, die Erziehung und das Schulleben sowie die Leitung, Organisation und Verwaltung im Rahmen des verfassungsrechtlichen Bildungsauftrags und der Rechts- und Verwaltungsvorschriften in eigener Verantwortung (eigenverantwortliche Schule). ³Dabei ist die Schulgemeinschaft bestrebt, das Lernklima und das Schulleben positiv und transparent zu gestalten und Meinungsverschiedenheiten in der Zuständigkeit der in der Schulgemeinschaft Verantwortlichen zu lösen. ⁴In einem Schulentwicklungsprogramm bündelt die Schule die kurz- und mittelfristigen Entwicklungsziele und Maßnahmen der Schulgemeinschaft unter Berücksichtigung der Zielvereinbarungen gemäß Art. 111 Abs. 1 Satz 1 Nr. 2 und Art. 113c Abs. 4; dieses überprüft sie regelmäßig und aktualisiert es, soweit erforderlich.

(5) ¹Die Öffnung der Schule gegenüber ihrem Umfeld ist zu fördern. ²Die Öffnung erfolgt durch die Zusammenarbeit der Schulen mit außerschulischen Einrichtungen, insbesondere mit Betrieben, Sport- und anderen Vereinen, Kunst- und Musikschulen, freien Trägern der Jugendhilfe, kommunalen und kirchlichen Einrichtungen sowie mit Einrichtungen der Weiterbildung.

Art. 3 Öffentliche und private Unterrichtseinrichtungen

(1) ¹Öffentliche Schulen sind staatliche oder kommunale Schulen. ²Staatliche Schulen sind Schulen, bei denen der Dienstherr des Lehrpersonals der Freistaat Bayern ist. ³Kommunale Schulen sind Schulen, bei denen der Dienstherr des Lehrpersonals eine bayerische kommunale Körperschaft (Gemeinde, Landkreis, Bezirk oder Zweckverband, ein Kommunalunternehmen oder ein gemeinsames Kommunalunternehmen) ist. ⁴Öffentliche Schulen sind nichtrechtsfähige öffentliche Anstalten.

(2) ¹Private Schulen (Schulen in freier Trägerschaft) sind alle Schulen, die nicht öffentliche Schulen im Sinn des Absatzes 1 sind. ²Sie müssen eine Bezeichnung führen, die eine Verwechslung mit öffentlichen Schulen ausschließt.

Art. 4 Schulbauten

(1) Die dem Unterricht dienenden Räume, Anlagen und sonstigen Einrichtungen müssen hinsichtlich Größe, baulicher Beschaffenheit und Ausstattung die Durchführung eines einwandfreien Schulbetriebs gewährleisten.

(2) ¹Der Bau von öffentlichen Schulen und von privaten Ersatzschulen bedarf der schulaufsichtlichen Genehmigung; das Verfahren sowie die Mindestanforderungen hinsichtlich des Raumbedarfs regelt das Staatsministerium für Unterricht und Kultus (Staatsministerium) im Einvernehmen mit dem Staatsministerium der Finanzen und für Heimat durch Rechtsverordnung. ²Bei Schulen, die nicht zum Geschäftsbereich des Staatsministeriums gehören, entscheidet das zuständige Ressort im Einvernehmen mit dem Staatsministerium der Finanzen und für Heimat.

Art. 5 Schuljahr und Ferien

(1) ¹Das Schuljahr beginnt am 1. August und endet am 31. Juli des folgenden Kalenderjahres. ²Für einzelne Schularten können in der Schulordnung aus besonderen Gründen davon abweichende Ausbildungsabschnitte vorgesehen werden.

(2) Die Ferien werden durch die Ferienordnung festgesetzt, die das zuständige Staatsministerium erlässt.

(3) Art. 5 gilt nicht für angezeigte Ergänzungsschulen und für private Berufsfachschulen nach Art. 92 Abs. 7, es sei denn, sie werden von Schülerinnen und Schülern besucht, die noch der Vollzeitschulpflicht unterliegen.

Art. 5a Besondere Bestimmungen

(1) Unberührt bleiben die Bestimmungen auf Grund von Staatsverträgen, insbesondere die Bestimmungen des Konkordats zwischen seiner Heiligkeit Papst Pius XI. und dem Staate Bayern und des Vertrags zwischen dem Bayerischen Staate und der Evangelisch-Lutherischen Kirche in Bayern rechts des Rheins.

(2) Dieses Gesetz gilt nicht für
1. öffentliche Schulen und Lehrgänge, die der Aus- und Weiterbildung der Angehörigen des öffentlichen Dienstes und der im Vorbereitungsdienst befindlichen Personen dienen,
2. Einrichtungen, die errichtet oder betrieben werden
   a) auf Grund der Vorschriften der Handwerksordnung von Handwerksinnungen, Innungsverbänden, Kreishandwerkerschaften und Handwerkskammern,
   b) auf Grund der Vorschriften des Gesetzes zur vorläufigen Regelung des Rechts der Industrie- und Handelskammern,
   c) von juristischen Personen des öffentlichen Rechts, politischen Parteien, Gewerkschaften, berufsständischen oder genossenschaftlichen Vereinigungen und

Organisationen für ihre Bediensteten oder Mitglieder über 18 Jahre und ohne die Absicht, Gewinne zu erzielen, es sei denn, dass sie öffentliche Schulen ersetzen,
3. berufsvorbereitende Bildungsmaßnahmen im Sinne des Dritten Kapitels Dritter Abschnitt Zweiter und Dritter Unterabschnitt sowie Siebter Abschnitt des Dritten Buches Sozialgesetzbuch, es sei denn, es handelt sich um eine Ersatzschule nach Art. 91.

ZWEITER TEIL
Die öffentlichen Schulen

ABSCHNITT I

Art. 6 Gliederung des Schulwesens

(1) [1]Das Schulwesen gliedert sich in allgemein bildende und berufliche Schularten. [2]Diese haben im Rahmen des gemeinsamen Bildungs- und Erziehungsauftrags ihre eigenständige, gleichwertige Aufgabe.

(2) Es bestehen folgende Schularten:
1. Allgemein bildende Schulen:
   a) die Grundschule,
   b) die Mittelschule,
   c) die Realschule,
   d) das Gymnasium,
   e) die Schulen des Zweiten Bildungswegs:
      aa) die Abendrealschule,
      bb) das Abendgymnasium,
      cc) das Kolleg;
2. Berufliche Schulen:
   a) die Berufsschule,
   b) die Berufsfachschule,
   c) die Wirtschaftsschule,
   d) die Fachschule,
   e) die Fachoberschule und die Berufsoberschule (Berufliche Oberschule),
   f) die Fachakademie;
3. Förderschulen (Schulen zur sonderpädagogischen Förderung):
   a) allgemein bildende Förderschulen,
   b) berufliche Förderschulen;
4. Schulen für Kranke.

(3) Innerhalb einer Schulart können Ausbildungsrichtungen, die einen gemeinsamen besonderen Schwerpunkt des Lehrplans bezeichnen (z.B. Naturwissenschaftlich-technologisches Gymnasium) und Fachrichtungen für gleichartige fachliche Zielsetzungen (z.B. Technikerschule für Elektrotechnik) eingerichtet werden.

(4) [1]Auf Antrag des Schulaufwandsträgers können an Grundschulen, Mittelschulen, Realschulen, Wirtschaftsschulen und Gymnasien sowie an den entsprechenden Förderschulen schulische Ganztagsangebote in eigenen Ganztagsklassen in rhythmisierter Form (gebundenes Ganztagsangebot) oder bzw. und in klassen- und jahrgangsübergreifender Form (offenes Ganztagsangebot) eingerichtet werden. [2]Um dem Unterstützungsbedarf der Schülerinnen und Schüler mit bzw. mit drohender Behinderung Rechnung zu tragen, können schulische Ganztagsangebote entsprechend Satz 1 mit Leistungen der Jugend- bzw. Eingliederungshilfe nach dem Achten Buch Sozialgesetzbuch oder der

Eingliederungshilfe nach dem Neunten Buch Sozialgesetzbuch ergänzt bzw. zu einem gemeinsamen Bildungs- und Betreuungsangebot verbunden werden. ³Die Planungen zu Ganztagsangeboten erfolgen im Benehmen mit den Trägern der öffentlichen Jugendhilfe. ⁴Die Einrichtung der Ganztagsangebote erfolgt nach Maßgabe der hierfür im Haushalt bereit gestellten Stellen und Mittel. ⁵Die Wahlfreiheit zwischen Halbtagsschule und Ganztagsangeboten im Bereich der staatlichen Schulen wird gewährleistet; es besteht kein Rechtsanspruch auf den Besuch eines Ganztagsangebots. ⁶Schülerinnen und Schüler, die von ihren Erziehungsberechtigten für ein Ganztagsangebot angemeldet wurden, sind verpflichtet, an diesem teilzunehmen.

ABSCHNITT II
Schularten und Mittlerer Schulabschluss
a) Allgemein bildende Schulen

Art. 7 Die Grundschule

(1) ¹Die Grundschule schafft durch die Vermittlung einer grundlegenden Bildung die Voraussetzungen für jede weitere schulische Bildung. ²Sie gibt in Jahren der kindlichen Entwicklung Hilfen für die persönliche Entfaltung. ³Um den Kindern den Übergang zu erleichtern, arbeitet die Grundschule mit den Kindertageseinrichtungen zusammen.

(2) ¹Die Grundschule umfasst die Jahrgangsstufen 1 bis 4. ²Sie vereinigt alle Schulpflichtigen dieser Jahrgangsstufen, soweit sie nicht eine Förderschule besuchen.

(3) ¹In den Grundschulen werden die Schülerinnen und Schüler nach den gemeinsamen Grundsätzen der christlichen Bekenntnisse unterrichtet und erzogen. ²In Klassen mit Schülerinnen und Schülern gleichen Bekenntnisses wird darüber hinaus den besonderen Grundsätzen dieses Bekenntnisses Rechnung getragen.

(4) ¹Angesichts der geschichtlichen und kulturellen Prägung Bayerns wird in jedem Klassenraum ein Kreuz angebracht. ²Damit kommt der Wille zum Ausdruck, die obersten Bildungsziele der Verfassung auf der Grundlage christlicher und abendländischer Werte unter Wahrung der Glaubensfreiheit zu verwirklichen. ³Wird der Anbringung des Kreuzes aus ernsthaften und einsehbaren Gründen des Glaubens oder der Weltanschauung durch die Erziehungsberechtigten widersprochen, versucht die Schulleiterin bzw. der Schulleiter eine gütliche Einigung. ⁴Gelingt eine Einigung nicht, hat sie bzw. er nach Unterrichtung des Schulamts für den Einzelfall eine Regelung zu treffen, welche die Glaubensfreiheit des Widersprechenden achtet und die religiösen und weltanschaulichen Überzeugungen aller in der Klasse Betroffenen zu einem gerechten Ausgleich bringt; dabei ist auch der Wille der Mehrheit, soweit möglich, zu berücksichtigen.

Art. 7a Die Mittelschule

(1) ¹Die Mittelschule vermittelt eine grundlegende Allgemeinbildung, bietet Hilfen zur Berufsfindung und schafft Voraussetzungen für eine qualifizierte berufliche Bildung, sie eröffnet in Verbindung mit dem beruflichen Schulwesen Bildungswege, die zu einer abgeschlossenen Berufsausbildung und zu weiteren beruflichen Qualifikationen führen können, sie schafft die schulischen Voraussetzungen für den Übertritt in weitere schulische Bildungsgänge bis zur Hochschulreife. ²Das breite Feld von unterschiedlichen Anlagen, Interessen und Neigungen wird durch ein differenziertes Auswahlangebot neben den für alle Schülerinnen und Schüler verbindlichen Fächern berücksichtigt; hierfür ist die Bildung eigener Klassen und Kurse möglich, z.B. Praxisklassen und Klassen oder Kurse für Schülerinnen und Schüler mit nicht deutscher Muttersprache. ³Mittelschulen vermitteln allein oder gemeinsam in einem Schulverbund ein Bildungsangebot,

BayEUG Art. 8

das regelmäßig drei Zweige der Berufsorientierung und in der Regel ein schulisches Ganztagsangebot umfasst sowie zum mittleren Schulabschluss führt. [4]Mittelschulen sollen mit einer beruflichen Schule, der regionalen Wirtschaft und der Arbeitsverwaltung zusammenarbeiten.

(2) [1]Die Mittelschule baut auf der Grundschule auf und umfasst die Jahrgangsstufen 5 bis 9 und, soweit ein Mittlere-Reife-Zug oder eine Vorbereitungsklasse für den Erwerb des mittleren Schulabschlusses eingerichtet ist, auch die Jahrgangsstufe 10; sie umfasst für Schülerinnen und Schüler, die Vorbereitungsklassen für den Erwerb des mittleren Schulabschlusses an der Mittelschule besuchen, eine weitere Jahrgangsstufe. [2]Der Mittlere-Reife-Zug erstreckt sich auf die Jahrgangsstufen 7 bis 10. [3]Ab der Jahrgangsstufe 7 werden Mittlere-Reife-Klassen angeboten, in den Jahrgangsstufen 5 bis 8 können zur Vorbereitung auf Mittlere-Reife-Klassen auch Mittlere-Reife-Kurse angeboten werden. [4]In Mittlere-Reife-Klassen werden nach Maßgabe der Schulordnung besonders leistungsstarke Schülerinnen und Schüler aufgenommen. [5]In Vorbereitungsklassen nach Satz 1 werden nach Maßgabe der Schulordnung besonders leistungsstarke Schülerinnen und Schüler der Jahrgangsstufe 9 aufgenommen, die den qualifizierenden Abschluss der Mittelschule erworben haben.

(3) An Mittelschulen können nach Maßgabe der im Staatshaushalt vorgesehenen Stellen und Mittel Vorbereitungsklassen nach Abs. 2 Satz 1 auf Antrag der Schulleiterin oder des Schulleiters der Mittelschule, wenn sie keinem Verbund angehört, und der Verbundkoordinatorin oder des Verbundkoordinators, wenn sie einem Verbund angehört, eingerichtet werden; die Zustimmung des Schulaufwandsträgers ist erforderlich.

(4) [1]Die Mittelschule verleiht in der Jahrgangsstufe 9 den erfolgreichen Abschluss der Mittelschule, wenn die erforderlichen Leistungen erbracht sind; Schülerinnen und Schüler, die an einer besonderen Leistungsfeststellung teilnehmen, können auch den qualifizierenden Abschluss der Mittelschule erwerben. [2]In der Jahrgangsstufe 10 führt die Mittlere-Reife-Klasse zum mittleren Schulabschluss an der Mittelschule.

(5) [1]Die Mittelschule stellt auf Antrag das Zeugnis über den qualifizierten beruflichen Bildungsabschluss aus, wenn
1. der qualifizierende Abschluss der Mittelschule,
2. ausreichende Kenntnisse in Englisch, die dem Leistungsstand eines fünfjährigen Unterrichts entsprechen, sowie
3. ein Berufsabschluss mit einem Notendurchschnitt von mindestens 3,0 im Abschlusszeugnis

nachgewiesen werden; Art. 11 Abs. 2 Satz 3 gilt entsprechend. [2]Örtlich zuständig ist die Mittelschule, an der der qualifizierende Abschluss der Mittelschule erworben worden ist.

(6) Art. 7 Abs. 3 und 4 gelten entsprechend.

Art. 8 Die Realschule

(1) [1]Die Realschule vermittelt eine breite allgemeine und berufsvorbereitende Bildung. [2]Die Realschule ist gekennzeichnet durch ein, in sich geschlossenes Bildungsangebot, das auch berufsorientierte Fächer einschließt. [3]Sie legt damit den Grund für eine Berufsausbildung und eine spätere qualifizierte Tätigkeit in einem weiten Bereich von Berufen mit vielfältigen theoretischen und praktischen Anforderungen. [4]Sie schafft die schulischen Voraussetzungen für den Übertritt in weitere schulische Bildungsgänge bis zur Hochschulreife.

(2) [1]Die Realschule umfasst die Jahrgangsstufen 5 bis 10, Realschulen zur sonderpädagogischen Förderung auch weitere Jahrgangsstufen. [2]Sie baut auf der Grundschule auf und verleiht nach bestandener Abschlussprüfung den Realschulabschluss.

(3) An der Realschule können folgende Ausbildungsrichtungen eingerichtet werden:
1. Ausbildungsrichtung I mit Schwerpunkt im mathematisch-naturwissenschaftlich-technischen Bereich,
2. Ausbildungsrichtung II mit Schwerpunkt im wirtschaftlichen Bereich,
3. Ausbildungsrichtung III mit Schwerpunkt im fremdsprachlichen Bereich; die Ausbildungsrichtung kann ergänzt werden durch Schwerpunkte im musisch-gestaltenden, im ernährungs- und gesundheitsbezogenen sowie im sozialen Bereich.

Art. 9 Das Gymnasium

(1) Das Gymnasium vermittelt die vertiefte allgemeine Bildung, die für ein Hochschulstudium vorausgesetzt wird; es schafft auch zusätzliche Voraussetzungen für eine berufliche Ausbildung außerhalb der Hochschule.

(2) ¹Das Gymnasium umfasst die Jahrgangsstufen 5 bis 13. ²Es baut auf der Grundschule auf, schließt mit der Abiturprüfung ab und verleiht die allgemeine Hochschulreife.

(3) ¹Am Gymnasium können folgende Ausbildungsrichtungen eingerichtet werden:
1. Humanistisches Gymnasium,
2. Sprachliches Gymnasium,
3. Naturwissenschaftlich-technologisches Gymnasium,
4. Musisches Gymnasium,
5. Wirtschaftswissenschaftliches Gymnasium,
6. Sozialwissenschaftliches Gymnasium.
²Bei der Ausbildungsrichtung nach Satz 1 Nr. 4 können bestehende Sonderformen mit den Jahrgangsstufen 7 bis 13 weitergeführt werden.

(4) ¹In der Oberstufe können Fächer und Seminare eingerichtet werden. ²Für die Jahrgangsstufen 12 und 13 gilt:
1. Die beiden Jahrgangsstufen bilden die Qualifikationsphase.
2. Die beiden Jahrgangsstufen gliedern sich jeweils in zwei Ausbildungsabschnitte. Vorrückungsentscheidungen werden nicht getroffen.
3. Die Leistungen werden durch Noten und durch ein Punktesystem bewertet.
4. Die allgemeine Hochschulreife wird auf Grund einer Gesamtqualifikation zuerkannt, die in der Abiturprüfung und in den beiden Jahrgangsstufen erworben wird.
³Das Staatsministerium wird ermächtigt, das Nähere in der Schulordnung zu regeln, insbesondere das Fächerangebot und seine Zusammenfassung zu Aufgabenfeldern einschließlich der Wahlmöglichkeiten und Belegungsgrundsätze, die Leistungserhebung und -bewertung, die Voraussetzungen der Zulassung zur Abiturprüfung, die Bildung der Gesamtqualifikation, die Voraussetzungen für die Zuerkennung der allgemeinen Hochschulreife und die Gestaltung der Zeugnisse.

Art. 10 Schulen des Zweiten Bildungswegs

(1) ¹Die Abendrealschule ist eine Schule, die Berufstätige im dreijährigen Abendunterricht zum Realschulabschluss führt. ²Der Unterricht kann auch auf vier Jahre verteilt werden. ³In der Abschlussklasse kann Tagesunterricht erteilt werden.

(2) ¹Das Abendgymnasium ist eine Schule, die Berufstätige im vierjährigen Abendunterricht zur allgemeinen Hochschulreife führt. ²In der Abschlussklasse kann Tagesunterricht erteilt werden.

(3) Das Kolleg ist ein Gymnasium besonderer Art, das Erwachsene, die sich bereits im Berufsleben bewährt haben, im dreijährigen Unterricht zur allgemeinen Hochschulreife führt.

(4) Die Führung eines Familienhaushalts ist einer Berufstätigkeit gleichgestellt.

BayEUG Art. 11

b) Berufliche Schulen

Art. 11 Die Berufsschule

(1) ¹Die Berufsschule ist eine Schule mit Teilzeit- und Vollzeitunterricht im Rahmen der beruflichen Ausbildung, die von Berufsschulpflichtigen und Berufsschulberechtigten besucht wird. ²Sie hat die Aufgabe, die Schülerinnen und Schüler in Abstimmung mit der betrieblichen Berufsausbildung oder unter Berücksichtigung ihrer beruflichen Tätigkeit beruflich zu bilden und zu erziehen und die allgemeine Bildung zu fördern.

(2) ¹Die Berufsschule verleiht nach Maßgabe der erzielten Leistungen den erfolgreichen Berufsschulabschluss. ²Mit dem erfolgreichen Berufsschulabschluss wird auch der mittlere Schulabschluss verliehen, wenn
1. im Abschlusszeugnis ein Notendurchschnitt von mindestens 3,0,
2. ausreichende Kenntnisse in Englisch, die dem Leistungsstand eines fünfjährigen Unterrichts entsprechen, und
3. eine abgeschlossene Berufsausbildung

nachgewiesen werden. ³In Fällen besonderer Härte kann eine andere moderne Fremdsprache als Englisch genehmigt werden; das Staatsministerium trifft die näheren Regelungen.

(3) ¹Die Berufsschulen haben insbesondere die allgemeinen, berufsfeldübergreifenden sowie die für den Ausbildungsberuf oder die berufliche Tätigkeit erforderlichen fachtheoretischen Kenntnisse zu vermitteln und die fachpraktischen Kenntnisse und Fertigkeiten zu vertiefen; im Berufsgrundschuljahr obliegt ihnen auf Berufsfeldbreite die Vermittlung von fachtheoretischen und fachpraktischen Kenntnissen und Fertigkeiten. ²Die Ausbildung in der Berufsschule umfasst eine einjährige Grundstufe und eine darauf aufbauende mindestens einjährige Fachstufe. ³Der Unterricht in der Grundstufe wird durchgeführt
1. für anerkannte Ausbildungsberufe, die einem Berufsfeld zugeordnet sind, zur Vermittlung beruflicher Grundbildung
   a) im Teilzeitunterricht an einzelnen Unterrichtstagen oder als Blockunterricht (Berufsgrundbildungsjahr in kooperativer Form)
   oder
   b) im Vollzeitunterricht (Berufsgrundschuljahr),
2. für anerkannte Ausbildungsberufe, die keinem Berufsfeld zugeordnet sind, in Teilzeitunterricht an einzelnen Unterrichtstagen oder als Blockunterricht.
⁴Der Unterricht in der Grundstufe wird für Berufe nach Satz 3 Nr. 1 auf Berufsfelder, für Berufe nach Satz 3 Nr. 2 auf die einzelnen Ausbildungsberufe bezogen erteilt. ⁵Beim Unterricht auf Berufsfeldbreite sind Berufsfeldschwerpunkte in dem rechtlich vorgegebenen Rahmen zu bilden. ⁶Der Unterricht in der Fachstufe wird berufsspezifisch in Teilzeitform an einzelnen Unterrichtstagen oder als Blockunterricht erteilt.

(4) ¹Die berufliche Grundbildung im Unterricht der Grundstufe wird durch Rechtsverordnung schrittweise sektoral und regional nach Maßgabe der fachlichen und regionalen Erfordernisse und der baulichen, organisatorischen und personellen Voraussetzungen, insbesondere vorhandener Einrichtungen, eingeführt; nach denselben Gesichtspunkten wird geregelt, ob die berufliche Grundbildung nach Absatz 3 Satz 3 Nr. 1 im Vollzeit- oder im Teilzeitunterricht durchgeführt werden soll. ²Für das Berufsgrundschuljahr werden die Berufsfelder festgelegt. ³Die Rechtsverordnung wird vom Staatsministerium im Einvernehmen mit dem Staatsministerium der Finanzen und für Heimat und dem jeweils zuständigen Fachministerium nach Anhörung der Landesorganisationen der Fachverbände und der für die Berufsbildung zuständigen Stellen erlassen.

Art. 12
(aufgehoben)

Art. 13 Die Berufsfachschule

¹Die Berufsfachschule ist eine Schule, die, ohne eine Berufsausbildung vorauszusetzen, der Vorbereitung auf eine Berufstätigkeit oder der Berufsausbildung dient und die Allgemeinbildung fördert. ²Der Ausbildungsgang umfasst mindestens ein Schuljahr im Vollzeitunterricht. ³Nach Maßgabe der Schulordnung kann der Ausbildungsgang im Teilzeitunterricht stattfinden. ⁴Mit dem Abschlusszeugnis einer mindestens zweijährigen Berufsfachschule, die zu einer abgeschlossenen Berufsausbildung führt, wird bei einem Notendurchschnitt von mindestens 3,0 und dem Nachweis ausreichender Kenntnisse in Englisch, die dem Leistungsstand eines fünfjährigen Unterrichts entsprechen, der mittlere Schulabschluss verliehen; Art. 11 Abs. 2 Satz 3 gilt entsprechend.

Art. 14 Die Wirtschaftsschule

(1) Die Wirtschaftsschule vermittelt eine allgemeine Bildung und eine berufliche Grundbildung im Berufsfeld Wirtschaft und Verwaltung und bereitet auf eine entsprechende berufliche Tätigkeit vor.

(2) ¹Die Wirtschaftsschule ist eine Berufsfachschule und umfasst in zweistufiger Form die Jahrgangsstufen 10 und 11, in dreistufiger Form die Jahrgangsstufen 8 bis 10 und in vierstufiger Form die Jahrgangsstufen 7 bis 10. ²Sie baut in zweistufiger Form auf dem qualifizierenden Abschluss der Mittelschule, in dreistufiger Form auf der Jahrgangsstufe 7 und in vierstufiger Form auf der Jahrgangsstufe 6 der Mittelschule auf. ³Wirtschaftsschulen in vierstufiger Form können eine sechste Jahrgangsstufe als Vorklasse führen. ⁴Sie verleiht nach bestandener Abschlussprüfung den Wirtschaftsschulabschluss.

Art. 15 Die Fachschule

¹Die Fachschule dient der vertieften beruflichen Fortbildung oder Umschulung und fördert die Allgemeinbildung; sie wird im Anschluss an eine Berufsausbildung und in der Regel an eine ausreichende praktische Berufstätigkeit besucht. ²Der Ausbildungsgang umfasst bei Vollzeitunterricht mindestens ein halbes Schuljahr, bei Teilzeitunterricht einen entsprechend längeren Zeitraum. ³Die mindestens einjährige Fachschule kann nach Maßgabe der Schulordnung die Fachschulreife verleihen. ⁴Durch eine staatliche Ergänzungsprüfung kann die Fachhochschulreife erworben werden, die auf einschlägige Studiengänge beschränkt werden kann; das Staatsministerium regelt das Nähere durch Rechtsverordnung.

Art. 16 Die Fachoberschule und die Berufsoberschule

(1) ¹Fachoberschule und Berufsoberschule bilden die Berufliche Oberschule. ²Sie vermittelt allgemeine, fachtheoretische und fachpraktische Bildung unter Einbeziehung berufspraktischer Erfahrung. ³Es können folgende Ausbildungsrichtungen eingerichtet werden:
1. Technik,
2. Agrarwirtschaft, Bio- und Umwelttechnologie,
3. Wirtschaft und Verwaltung,
4. Internationale Wirtschaft,
5. Sozialwesen,
6. Gesundheit,
7. an der Fachoberschule zusätzlich Gestaltung.

BayEUG Art. 17, 18

(2) ¹Die Berufliche Oberschule baut auf einem mittleren Schulabschluss auf. ²Im Fall einer abgeschlossenen Berufsausbildung oder einer entsprechenden mehrjährigen Berufserfahrung erfolgt der Eintritt in die Jahrgangsstufe 12 der Berufsoberschule, ansonsten in die Jahrgangsstufe 11 der Fachoberschule. ³Die Jahrgangsstufen gliedern sich in je zwei Ausbildungsabschnitte. ⁴Die Leistungsbewertung wird durch Noten und durch ein Punktesystem vorgenommen.

(3) ¹Die Fachoberschule umfasst die Jahrgangsstufen 11 und 12; in der Jahrgangsstufe 11 gehört zum Unterricht auch eine fachpraktische Ausbildung. ²Sie verleiht nach bestandener Fachabiturprüfung die Fachhochschulreife. ³Für überdurchschnittlich qualifizierte Absolventen der Fachoberschule kann eine Jahrgangsstufe 13 geführt werden. ⁴Diese verleiht nach bestandener Abiturprüfung die fachgebundene, sowie bei Nachweis der notwendigen Kenntnisse in einer zweiten Fremdsprache die allgemeine Hochschulreife.

(4) ¹Die Berufsoberschule umfasst die Jahrgangsstufen 12 und 13; sie kann in Teilzeitform geführt werden. ²Sie verleiht nach bestandener Abiturprüfung die fachgebundene, sowie bei Nachweis der notwendigen Kenntnisse in einer zweiten Fremdsprache die allgemeine Hochschulreife. ³Schülerinnen und Schüler der 12. Jahrgangsstufe können sich der Fachabiturprüfung zum Erwerb der Fachhochschulreife unterziehen.

(5) ¹An der Beruflichen Oberschule können insbesondere für Schülerinnen und Schüler mit mittlerem Schulabschluss gemäß Art. 25 Abs. 1 Satz 2 Nr. 1 bis 5 einjährige Vorklassen eingerichtet werden. ²Schülerinnen und Schüler mit erfolgreichem Abschluss der Mittelschule und abgeschlossener Berufsausbildung können den mittleren Schulabschluss erwerben.

Art. 17
(aufgehoben)

Art. 18 Die Fachakademie

(1) Die Fachakademie bereitet durch eine vertiefte berufliche und allgemeine Bildung auf den Eintritt in eine angehobene Berufslaufbahn vor.

(2) ¹Die Fachakademie umfasst bei Vollzeitunterricht mindestens zwei Schuljahre. ²Sie baut auf einem mittleren Schulabschluss und in der Regel auf einer dem Ausbildungsziel dienenden beruflichen Ausbildung oder praktischen Tätigkeit auf. ³Das Staatsministerium kann durch Rechtsverordnung bestimmen, dass an Fachakademien künstlerischer Ausbildungsrichtungen an die Stelle des mittleren Schulabschlusses der Nachweis einer entsprechenden Begabung im jeweiligen Fachgebiet tritt.

(3) ¹Das Studium an einer Fachakademie wird durch eine staatliche Prüfung abgeschlossen. ²Durch eine staatliche Ergänzungsprüfung kann die Fachhochschulreife erworben werden, die auf einschlägige Studiengänge beschränkt werden kann; das Staatsministerium regelt das Nähere durch Rechtsverordnung. ³Überdurchschnittlich befähigten Absolventinnen und Absolventen der Fachakademie, die die Berechtigung zum Studium an einer Fachhochschule erworben haben, kann die fachgebundene Hochschulreife zuerkannt werden; das Staatsministerium regelt das Nähere durch Rechtsverordnung.

(4) ¹Das jeweils zuständige Staatsministerium legt durch Rechtsverordnung im Einvernehmen mit dem Staatsministerium die Ausbildungsrichtungen der Fachakademien fest; es kann die Ausbildungsrichtungen in Fachrichtungen unterteilen. ²Eine Fachakademie kann verschiedene Ausbildungsrichtungen umfassen.

c) Förderschulen und Schulen für Kranke

Art. 19 Aufgaben der Förderschulen

(1) Die Förderschulen diagnostizieren, erziehen, unterrichten, beraten und fördern Kinder und Jugendliche, die der sonderpädagogischen Förderung bedürfen und deswegen an einer allgemeinen Schule (allgemein bildende oder berufliche Schule) nicht oder nicht ausreichend gefördert und unterrichtet werden können.

(2) Zu den Aufgaben der Förderschulen gehören:
1. die schulische Unterrichtung und Förderung in Klassen mit bestimmten Förderschwerpunkten,
2. die vorschulische Förderung durch die Schulvorbereitenden Einrichtungen,
3. im Rahmen der verfügbaren Stellen und Mittel
    a) die vorschulische Förderung durch die Mobile Sonderpädagogische Hilfe und
    b) die Mobilen Sonderpädagogischen Dienste zur Unterstützung förderbedürftiger Schülerinnen und Schüler in allgemeinen Schulen oder in Förderschulen.

(3) [1]Die Förderschulen erfüllen den sonderpädagogischen Förderbedarf, indem sie eine den Anlagen und der individuellen Eigenart der Kinder und Jugendlichen gemäße Bildung und Erziehung vermitteln. [2]Sie tragen zur Persönlichkeitsentwicklung bei und unterstützen die soziale und berufliche Entwicklung. [3]Bei Kindern und Jugendlichen, die ständig auf fremde Hilfe angewiesen sind, können Erziehung und Unterrichtung pflegerische Aufgaben beinhalten.

(4) [1]Auf die Förderschulen sind die Vorschriften für die allgemeinen Schulen unter Berücksichtigung der sonderpädagogischen Anforderungen entsprechend anzuwenden. [2]Für die Förderzentren gelten Art. 7 Abs. 4 und Art. 7a Abs. 4 entsprechend. [3]Soweit es mit den jeweiligen Förderschwerpunkten vereinbar ist, vermitteln die Förderschulen die gleichen Abschlüsse wie die vergleichbaren allgemeinen Schulen.

Art. 20 Förderschwerpunkte, Aufbau und Gliederung der Förderschulen

(1) Förderschulen können gebildet werden für
1. den Förderschwerpunkt Sehen,
2. den Förderschwerpunkt Hören,
3. den Förderschwerpunkt körperliche und motorische Entwicklung,
4. den Förderschwerpunkt geistige Entwicklung,
5. den Förderschwerpunkt Sprache,
6. den Förderschwerpunkt Lernen,
7. den Förderschwerpunkt emotionale und soziale Entwicklung.

(2) [1]Die Schulen umfassen
1. Förderzentren mit Klassen
    a) der Grundschulstufe mit den Jahrgangsstufen 1 bis 4, wobei die Klassen der Jahrgangsstufen 1 und 2 als Sonderpädagogische Diagnose- und Förderklassen geführt und um eine Jahrgangsstufe 1 A erweitert werden können, wenn die Diagnose- und Fördermaßnahmen für die Jahrgangsstufen 1 und 2 ein drittes Schulbesuchsjahr erfordern; bei Schulen mit den Förderschwerpunkten Sehen und Hören ist die Jahrgangsstufe 1 A verpflichtend.
    b) der Mittelschulstufe mit den Jahrgangsstufen 5 bis 9 oder Teilstufen davon und, sofern Mittlere-Reife-Klassen gebildet werden können, auch mit der Jahrgangsstufe 10, wobei zur Vorbereitung auf die berufliche Ausbildung die Jahrgangsstufen 7 bis 9 als sonderpädagogische Diagnose- und Werkstattklassen ausgebildet werden können,

c) der Berufsschulstufe mit den Jahrgangsstufen 10 bis 12 bei Schulen mit dem Förderschwerpunkt geistige Entwicklung, wobei die Berufsschulstufe auch die Aufgaben der Berufsschule für Schülerinnen und Schüler mit diesem Förderschwerpunkt erfüllt,
d) – mit Zustimmung der Schulaufsichtsbehörde – des Berufsvorbereitungsjahres bei Schulen mit dem Förderschwerpunkt Sehen, Hören oder körperliche und motorische Entwicklung,
2. sonstige allgemein bildende Schulen zur sonderpädagogischen Förderung,
3. berufliche Schulen zur sonderpädagogischen Förderung.

[2]Um gleiche Abschlüsse zu erreichen, kann der Unterricht außer bei den Förderzentren über eine Jahrgangsstufe mehr als bei den vergleichbaren allgemeinen Schulen vorgesehen verteilt werden. [3]Klassen der Mittelschulstufen zur sonderpädagogischen Förderung, die auf der Grundlage der Lehrpläne der Mittelschule unterrichten und die Voraussetzungen des Art. 7a Abs. 1 Satz 3 erfüllen, können die Bezeichnung Mittelschule zur sonderpädagogischen Förderung führen. [4]Förderzentren können auch ohne ein Ganztagsangebot im Sinn des Art. 6 Abs. 4 die Bezeichnung Mittelschule führen, wenn ein teilstationäres Betreuungsangebot der Jugendhilfe oder Sozialhilfe besteht.

(3) [1]Förderzentren, die die Förderschwerpunkte Sprache, Lernen sowie emotionale und soziale Entwicklung umfassen, sind Sonderpädagogische Förderzentren. [2]Die Förderschulen im Sinn von Abs. 2 Satz 1 Nrn. 2 und 3 führen die Bezeichnung der entsprechenden allgemeinen Schulart mit dem Zusatz »zur sonderpädagogischen Förderung« und der Angabe des Schwerpunkts nach Abs. 1. [3]Förderschulen können Klassen für Kranke angegliedert werden.

Art. 21 Mobile Sonderpädagogische Dienste

(1) [1]Die Mobilen Sonderpädagogischen Dienste unterstützen die Unterrichtung von Schülerinnen und Schülern mit sonderpädagogischem Förderbedarf, die nach Maßgabe des Art. 41 eine allgemeine Schule besuchen können; sie können auch an einer anderen Förderschule eingesetzt werden, wenn eine Schülerin oder ein Schüler in mehreren Förderschwerpunkten sonderpädagogischen Förderbedarf hat und vom Lehrpersonal der besuchten Förderschule nicht in allen Schwerpunkten gefördert werden kann. [2]Mobile Sonderpädagogische Dienste diagnostizieren und fördern die Schülerinnen und Schüler, sie beraten Lehrkräfte, Erziehungsberechtigte und Schülerinnen und Schüler, koordinieren sonderpädagogische Förderung und führen Fortbildungen für Lehrkräfte durch. [3]Mobile Sonderpädagogische Dienste werden von den nächstgelegenen Förderschulen mit entsprechendem Förderschwerpunkt geleistet, soweit nicht nach Art. 30a Abs. 9 Satz 4 etwas anderes durch die Regierung bestimmt wurde.

(2) Für die Fördermaßnahmen können einschließlich des anteiligen Lehrerstundeneinsatzes je Schülerin bzw. Schüler in der besuchten allgemeinen Schule im längerfristigen Durchschnitt nicht mehr Lehrerstunden aufgewendet werden, als in der entsprechenden Förderschule je Schülerin bzw. Schüler eingesetzt werden.

Art. 22 Schulvorbereitende Einrichtungen und Mobile Sonderpädagogische Hilfe

(1) [1]Noch nicht schulpflichtige Kinder mit sonderpädagogischem Förderbedarf, die zur Entwicklung ihrer Fähigkeiten auch im Hinblick auf die Schulfähigkeit sonderpädagogischer Anleitung und Unterstützung bedürfen, sollen in Schulvorbereitenden Einrichtungen gefördert werden, sofern sie die notwendige Förderung nicht in anderen, außerschulischen Einrichtungen (z.B. Kindergärten) erhalten. [2]Schulvorbereitende Einrichtungen sind Bestandteile von Förderzentren; der Schulleiter leitet auch die Schulvorbereitende Einrichtung. [3]Eine Schulvorbereitende Einrichtung hat keine anderen

Förderschwerpunkte als die Förderschule, der sie angehört. ⁴Die Schulvorbereitenden Einrichtungen verfolgen die in Art. 19 Abs. 3 genannten Ziele in den letzten drei Jahren vor dem regelmäßigen Beginn der Schulpflicht. ⁵Sie leisten die Förderung in Gruppen, in denen die Kinder höchstens im zeitlichen Umfang wie in der Jahrgangsstufe 1 der entsprechenden Schule unterwiesen werden.

(2) ¹Für noch nicht schulpflichtige Kinder mit sonderpädagogischem Förderbedarf, die zur Entwicklung ihrer Fähigkeiten, ihrer Gesamtpersönlichkeit und für ein selbständiges Lernen und Handeln auch im Hinblick auf die Schulreife spezielle sonderpädagogische Anleitung und Unterstützung benötigen, können die fachlich entsprechenden Förderschulen bei anderweitig nicht gedecktem Bedarf Mobile Sonderpädagogische Hilfe in der Familie, in den Kindertageseinrichtungen und im Rahmen der interdisziplinären Frühförderung (z.B. Frühförderstellen) leisten. ²Sie fördern die Entwicklung der Kinder, beraten die Eltern und Erzieher und verfolgen dabei die in Art. 19 Abs. 3 Satz 2 genannten Ziele in interdisziplinärer Zusammenarbeit mit den medizinischen, psychologischen, sonstigen pädagogischen, sozialen und anderen im Rahmen der Frühförderung zusammenwirkenden Diensten, deren Aufgaben, Rechtsgrundlagen, Organisation und Finanzierung unberührt bleiben. ³Die Förderung setzt das Einverständnis der Eltern und bei der sonderpädagogischen Hilfe in den Kindertageseinrichtungen die Absprache mit der Leitung der Kindertageseinrichtungen voraus.

Art. 23 Schulen für Kranke; Hausunterricht

(1) ¹Schulen für Kranke unterrichten Schülerinnen und Schüler, die sich in Krankenhäusern oder vergleichbaren, unter ärztlicher Leitung stehenden Einrichtungen aufhalten müssen. ²Die Schülerinnen und Schüler bleiben Schülerinnen und Schüler der bisher besuchten Schulart und Schule; sie werden in der Regel nach den für diese Schulart geltenden Lehrplänen unter Berücksichtigung der sich aus den Krankheiten und dem Krankenhausaufenthalt ergebenden Bedingungen unterrichtet. ³Die Schule für Kranke soll möglichst den Anschluss an die Schulausbildung gewährleisten und den Heilungsprozess unterstützen.

(2) ¹Hausunterricht kann für längerfristig Kranke oder aus gesundheitlichen Gründen nicht schulbesuchsfähige Schülerinnen und Schüler sowie für Schülerinnen und Schüler, die auf Grund behördlicher Anordnung freiheitsentziehend in Jugendhilfeeinrichtungen untergebracht sind, erteilt werden. ²Zuständig ist in der Regel die bisher besuchte Schule.

(3) *(aufgehoben)*.

Art. 24 Förderschulen und Schulen für Kranke; Ausführungsbestimmungen

Das Staatsministerium wird ermächtigt, so weit erforderlich im Einvernehmen mit dem Staatsministerium der Finanzen und für Heimat und im Benehmen mit dem Staatsministerium für Familie, Arbeit und Soziales, bei nachfolgenden Nrn. 8 und 9 auch im Benehmen mit dem Staatsministerium für Gesundheit und Pflege, durch Rechtsverordnung
1. die Zuständigkeit der einzelnen Förderschulformen zu beschreiben und voneinander abzugrenzen;
2. die Feststellung des sonderpädagogischen Förderbedarfs, das Verfahren bei der Aufnahme und bei der Überweisung in eine Förderschule sowie beim freiwilligen Besuch der Förderschule über die Schulpflicht hinaus, außerdem das Verfahren bei der Überweisung aus der Förderschule in die Grundschule, die Mittelschule oder die Berufsschule zu regeln;

BayEUG Art. 24a, 25

3. die Voraussetzungen für die gemeinsame Förderung von Kindern und Jugendlichen mit und ohne sonderpädagogischen Förderbedarf in den Förderschulen zu regeln;
4. Aufgaben, Formen und Inhalt der Förderung sowie Organisation der Schulvorbereitenden Einrichtungen einschließlich des Zusammenwirkens zwischen privaten und öffentlichen Aufgabenträgern und die Feststellung des sonderpädagogischen Förderbedarfs der Kinder im Vorschulalter zu regeln;
5. Aufgaben, Formen, Inhalt, Umfang und Organisation der Mobilen Sonderpädagogischen Hilfe nach Art. 22 Abs. 2 zu regeln; für die Mobile Sonderpädagogische Hilfe können je Kind einschließlich der anteiligen Erzieherstunden in Kindertageseinrichtungen nicht mehr Betreuungsstunden aufgewendet werden, als anteilig je Kind für die Förderung in der Gruppe der entsprechenden Schulvorbereitenden Einrichtung eingesetzt werden;
6. Aufgaben, Formen und Inhalt sowie Organisation der Mobilen Sonderpädagogischen Dienste einschließlich des Zusammenwirkens öffentlicher und privater Schulen und die Verpflichtung der Schülerinnen und Schüler, von den Fördermaßnahmen Gebrauch zu machen, zu regeln;
7. Aufgaben, Ziele, Organisation und Zuordnung der Sonderpädagogischen Diagnose- und Förderklassen sowie der Sonderpädagogischen Diagnose- und Werkstattklassen zu regeln;
8. Aufbau, Formen, Inhalt und Organisation der Schulen für Kranke zu regeln sowie die Erlaubnis zur Weitergabe ärztlicher Erkenntnisse an die Schulen für Kranke im erforderlichen Umfang zu schaffen;
9. Voraussetzungen, Umfang, Organisation und Finanzierung von Hausunterricht zu regeln; die Einholung von fachärztlichen oder amtsärztlichen Gutachten kann vorgeschrieben werden.

Art. 24a
(aufgehoben)

d) Mittlerer Schulabschluss

Art. 25 Mittlerer Schulabschluss

(1) ¹Der mittlere Schulabschluss im Sinn dieses Gesetzes wird durch das Abschlusszeugnis einer Realschule nachgewiesen. ²Er wird ferner nachgewiesen durch
1. das Abschlusszeugnis der 10. Klasse der Mittelschule,
2. das Zeugnis über den qualifizierten beruflichen Bildungsabschluss gemäß Art. 7a Abs. 5 Satz 1,
3. das Abschlusszeugnis der Berufsschule gemäß Art. 11 Abs. 2 Satz 2,
4. das Abschlusszeugnis der Berufsfachschule gemäß Art. 13 Satz 4,
5. das Abschlusszeugnis der Wirtschaftsschule gemäß Art. 14 Abs. 2 Satz 3,
6. das Zeugnis über den erfolgreichen Besuch der Vorklasse der Berufsoberschule gemäß Art. 16 Abs. 5 Satz 2.

(2) Die Erlaubnis zum Vorrücken in die Jahrgangsstufe 11 des Gymnasiums und die Fachschulreife schließen den Nachweis eines mittleren Schulabschlusses ein.

(3) ¹Das Staatsministerium wird ermächtigt, die Voraussetzungen für den Erwerb eines mittleren Schulabschlusses und die damit verbundenen schulischen Berechtigungen im Einzelnen durch Rechtsverordnung zu regeln. ²Das Staatsministerium oder die von ihm beauftragte Stelle kann allgemein oder im Einzelfall ein anderes Zeugnis als einem in Absatz 1 genannten Zeugnis gleichwertig anerkennen.

ABSCHNITT III
Errichtung und Auflösung von öffentlichen Schulen; Schulveranstaltungen; Zusammenarbeit; kooperatives Lernen

a) Allgemeine Grundsätze

Art. 26 Staatliche Schulen

(1) Grundschulen, Mittelschulen, Förderzentren, Berufsschulen zur sonderpädagogischen Förderung, Schulen für Kranke und Berufsschulen werden durch Rechtsverordnung der Regierung, die übrigen Schulen durch Rechtsverordnung des zuständigen Staatsministeriums errichtet und aufgelöst.

(2) [1]Vor der Errichtung und Auflösung ist das Benehmen mit dem zuständigen Aufwandsträger, vor der Auflösung ist außerdem das Benehmen mit dem Elternbeirat oder dem Berufsschulbeirat herzustellen. [2]Grundschulen, Mittelschulen und Förderzentren werden im Benehmen mit den beteiligten kommunalen Gebietskörperschaften, Elternbeiräten und kirchlichen Oberbehörden errichtet und aufgelöst.

(3) Art. 32 Abs. 2 Satz 2, Abs. 5 bis 7 und Art. 32a Abs. 3 bis 5 bleiben unberührt.

Art. 27 Kommunale Schulen

(1) [1]Die Errichtung einer kommunalen Schule ist zulässig, wenn gewährleistet ist, dass die Ausbildung der an der Schule tätigen Lehrkräfte hinter der Ausbildung der bei entsprechenden staatlichen Schulen eingesetzten Lehrkräfte nicht zurücksteht und die dem Unterricht dienenden Räume und Anlagen die Durchführung eines einwandfreien Schulbetriebs sicherstellen. [2]Die Errichtung einer kommunalen Schule ist der Schulaufsichtsbehörde drei Monate vor Aufnahme des Unterrichts anzuzeigen. [3]Wesentliche Änderungen im Bereich der Schule sind ebenfalls anzuzeigen. [4]Die Einstellung von Lehrkräften, die in Bayern die Befähigung zum Lehramt erworben haben und entsprechend verwendet werden, stellt keine wesentliche Änderung dar.

(2) [1]Errichtung und Auflösung einer kommunalen Schule erfolgen durch Satzung des kommunalen Schulträgers. [2]Vor der Auflösung einer kommunalen Schule ist das Benehmen mit dem Elternbeirat oder dem Berufsschulbeirat herzustellen. [3]Art. 99 Abs. 2 gilt entsprechend.

(3) Die Aufnahme von Schülerinnen und Schülern in eine kommunale Schule, die nicht Pflichtschule ist, darf nicht deshalb abgelehnt werden, weil die Erziehungsberechtigten oder die Schülerinnen und Schüler ihren Wohnsitz oder gewöhnlichen Aufenthalt nicht innerhalb des Gebiets des Schulträgers haben.

(4) [1]Die Einstellung und Verwendung von Lehrkräften an beruflichen Schulen, die die erforderliche Befähigung zum Lehramt nicht besitzen, sowie die Bestellung unterhälftig beschäftigter Schulleiterinnen bzw. Schulleiter bedürfen der schulaufsichtlichen Genehmigung; die mit weniger als der Hälfte der Unterrichtspflichtzeit tätigen Lehrkräfte sollen die gleiche fachliche Vorbildung haben, wie sie für die hauptamtlichen Lehrkräfte vorgeschrieben ist. [2]Die Schulaufsichtsbehörde kann nach Richtlinien des Staatsministeriums die Mindestzahl der erforderlichen Lehrkräfte an beruflichen Schulen festsetzen.

Art. 28 Erfordernisse der Raumordnung

[1]Bei der Errichtung und beim Betrieb öffentlicher Schulen sind die Ziele der Raumordnung zu beachten sowie die Grundsätze und die sonstigen Erfordernisse der Raumordnung zu berücksichtigen. [2]Den regionalen Gegebenheiten ist Rechnung zu tragen.

BayEUG Art. 29 bis 30a

Art. 29 Bezeichnung von Schulen und Schülerheimen

(1) ¹In der Errichtungsverordnung wird den staatlichen Schulen, in der Errichtungssatzung den kommunalen Schulen eine amtliche Bezeichnung verliehen, aus der sich der Schulträger, die Schulart und der Schulort ergeben und die sie von anderen am selben Ort bestehenden Schulen der gleichen Schulart unterscheidet; die Angabe des Schulträgers entfällt bei den staatlichen Grundschulen, Mittelschulen und Förderzentren. ²Bei Berufsfachschulen, Fachschulen, Fachakademien und, soweit erforderlich, bei Fachoberschulen und Berufsoberschulen enthält die Bezeichnung auch die geführte Ausbildungsrichtung oder Fachrichtung. ³Der Schule kann vom Schulträger mit Zustimmung des Schulaufwandsträgers, der Lehrerkonferenz, des Elternbeirats und der Schülermitverantwortung, bei Berufsschulen des Berufsschulbeirats neben der amtlichen Bezeichnung ein Name verliehen werden. ⁴Schülerinnen und Schülern an Förderschulen, die nach einem Lehrplan unterrichtet werden, der dem Anforderungsniveau des Lehrplans der jeweiligen allgemeinen Schule entspricht, können in den letzten beiden Schuljahren Zeugnisse mit einer abweichenden Schulbezeichnung erhalten; das Nähere regeln die Schulordnungen. ⁵Auf gemeinsamen Antrag von Schulaufwandsträger und Schule erhalten Grundschulen durch die Regierung den Zusatz »(Volksschule)« verliehen. ⁶Schulaufwandsträger in einem Verbund nach Art. 32 Abs. 5 bzw. Art. 32a Abs. 3 können dem Verbund einvernehmlich einen Verbundnamen geben.

(2) Abs. 1 Sätze 1 bis 3 gelten für staatliche verbundene Schülerheime entsprechend.

Art. 30 Unterricht und sonstige Schulveranstaltungen

(1) Ihren Bildungs- und Erziehungsauftrag erfüllen die Schulen durch Unterricht und sonstige Schulveranstaltungen.

(2) ¹Unterricht wird im Regelfall als Präsenzunterricht erteilt. ²Hiervon abweichend kann Unterricht auch in räumlicher Trennung von Lehrkräften und Schülerinnen und Schülern stattfinden (Distanzunterricht). ³Distanzunterricht soll durch elektronische Datenkommunikation einschließlich der Videoübertragung in Bild und Ton von Schülerinnen und Schülern sowie Lehrkräften unterstützt werden. ⁴Distanzunterricht im Fall des Art. 23 kann auch ganz unter Einsatz elektronischer Datenkommunikation erteilt werden. ⁵Das Staatsministerium regelt das Nähere durch Rechtsverordnung.

(3) ¹Eine sonstige Schulveranstaltung ist eine Veranstaltung einer Schule, die einen unmittelbaren Bezug zu den Aufgaben der Schule, nämlich Erziehung und Unterricht, aufweist. ²Sie kann den Unterricht sachlich ergänzen, erweitern, unterstützen oder verdeutlichen, kann aber auch vorwiegend der Erziehung oder der Bereicherung des Schullebens dienen. ³Sonstige Schulveranstaltungen finden in der Regel an Unterrichtstagen statt. ⁴Die Schule kann einen jährlichen Höchstbetrag für Schulveranstaltungen in Abstimmung mit dem Elternbeirat festlegen.

Art. 30a Zusammenarbeit von Schulen, kooperatives Lernen

(1) ¹Die Schulen aller Schularten haben zusammenzuarbeiten. ²Dies gilt insbesondere für Schulen im gleichen Einzugsbereich zur Ergänzung des Unterrichtsangebots und zur Abstimmung der Unterrichtszeiten. ³Die Schulen stimmen sich beim Wechsel einer Schülerin oder eines Schülers an eine andere Schule ab. ⁴Schulübergreifende Schulveranstaltungen können durchgeführt werden.

(2) Die Zusammenfassung beruflicher Schulen innerhalb von beruflichen Schulzentren ist anzustreben; Berufliche Oberschulen können Außenstellen an Berufsschulen führen.

(3) ¹Schülerinnen und Schüler mit und ohne sonderpädagogischem Förderbedarf können gemeinsam in Schulen aller Schularten unterrichtet werden. ²Die allgemeinen Schulen werden bei ihrer Aufgabe, Schülerinnen und Schüler mit sonderpädagogischem Förderbedarf zu unterrichten, von den Förderschulen unterstützt.

(4) Die Aufnahme von Schülerinnen und Schülern mit sonderpädagogischem Förderbedarf in den Förderschwerpunkten Sehen, Hören sowie körperliche und motorische Entwicklung in die allgemeine Schule bedarf der Zustimmung des Schulaufwandsträgers; die Zustimmung kann nur bei erheblichen Mehraufwendungen verweigert werden.

(5) [1]Ein sonderpädagogischer Förderbedarf begründet nicht die Zugehörigkeit zu einer bestimmten Schulart. [2]Schulartspezifische Regelungen für die Aufnahme, das Vorrücken, den Schulwechsel und die Durchführung von Prüfungen an weiterführenden Schulen bleiben unberührt. [3]Schülerinnen und Schüler mit sonderpädagogischem Förderbedarf müssen an der allgemeinen Schule die Lernziele der besuchten Jahrgangsstufe nicht erreichen, soweit keine schulartspezifischen Voraussetzungen bestehen. [4]Die Festschreibung der Lernziele der Schülerinnen und Schüler mit sonderpädagogischem Förderbedarf durch einen individuellen Förderplan sowie den Nachteilsausgleich regeln die Schulordnungen. [5]Schülerinnen und Schüler, die auf Grund ihres sonderpädagogischen Förderbedarfs die Lernziele der Mittelschulen und Berufsschulen nicht erreichen, erhalten ein Abschlusszeugnis ihrer Schule mit einer Beschreibung der erreichten individuellen Lernziele sowie eine Empfehlung über Möglichkeiten der beruflichen Eingliederung und zum weiteren Bildungsweg.

(6) [1]Die Zusammenarbeit zwischen Förderschulen und allgemeinen Schulen soll im Unterricht und im Schulleben besonders gefördert werden. [2]Sie wird unterstützt durch eine überörtliche Planung durch die Regierungen und Staatlichen Schulämter, soweit betroffen, im Einvernehmen mit den zuständigen Ministerialbeauftragten. [3]Die Schulaufsichtsbehörden arbeiten dabei mit den allgemeinen Schulen, Förderschulen und den Schulträgern sowie mit anderen Stellen und öffentlichen Einrichtungen, insbesondere mit der Jugendhilfe und der Sozialhilfe, zusammen.

(7) Formen des kooperativen Lernens sind:
1. Kooperationsklassen:
In Kooperationsklassen der Grundschulen, Mittelschulen und Berufsschulen wird eine Gruppe von Schülerinnen und Schülern mit sonderpädagogischem Förderbedarf zusammen mit Schülerinnen und Schülern ohne sonderpädagogischen Förderbedarf gemeinsam unterrichtet. Dabei erfolgt eine stundenweise Unterstützung durch die Mobilen Sonderpädagogischen Dienste.
2. Partnerklassen:
Partnerklassen der Förderschule oder der allgemeinen Schule kooperieren mit einer Partnerklasse der jeweils anderen Schulart. Formen des gemeinsamen, regelmäßig lernzieldifferenten Unterrichts sind darin enthalten. Gleiches gilt für Partnerklassen verschiedener Förderschularten.
3. Offene Klassen der Förderschule:
In offenen Klassen der Förderschule, in denen auf der Grundlage der Lehrpläne der allgemeinen Schule unterrichtet wird, können Schülerinnen und Schüler ohne sonderpädagogischen Förderbedarf unterrichtet werden.

(8) [1]Die Schülerinnen und Schüler können sich in ihrem sozial- oder jugendhilferechtlichen Hilfebedarf durch Schulbegleiterinnen oder Schulbegleiter nach Maßgabe der hierfür geltenden Bestimmungen unterstützen lassen. [2]Bei mehreren Kindern und Jugendlichen in Kooperationsklassen, die ständig auf fremde Hilfe angewiesen sind, können Erziehung und Unterricht pflegerische Aufgaben enthalten.

(9) [1]Kooperations- und Partnerklassen sowie offene Klassen sollen auf Anregung der Erziehungsberechtigten bei entsprechendem Bedarf mit Zustimmung der beteiligten Schulaufwandsträger und der beteiligten Schulen eingerichtet werden, wenn dies organisatorisch, personell und sachlich möglich ist. [2]Die Einrichtung bedarf der Genehmigung der zuständigen Schulaufsichtsbehörde. [3]Elternbeiräte der beteiligten Schulen sind anzuhören. [4]Sind unterschiedliche Förderschwerpunkte betroffen, bestimmt die zuständige Regierung in Abstimmung mit dem zuständigen Schulamt die für die sonderpädagogische Förderung zuständige Förderschule oder die zuständigen Förderschulen.

Art. 30b Inklusive Schule

(1) Die inklusive Schule ist ein Ziel der Schulentwicklung aller Schulen.

(2) ¹Einzelne Schülerinnen und Schüler mit sonderpädagogischem Förderbedarf, die die allgemeine Schule, insbesondere die Sprengelschule, besuchen, werden unter Beachtung ihres Förderbedarfs unterrichtet. ²Sie werden nach Maßgabe der Art. 19 und 21 durch die Mobilen Sonderpädagogischen Dienste unterstützt. ³Art. 30a Abs. 4, 5 und 8 Satz 1 gelten entsprechend.

(3) ¹Schulen können mit Zustimmung der zuständigen Schulaufsichtsbehörde und der beteiligten Schulaufwandsträger das Schulprofil »Inklusion« entwickeln. ²Eine Schule mit dem Schulprofil »Inklusion« setzt auf der Grundlage eines gemeinsamen Bildungs- und Erziehungskonzepts in Unterricht und Schulleben individuelle Förderung im Rahmen des Art. 41 Abs. 1 und 5 für alle Schülerinnen und Schüler um; Art. 30a Abs. 4 bis 6 gelten entsprechend. ³Unterrichtsformen und Schulleben sowie Lernen und Erziehung sind auf die Vielfalt der Schülerinnen und Schüler mit und ohne sonderpädagogischem Förderbedarf auszurichten. ⁴Den Bedürfnissen der Kinder und Jugendlichen mit sonderpädagogischem Förderbedarf wird in besonderem Maße Rechnung getragen. ⁵Das Staatsministerium wird ermächtigt, das Nähere durch Rechtsverordnung zu regeln.

(4) ¹In Schulen mit dem Schulprofil »Inklusion« werden Lehrkräfte der Förderschule in das Kollegium der allgemeinen Schule eingebunden und unterliegen den Weisungen der Schulleiterin oder des Schulleiters; Art. 59 Abs. 1 gilt entsprechend. ²Die Lehrkräfte der allgemeinen Schule gestalten in Abstimmung mit den Lehrkräften für Sonderpädagogik und gegebenenfalls weiteren Fachkräften die Formen des gemeinsamen Lernens. ³Die Lehrkräfte für Sonderpädagogik beraten die Lehrkräfte, die Schülerinnen und Schüler sowie die Erziehungsberechtigten und diagnostizieren den sonderpädagogischen Förderbedarf. ⁴Sie fördern Schülerinnen und Schüler mit sonderpädagogischem Förderbedarf und unterrichten in Klassen mit Schülerinnen und Schülern ohne und mit sonderpädagogischem Förderbedarf. ⁵Der fachliche Austausch zwischen allgemeiner Schule und Förderschule ist zu gewährleisten. ⁶Hinsichtlich der möglichen Unterstützung durch Schulbegleiterinnen und Schulbegleiter gilt Art. 30a Abs. 8 Satz 1 entsprechend; sind mehrere Schülerinnen und Schüler einer Klasse pflegebedürftig, gilt Art. 30a Abs. 8 Satz 2 entsprechend.

(5) ¹Für Schülerinnen und Schüler mit sehr hohem sonderpädagogischen Förderbedarf können in Schulen mit dem Schulprofil »Inklusion« Klassen gebildet werden, in denen sie im gemeinsamen Unterricht durch eine Lehrkraft der allgemeinen Schule und eine Lehrkraft für Sonderpädagogik unterrichtet werden. ²Die Lehrkraft für Sonderpädagogik kann durch sonstiges Personal unterstützt bzw. teilweise nach Maßgabe der Art. 60 Abs. 2 Sätze 1 und 2 ersetzt werden. ³Diese Klassen bedürfen der Zustimmung des Schulaufwandsträgers und der Regierung.

Art. 31 Zusammenarbeit mit Jugendämtern und Einrichtungen der Erziehung, Bildung und Betreuung; Mittagsbetreuung

(1) ¹Die Schulen arbeiten in Erfüllung ihrer Aufgaben mit den Jugendämtern und den Trägern der freien Jugendhilfe sowie anderen Trägern und Einrichtungen der außerschulischen Erziehung und Bildung zusammen. ²Sie sollen das zuständige Jugendamt unterrichten, wenn Tatsachen bekannt werden, die darauf schließen lassen, dass das Wohl einer Schülerin oder eines Schülers ernsthaft gefährdet oder beeinträchtigt ist und deshalb Maßnahmen der Jugendhilfe notwendig sind.

(2) Die Schulen sollen durch Zusammenarbeit mit Horten und ähnlichen Einrichtungen die Betreuung von Schülerinnen und Schülern außerhalb der Unterrichtszeit fördern.

(3) ¹Mittagsbetreuung wird bei Bedarf auf Antrag des jeweiligen Trägers an der Grundschule, in geeigneten Fällen auch an anderen Schularten nach Maßgabe der im

Staatshaushalt ausgebrachten Mittel im Zusammenwirken mit den Kommunen und den Erziehungsberechtigten angeboten. ²Diese bietet den Erziehungsberechtigten in Zusammenarbeit mit der Schule eine verlässliche Betreuung für die Zeiten, die über das Unterrichtsende hinausgehen. ³Die Mittagsbetreuung untersteht der Schulaufsicht. ⁴Für die Untersagung von Errichtung und Betrieb einer Mittagsbetreuung gilt Art. 110 entsprechend.

b) Besondere Regelungen für Pflichtschulen

Art. 32 Grundschulen

(1) Öffentliche Grundschulen können nur als staatliche Schulen errichtet werden.

(2) ¹An Grundschulen sind Jahrgangsklassen zu bilden oder zwei Jahrgangsstufen in einer Klasse zusammenzufassen. ²Grundschulen, die die Voraussetzungen des Satzes 1 nicht oder nicht mehr erfüllen, werden aufgelöst.

(3) ¹Eine Grundschule kann entweder für eine Gemeinde allein (Gemeindeschule) oder für mehrere Gemeinden, Gemeindeteile und gemeindefreie Gebiete gemeinsam (Verbandsschule) errichtet werden. ²Eine Verbandsschule muss errichtet werden, wenn keine Gemeindeschule errichtet werden kann, die den Grundsätzen des Absatzes 2 entspricht.

(4) ¹Die Regierung bestimmt für jede Grundschule in der Rechtsverordnung nach Art. 26 ein räumlich abgegrenztes Gebiet als Schulsprengel. ²Für Grundschulen mit gebundenen Ganztagsklassen kann auf Antrag der betroffenen Schulaufwandsträger auch gemeindeübergreifend ein gesonderter Sprengel gebildet werden (Ganztagssprengel); die Sprengel der übrigen Grundschulen bleiben unberührt.

(5) ¹Grundschulen können in einem Grundschulverbund zusammenarbeiten. ²Die Schulen in einem Verbund sollen ein pädagogisch-fachliches Kooperationskonzept vereinbaren. ³Die zuständigen Schulaufwandsträger schließen über die Einrichtung eines Schulverbunds einen Vertrag und beantragen die Festlegung eines gemeinsamen Sprengels. ⁴Erstreckt sich der Schulverbund nur auf das Gebiet eines Schulaufwandsträgers, trifft dieser die erforderlichen Bestimmungen und stellt den Antrag auf Festlegung eines gemeinsamen Sprengels. ⁵Ein Schulverbund bedarf der Zustimmung der beteiligten Schulen und der Gemeinden, deren Gebiet ganz oder teilweise in den Verbund einbezogen werden soll, gegenüber dem zuständigen Schulaufwandsträger.

(6) ¹Die Regierung bestimmt durch Rechtsverordnung einen gemeinsamen Sprengel für die an einem Schulverbund beteiligten Grundschulen. ²Der Schulverbund wird wirksam mit der Errichtung des gemeinsamen Sprengels. ³Die Regierung legt bei einem Ein- oder Austritt eines Schulaufwandsträgers in oder aus dem Schulverbund den Sprengel neu fest, sofern erforderlich.

(7) ¹Die Regierung beauftragt eine der Schulleiterinnen oder einen der Schulleiter der Schulen im Schulverbund mit der Wahrnehmung ausschließlich verbundbezogener Aufgaben (Verbundkoordinatorin oder Verbundkoordinator); Art. 57 Abs. 1 Satz 2 bleibt unberührt. ²In jedem Schulverbund wird ein Verbundausschuss mit beratender Funktion gebildet. ³Dem Verbundausschuss gehören für jede am Schulverbund beteiligte Schule ein Vertreter des Schulaufwandsträgers, die Schulleiterin oder der Schulleiter und die oder der Elternbeiratsvorsitzende an. ⁴Das Nähere regelt die Schulordnung.

Art. 32a Mittelschulen

(1) Öffentliche Mittelschulen können nur als staatliche Schulen errichtet werden.

(2) ¹Die Mittelschulen sind so zu errichten, dass die Schülerinnen und Schüler auf Jahrgangsklassen verteilt sind. ²Die Mittelschulen sollen in den Jahrgangsstufen 5 bis 9 mehrzügig geführt werden.

BayEUG Art. 33

(3) ¹Mittelschulen, die allein nicht die Voraussetzungen des Art. 7a Abs. 1 Satz 3 erfüllen, arbeiten in einem Mittelschulverbund zusammen. ²Im Verbundgebiet muss das Bildungsangebot einer Mittelschule nach Art. 7a Abs. 1 Satz 3 jeweils an mindestens einer Schule bestehen. ³Für diejenigen Mittelschulen, die allein die Voraussetzungen des Art. 7a Abs. 1 Satz 3 erfüllen, gilt Art. 32 Abs. 4 Satz 1 entsprechend. ⁴Art. 32 Abs. 5 bis 7 gilt entsprechend; dem Verbundausschuss gehören auch die Schülersprecherinnen und Schülersprecher an.

(4) ¹Eine Mittelschule, die einem Verbund angehört, wird erst aufgelöst, wenn sie keine Klasse mehr umfasst, sofern nicht der Schulaufwandsträger einen Antrag auf Auflösung stellt. ²Eine Mittelschule, die keinem Verbund angehört, wird aufgelöst, wenn sie die Voraussetzungen des Art. 7a Abs. 1 Satz 3 nicht mehr erfüllt und sie nicht in einen Verbund eingegliedert wird.

(5) ¹Der Austritt eines Schulaufwandsträgers aus einem Schulverbund lässt den Verbund im Übrigen unberührt, sofern die im Verbund verbleibenden Schulen das Bildungsangebot einer Mittelschule nach Art. 7a Abs. 1 Satz 3 noch gewährleisten. ²Ist dies nicht mehr der Fall oder treten die verbleibenden Schulen keinem anderen Verbund bei, kann die Regierung schulorganisatorische Maßnahmen treffen, um den Fortbestand von Mittelschulen zu gewährleisten.

(6) In Gemeinden mit mehreren Mittelschulen kann auf Antrag des Schulaufwandsträgers für zwei oder mehr Mittelschulen ein gemeinsamer Sprengel gebildet werden.

Art. 33 Förderschulen und Schulen für Kranke

(1) ¹Öffentliche Förderschulen und Schulen für Kranke werden als staatliche Schulen errichtet, soweit nicht eine kommunale Körperschaft durch öffentlich-rechtliche Vereinbarung ermächtigt ist, eine solche Schule zu betreiben. ²Besondere gesetzliche Verpflichtungen der Bezirke zur Unterhaltung von Schulen für Blinde und Gehörlose bleiben unberührt.

(2) Von der Errichtung einer öffentlichen Förderschule soll abgesehen werden, wenn die ausreichende Unterrichtung und Erziehung der Schulpflichtigen mit sonderpädagogischem Förderbedarf durch eine private, auf gemeinnütziger Grundlage betriebene Förderschule gewährleistet ist und sich der private Schulträger verpflichtet, alle Schülerinnen und Schüler aufzunehmen und nach den staatlichen Lehrplänen zu unterrichten, sofern die private Schule die heimatnächste Einrichtung für die Schülerinnen und Schüler mit entsprechendem sonderpädagogischem Förderbedarf ist.

(3) ¹Die Schulsprengel werden gebildet für öffentliche
1. Förderzentren mit den Schwerpunkten Sehen, Hören und körperliche und motorische Entwicklung, Förderzentren, Förderschwerpunkt Sprache, mit den Jahrgangsstufen 7 bis 9, soweit Mittlere-Reife-Klassen in der Jahrgangsstufe 10 angeboten werden, auch die Jahrgangsstufe 10, und Berufsschulen zur sonderpädagogischen Förderung für das Gebiet oder Teilgebiet eines Bezirks oder durch Zusammenschluss von Gebieten oder Gebietsteilen mehrerer Bezirke,
2. Förderzentren mit den Förderschwerpunkten Sprache, Lernen sowie emotionale und soziale Entwicklung einschließlich der daraus gebildeten Sonderpädagogischen Förderzentren, Förderzentren mit dem Förderschwerpunkt geistige Entwicklung und Schulen für Kranke für die Gebiete oder Teilgebiete von Landkreisen oder kreisfreien Gemeinden oder durch Zusammenschluss von Gebieten oder Gebietsteilen mehrerer Landkreise oder kreisfreier Gemeinden.

²Öffentliche Förderschulen und Schulen für Kranke werden jeweils für einen Schulsprengel errichtet, der hinreichend groß ist, um nach der Zahl der Schülerinnen und Schüler eine grundsätzlich in Jahrgangsklassen gegliederte Schule erwarten zu lassen. ³Das Staatsministerium kann durch Bekanntmachung festlegen, in welchen Fällen bei Förderschulen von der Gliederung in Jahrgangsklassen abgewichen werden kann.

Art. 34, 35 **BayEUG**

(4) ¹Die Regierung bestimmt für jedes Förderzentrum und für jede Schule für Kranke in der Rechtsverordnung nach Art. 26 ein räumlich abgegrenztes Gebiet als Schulsprengel; für Schulvorbereitende Einrichtungen, für bestimmte Jahrgangsstufen oder für einzelne Förderschwerpunkte können gesonderte Schulsprengel gebildet werden. ²Erstreckt sich der Sprengel über das Gebiet eines Regierungsbezirks hinaus, entscheidet die Regierung, in deren Amtsbezirk die Schule ihren Sitz hat, im Einvernehmen mit der Regierung, auf deren Amtsbezirk sich der Sprengel erstrecken soll. ³Die Grundschulstufe und die Mittelschulstufe eines Förderzentrums können verschiedene Sprengel haben. ⁴Für Berufsschulen zur sonderpädagogischen Förderung gelten Art. 34 Abs. 2 und 3 entsprechend. ⁵Mittlere-Reife-Klassen können bei Bedarf von der Regierung an Förderzentren mit den Schwerpunkten Sehen, Hören, körperliche und motorische Entwicklung, Sprache sowie emotionale und soziale Entwicklung errichtet werden. ⁶Die Einrichtung erfolgt im Benehmen mit dem Aufwandsträger und dem Elternbeirat.

(5) Förderschulen und Schulen für Kranke, die die Voraussetzungen des Absatzes 3 Sätze 2 und 3 nicht erfüllen, sind aufzulösen.

Art. 34 Berufsschulen

(1) ¹Eine selbstständige Berufsschule muss im Regelfall mindestens 40 Klassen mit Teilzeitunterricht haben. ²Klassen mit Vollzeitunterricht werden als 2,5fache Teilzeitklassen auf die Mindestklassenzahl angerechnet. ³Ausnahmen bedürfen für nicht staatliche Berufsschulen der schulaufsichtlichen Genehmigung.

(2) ¹Die Regierung bildet durch Rechtsverordnung für jede Berufsschule den Schulsprengel, der für die örtliche Erfüllung der Berufsschulpflicht maßgebend ist (Grundsprengel). ²Zur Bildung von nach Ausbildungsberufen gegliederten Fachklassen kann sich der Schulsprengel über das Gebiet des Aufwandsträgers hinaus erstrecken (Fachsprengel); ein Fachsprengel kann auf berufsspezifische Teile des fachlichen Unterrichts beschränkt werden. ³Die Sprengel staatlicher Berufsschulen werden im Benehmen mit dem Schulaufwandsträger gebildet. ⁴Die Errichtung von Sprengeln an kommunalen Berufsschulen bedarf des Einvernehmens mit dem Schulträger.

(3) Berufsschulen, die die Voraussetzungen des Absatzes 1 nicht oder nicht mehr erfüllen, sollen aufgelöst werden, es sei denn, sie sind in beruflichen Schulzentren zusammengefasst oder werden in Personalunion mit anderen beruflichen Schulen geführt.

ABSCHNITT IV
Schulpflicht, Pflichtschulen, Sprengelpflicht, Gastschulverhältnisse, Wahl des schulischen Bildungswegs

Art. 35 Schulpflicht

(1) ¹Wer die altersmäßigen Voraussetzungen erfüllt und in Bayern seinen gewöhnlichen Aufenthalt hat oder in einem Berufsausbildungsverhältnis oder einem Beschäftigungsverhältnis steht, unterliegt der Schulpflicht (Schulpflichtiger). ²Schulpflichtig im Sinn des Satzes 1 ist auch, wer
1. eine Aufenthaltsgestattung nach dem Asylgesetz (AsylG) besitzt,
2. eine Aufenthaltserlaubnis nach § 23 Abs. 1 oder § 24 des Aufenthaltsgesetzes (AufenthG) wegen des Krieges in seinem Heimatland oder nach § 25 Abs. 4 Satz 1 oder Abs. 5 AufenthG besitzt,
3. eine Duldung nach § 60a AufenthG besitzt oder
4. vollziehbar ausreisepflichtig ist, auch wenn eine Abschiebungsandrohung noch nicht oder nicht mehr vollziehbar ist,

unabhängig davon, ob er selbst die Voraussetzungen der Nrn. 1 bis 4 erfüllt oder nur einer seiner Erziehungsberechtigten; in den Fällen der Nrn. 1 und 2 beginnt die Schulpflicht drei Monate nach dem Zuzug aus dem Ausland.³ Völkerrechtliche Abkommen und zwischenstaatliche Vereinbarungen bleiben unberührt.

(2) Die Schulpflicht dauert zwölf Jahre, soweit dieses Gesetz nichts anderes bestimmt.

(3) Die Schulpflicht gliedert sich in die Vollzeitschulpflicht und die Berufsschulpflicht.

(4) ¹Die Erziehungsberechtigten müssen minderjährige Schulpflichtige bei der Schule anmelden, an der die Schulpflicht erfüllt werden soll; volljährige Schulpflichtige haben sich selbst anzumelden. ²Die gleiche Verpflichtung trifft die Ausbildenden und Arbeitgeber sowie die von ihnen Beauftragten für die bei ihnen beschäftigten Berufsschulpflichtigen.

Art. 36 Erfüllung der Schulpflicht

(1) ¹Die Schulpflicht wird erfüllt durch den Besuch
1. einer Pflichtschule (Grundschule, Mittelschule, Berufsschule, einschließlich der entsprechenden Förderschule, Schule für Kranke),
2. eines Gymnasiums, einer Realschule, einer Wirtschaftsschule, einer Berufsfachschule (vorbehaltlich der Nummer 3) oder der jeweils entsprechenden Förderschule,
3. einer Ergänzungsschule, deren Eignung hierfür das Staatsministerium festgestellt hat; das Gleiche gilt für Vollzeitlehrgänge an Berufsförderungseinrichtungen, deren Eignung vom Staatsministerium im Einvernehmen mit den beteiligten Staatsministerien festgestellt ist.

²Die Schulaufsichtsbehörde kann den Besuch einer privaten Berufsschule oder Berufsschule zur sonderpädagogischen Förderung anordnen, wenn die Ausbildung des Schulpflichtigen dies erfordert und der Träger der privaten Schule zustimmt; vor der Entscheidung sind die Erziehungsberechtigten oder der volljährige Schulpflichtige zu hören.

(2) ¹Die Schulpflicht kann auch an einer Schule außerhalb des Geltungsbereichs dieses Gesetzes erfüllt werden, wenn diese den in Absatz 1 genannten Schulen gleichwertig ist. ²Beim Besuch einer außerbayerischen Berufsschule gilt Art. 43 Abs. 5.

(3) ¹Für jeden aus dem Ausland zugezogenen Schulpflichtigen stellt die Schule fest, in welche Jahrgangsstufe der Pflichtschule er einzuweisen ist. ²Es gilt derjenige Teil der Schulpflicht als zurückgelegt, der dem durch die Einweisung bestimmten Zeitpunkt regelmäßig vorausgeht. ³Die Schülerinnen und Schüler sind in der Pflichtschule grundsätzlich in die Jahrgangsstufe einzuweisen, in die Schulpflichtige gleichen Alters, die seit Beginn ihrer Schulpflicht ihren gewöhnlichen Aufenthalt in Bayern haben, regelmäßig eingestuft sind. ⁴Die Schülerinnen und Schüler, die wegen ihres allgemein mangelnden Bildungsstands dem Unterricht ihrer Jahrgangsstufe nicht folgen können, können bis zu zwei Jahrgangsstufen tiefer eingestuft werden; eine Verlängerung der Schulpflicht findet hierdurch nicht statt. ⁵Ein Schulpflichtiger, der dem Unterricht wegen mangelnder Kenntnis der deutschen Sprache nicht folgen kann, ist, soweit organisatorisch und finanziell möglich, besonderen Klassen oder Unterrichtsgruppen zuzuweisen. ⁶Schulpflichtige, die nach dem Asylgesetz verpflichtet sind, in einer besonderen Aufnahmeeinrichtung im Sinn des § 30a AsylG zu wohnen, werden zur Erfüllung der Schulpflicht besonderen dort eingerichteten Klassen und Unterrichtsgruppen zugewiesen. ⁷Art. 44 bleibt unberührt.

Art. 37 Vollzeitschulpflicht

(1) ¹Mit Beginn des Schuljahres werden alle Kinder schulpflichtig,
1. die bis zum 30. Juni sechs Jahre alt werden,
2. die im Zeitraum vom 1. Juli bis zum 30. September sechs Jahre alt werden und deren Erziehungsberechtigte den Beginn der Schulpflicht nicht auf das kommende Schuljahr verschieben,

3. deren Erziehungsberechtigte bereits einmal den Beginn der Schulpflicht nach Nr. 2 verschoben haben oder
4. die bereits einmal nach Abs. 2 oder Abs. 4 von der Aufnahme in die Grundschule zurückgestellt wurden.

²Ferner wird auf Antrag der Erziehungsberechtigten ein Kind schulpflichtig, wenn zu erwarten ist, dass das Kind voraussichtlich mit Erfolg am Unterricht teilnehmen kann. ³Bei Kindern, die nach dem 31. Dezember sechs Jahre alt werden, ist zusätzliche Voraussetzung für die Aufnahme in die Grundschule, dass in einem schulpsychologischen Gutachten die Schulfähigkeit bestätigt wird.

(2) ¹Ein Kind, das am 30. September mindestens sechs Jahre alt ist, kann für ein Schuljahr von der Aufnahme in die Grundschule zurückgestellt werden, wenn zu erwarten ist, dass das Kind voraussichtlich erst ein Schuljahr später mit Erfolg oder nach Maßgabe von Art. 41 Abs. 5 am Unterricht der Grundschule teilnehmen kann. ²Die Zurückstellung soll vor Aufnahme des Unterrichts verfügt werden; sie ist noch bis zum 30. November zulässig, wenn sich erst innerhalb dieser Frist herausstellt, dass die Voraussetzungen für eine Zurückstellung gegeben sind. ³Die Zurückstellung ist nur einmal zulässig; Art. 41 Abs. 7 bleibt unberührt.

(3) ¹Die Vollzeitschulpflicht endet nach neun Schuljahren. ²Sie kann durch Überspringen von Jahrgangsstufen verkürzt werden; durch Streckung von Jahrgangsstufen wird sie nicht verlängert. ³Das Staatsministerium wird ermächtigt, das Überspringen von Jahrgangsstufen sowie deren Streckung in den Schulordnungen zu regeln.

(4) Die zuständige Grundschule kann ein Kind, das weder eine Kindertageseinrichtung noch einen Vorkurs nach Art. 5 Abs. 3 des Bayerischen Integrationsgesetzes besucht hat und bei dem im Rahmen der Schulanmeldung festgestellt wird, dass es nicht über die notwendigen Deutschkenntnisse verfügt, von der Aufnahme zurückstellen und das Kind verpflichten, im nächsten Schuljahr eine Kindertageseinrichtung mit integriertem Vorkurs zu besuchen.

(5) Die zuständige Grundschule führt einen Vorkurs Deutsch gemeinsam mit den Kindertageseinrichtungen in ihrem Sprengel durch.

Art. 37a
(aufgehoben)

Art. 38 Freiwilliger Besuch der Mittelschule

¹Ein Schulpflichtiger, der nach neun oder zehn Schulbesuchsjahren den erfolgreichen Abschluss der Mittelschule oder den qualifizierenden Abschluss der Mittelschule nicht erreicht hat, darf in unmittelbarem Anschluss daran auf Antrag seiner Erziehungsberechtigten in seinem zehnten oder elften Schulbesuchsjahr die Mittelschule besuchen; in besonderen Ausnahmefällen kann die zuständige Schule auch den weiteren Besuch in einem zwölften Schuljahr genehmigen. ²Die Aufnahme kann insbesondere abgelehnt werden, wenn zu erwarten ist, dass durch die Anwesenheit der Schülerin oder des Schülers die Sicherheit oder die Ordnung des Schulbetriebs oder die Verwirklichung der Bildungsziele der Schule erheblich gefährdet ist. ³Die Zeit, die eine Schülerin oder ein Schüler die Mittelschule freiwillig nach Satz 1 besucht, wird auf die Dauer der Berufsschulpflicht angerechnet; Art. 39 Abs. 2 bleibt unberührt. ⁴Sätze 1 bis 3 gelten nicht für Schülerinnen und Schüler, die Mittlere-Reife-Klassen besuchen.

Art. 39 Berufsschulpflicht

(1) Nach dem Ende der Vollzeitschulpflicht wird die Schulpflicht durch den Besuch der Berufsschule erfüllt, soweit keine andere in Art. 36 genannte Schule besucht wird.

(2) ¹Wer in einem Ausbildungsverhältnis nach dem Berufsbildungsgesetz oder der Handwerksordnung steht, ist bis zum Ende des Schuljahres berufsschulpflichtig, in dem das 21. Lebensjahr vollendet wird; davon ausgenommen sind Auszubildende mit Hochschulzugangsberechtigung. ²Die Berufsschulpflicht endet mit dem Abschluss einer staatlich anerkannten Berufsausbildung. ³Die Berufsschulpflicht nach Satz 1 schließt die Verpflichtung zum Besuch des Berufsgrundschuljahres ein, wenn es für den gewählten Ausbildungsberuf nach Art. 11 Abs. 4 eingeführt ist.

(3) ¹Vom Besuch der Berufsschule befreit ist, wer
1. in den Vorbereitungsdienst nach Art. 26 des Leistungslaufbahngesetzes (LlbG) in Verbindung mit Art. 8 Abs. 2 Satz 1 Nr. 2 und Art. 35 Abs. 2 LlbG oder §§ 11, 12 der Bundeslaufbahnverordnung oder einen entsprechenden Vorbereitungsdienst nach dem Laufbahnrecht eines anderen Dienstherrn eingestellt wurde,
2. der Bundeswehr, der Bundespolizei oder der Bayerischen Bereitschaftspolizei angehört,
3. ein freiwilliges soziales oder ökologisches Jahr oder den Bundesfreiwilligendienst ableistet,
4. ein Berufsvorbereitungsjahr, das Berufsgrundschuljahr, ein Vollzeitjahr an einer öffentlichen oder staatlich anerkannten Berufsfachschule oder einen einjährigen Vollzeitlehrgang, der der Berufsvorbereitung dient, mit Erfolg besucht hat,
5. den mittleren Schulabschluss erreicht hat,
6. von der Berufsschule nach Art. 86 Abs. 3 Nr. 4 Halbsatz 2 entlassen ist.
²Absatz 2 bleibt unberührt.

(4) ¹Berufsschulpflichtige ohne Ausbildungsverhältnis können allgemein oder im Einzelfall vom Besuch der Berufsschule befreit werden
1. bei einem Besuch von Vollzeitlehrgängen, die der Vorbereitung auf staatlich geregelte schulische Abschlussprüfungen dienen,
2. nach elf Schulbesuchsjahren, wenn ein Beschäftigungsverhältnis besteht,
3. bei Vorliegen eines Härtefalls.
²Absatz 2 bleibt unberührt.

Art. 40 Berufsschulberechtigung

¹Zum Besuch der Berufsschule sind berechtigt:
1. Personen, die nicht mehr berufsschulpflichtig sind, sich aber in Berufsausbildung befinden,
2. Personen, die nach dem Berufsausbildungsgesetz oder der Handwerksordnung eine Umschulung auf einen anerkannten Ausbildungsberuf durchlaufen.

²Die Ausbildenden haben den Besuch der Berufsschule zu gestatten. ³Nicht mehr berufsschulpflichtige Personen sind zum Besuch des Berufsgrundschuljahres berechtigt.

Art. 41 Schulpflicht bei sonderpädagogischem Förderbedarf oder längerfristiger Erkrankung

(1) ¹Schulpflichtige mit sonderpädagogischem Förderbedarf erfüllen ihre Schulpflicht durch den Besuch der allgemeinen Schule oder der Förderschule. ²Die Förderschule kann besucht werden, sofern die Schülerin oder der Schüler einer besonderen sonderpädagogischen Förderung bedarf, ansonsten nur im Rahmen der offenen Klassen nach Art. 30a Abs. 7 Nr. 3. ³Die Erziehungsberechtigten entscheiden, an welchem der im Einzelfall rechtlich und tatsächlich zur Verfügung stehenden schulischen Lernorte ihr Kind unterrichtet werden soll; bei Volljährigkeit und Vorliegen der notwendigen Einsichtsfähigkeit entscheiden die Schülerinnen und Schüler mit sonderpädagogischem Förderbedarf selbst.

(2) Schulpflichtige, die sich wegen einer Krankheit längere Zeit in Einrichtungen aufhalten, an denen Schulen oder Klassen für Kranke gebildet sind, haben die jeweilige

Schule oder Klasse für Kranke zu besuchen, soweit dies nicht aus medizinischen Gründen ausgeschlossen ist.

(3) ¹Die Erziehungsberechtigten eines Kindes mit festgestelltem oder vermutetem sonderpädagogischem Förderbedarf sollen sich rechtzeitig über die möglichen schulischen Lernorte an einer schulischen Beratungsstelle informieren. ²Zu der Beratung können weitere Personen, z.b. der Schulen, der Mobilen Sonderpädagogischen Dienste sowie der Sozial- oder Jugendhilfe, beigezogen werden.

(4) ¹Die Erziehungsberechtigten melden ihr Kind unter Beachtung der schulartspezifischen Regelungen für Aufnahme und Schulwechsel (Art. 30a Abs. 5 Satz 2, Art. 30b Abs. 2 Satz 3 und Abs. 3 Satz 2) an der Sprengelschule, einer Schule mit dem Schulprofil »Inklusion« oder an der Förderschule an. ²Die Aufnahme an der Förderschule setzt die Erstellung eines sonderpädagogischen Gutachtens voraus. ³Sofern nach Einschätzung der Schule ein Ausnahmefall des Abs. 5 vorliegt oder die Voraussetzungen für Art. 30a Abs. 4, Art. 30b Abs. 2 Satz 3 und Abs. 3 Satz 2 oder Art. 43 Abs. 2 und 4 nicht erfüllt sind, unterrichtet die Schule die Erziehungsberechtigten darüber, das Kind nicht aufzunehmen.

(5) Kann der individuelle sonderpädagogische Förderbedarf an der allgemeinen Schule auch unter Berücksichtigung des Gedankens der sozialen Teilhabe nach Ausschöpfung der an der Schule vorhandenen Unterstützungsmöglichkeiten sowie der Möglichkeit des Besuchs einer Schule mit dem Schulprofil »Inklusion« nicht hinreichend gedeckt werden und
1. ist die Schülerin oder der Schüler dadurch in der Entwicklung gefährdet oder
2. beeinträchtigt sie oder er die Rechte von Mitgliedern der Schulgemeinschaft erheblich,
besucht die Schülerin oder der Schüler die geeignete Förderschule.

(6) ¹Kommt keine einvernehmliche Aufnahme zustande, entscheidet die zuständige Schulaufsichtsbehörde nach Anhörung der Erziehungsberechtigten und der betroffenen Schulen über den schulischen Lernort. ²Sie kann ihre Lernortentscheidung auch zeitlich begrenzt aussprechen. ³Das Nähere einschließlich der Einholung eines sonderpädagogischen, ärztlichen oder schulpsychologischen Gutachtens sowie der Beauftragung einer Fachkommission regeln die Schulordnungen.

(7) ¹Über eine Zurückstellung von Kindern mit sonderpädagogischem Förderbedarf entscheidet die Grundschule oder die Förderschule, sofern das Kind dort angemeldet wurde. ²Die Grundschule kann sich von der Förderschule beraten lassen. ³Eine erste Zurückstellung nach Inanspruchnahme des Art. 37 Abs. 1 Satz 1 Nr. 2 oder eine zweite Zurückstellung von der Aufnahme kann nur in besonderen Ausnahmefällen erfolgen; sie kann mit Empfehlungen zur Förderung verbunden werden. ⁴Die Förderschule ist zu beteiligen, sofern die Grundschule die von den Erziehungsberechtigten gewünschte Zurückstellung ablehnt oder die Erziehungsberechtigten eine zweite Zurückstellung beantragen. ⁵Das Nähere bestimmen die Schulordnungen.

(8) ¹Für Schülerinnen oder Schüler, die nach Art. 20 Abs. 2 Satz 1 Nr. 1 Buchst. a oder im Rahmen des Art. 30a Abs. 7 Nr. 3 die Jahrgangsstufe 1 A besuchen, endet die Vollzeitschulpflicht nach zehn Schuljahren. ²Für Schülerinnen und Schüler mit dem Förderschwerpunkt geistige Entwicklung, die ein Förderzentrum mit dem Förderschwerpunkt geistige Entwicklung besuchen, endet die Vollzeitschulpflicht nach zwölf Schuljahren, sofern sie nicht bereits auf anderem Weg erfüllt wurde; Art. 39 Abs. 4 Satz 1 Nrn. 2 und 3 gelten entsprechend. ³Bei Schülerinnen und Schülern mit dem Förderschwerpunkt geistige Entwicklung, die die Berufsschulstufe nach Art. 20 Abs. 2 Satz 1 Buchst. c besuchen, kann die Schulleiterin oder der Schulleiter die Vollzeitschulpflicht ab Jahrgangsstufe 12 beenden, um die Teilnahme der Schülerin oder des Schülers an Maßnahmen der Arbeitsverwaltung zu ermöglichen; die Schülerin oder der Schüler wird durch diese Beendigung berufsschulpflichtig.

(9) ¹Schülerinnen und Schüler mit sonderpädagogischem Förderbedarf, die den erfolgreichen Abschluss der Mittelschule, den qualifizierenden Abschluss der Mittelschule oder den erfolgreichen Abschluss ihrer Förderschulform nicht erreicht haben, dürfen über das Ende der Vollzeitschulpflicht hinaus auf Antrag der Erziehungsberechtigten die Schule bis zu zwei weitere Schuljahre, in besonderen Ausnahmefällen nach Entscheidung der Schulaufsichtsbehörde auch ein drittes Jahr besuchen. ²Art. 38 Satz 2 und Art. 53 Abs. 7 Satz 3 gelten entsprechend.

(10) ¹Für die Berufsschulpflicht der Schülerinnen und Schüler mit sonderpädagogischem Förderbedarf gilt Art. 39, für die Berufsschulberechtigung Art. 40 entsprechend. ²Zum Besuch der Berufsschule zur sonderpädagogischen Förderung sind nicht berechtigt,

1. nicht mehr Berufsschulpflichtige, wenn sie an einer berufsvorbereitenden Maßnahme der Arbeitsverwaltung teilnehmen oder ein Berufsvorbereitungsjahr besuchen wollen,

2. Umschülerinnen und Umschüler, sofern ein solcher Unterricht für Schulpflichtige eingerichtet ist.

³Die Berufsschulpflicht für Schülerinnen und Schüler mit dem Förderschwerpunkt geistige Entwicklung ist durch den mindestens zwölfjährigen Besuch des Förderzentrums, einschließlich Berufsschulstufe, erfüllt.

(11) ¹Schulpflichtige können nach Maßgabe der Abs. 1 und 5 auf Antrag der Schulleiterin oder des Schulleiters der besuchten Schule oder auf Antrag der Erziehungsberechtigten, bei Volljährigkeit auf eigenen Antrag, an eine Förderschule oder an eine allgemeine Schule überwiesen werden. ²Vor der Entscheidung findet eine umfassende Beratung der Erziehungsberechtigten bzw. der volljährigen Schülerin oder des volljährigen Schülers statt. ³Abs. 6 gilt entsprechend; es entscheidet die Schulaufsichtsbehörde der bislang besuchten Schule. ⁴Sätze 2 und 3 gelten entsprechend für die Überweisung von einer Förderschulform in eine andere Förderschulform.

Art. 42 Sprengelpflicht beim Besuch öffentlicher Pflichtschulen

(1) ¹Schülerinnen und Schüler einer Grundschule oder Mittelschule erfüllen ihre Schulpflicht in der Schule, in deren Schulsprengel sie ihren gewöhnlichen Aufenthalt haben. ²Soweit innerhalb eines Sprengels mehrere Mittelschulen bestehen oder der gewöhnliche Aufenthalt innerhalb mehrerer Grundschulsprengel oder mehrerer Mittelschulsprengel mit unterschiedlichen Bildungsangeboten liegt, haben die Erziehungsberechtigten und die volljährigen Schülerinnen und Schüler das Recht, eine Schule zu wählen. ³Die Wahlfreiheit kann beschränkt werden durch Bestimmungen der Verbundvereinbarung oder des Schulaufwandsträgers oder soweit die Zahl der Bewerbungen die Zahl der Ausbildungsplätze an einer Schule übersteigt oder soweit dies nach Entscheidung der Regierung im Interesse einer ausgewogenen Zusammensetzung der Klassen erforderlich ist; die Beschränkungen gelten nicht, soweit zwingende persönliche Gründe zum Besuch einer anderen Schule im Verbund bestehen.

(2) Bestehen innerhalb einer Gemeinde mehrere Grundschulen, so kann das Schulamt im Benehmen mit der zuständigen Gemeinde und den betroffenen Elternbeiräten zur Bildung möglichst gleich starker Klassen für die Dauer von bis zu vier Schuljahren Abweichungen von den Schulsprengelgrenzen anordnen.

(3) ¹Die Erfüllung der Berufsschulpflicht richtet sich für Schülerinnen und Schüler, die in einem Beschäftigungsverhältnis stehen, nach dem Beschäftigungsort, für die Übrigen nach dem Ort des gewöhnlichen Aufenthalts. ²Ist der Beschäftigungsort oder der Ort des gewöhnlichen Aufenthalts zweifelhaft, so entscheidet die Regierung, welche Schule zu besuchen ist.

(4) Berufsschulpflichtige, die in Bayern ihren gewöhnlichen Aufenthalt haben, aber außerhalb Bayerns beschäftigt sind, sind zum Besuch der für ihren gewöhnlichen

Art. 43 **BayEUG**

Aufenthalt zuständigen Berufsschule verpflichtet, wenn sie nicht die für den Beschäftigungsort zuständige außerbayerische Berufsschule besuchen können.

(5) Wenn es die örtlichen Verhältnisse nahe legen oder Jahrgangsfachklassen in Bayern nicht gebildet werden können, ist es möglich, Schülerinnen und Schüler zum Besuch einer außerbayerischen Berufsschule zu verpflichten; Art. 43 Abs. 5 Sätze 3 und 4 gelten entsprechend.

(6) Auf Berufsschulberechtigte finden die Absätze 3 bis 5 entsprechende Anwendung.

(7) Für die Förderzentren gelten die Abs. 1 und 2, für die Berufsschulen zur sonderpädagogischen Förderung gelten die Abs. 3 bis 5 entsprechend.

Art. 43   Gastschulverhältnisse

(1) ¹Auf Antrag der Erziehungsberechtigten kann aus zwingenden persönlichen Gründen der Besuch einer anderen Grundschule oder Mittelschule mit einem anderen Sprengel gestattet werden. ²Die Entscheidung trifft die Gemeinde, in der die Schülerinnen und Schüler ihren gewöhnlichen Aufenthalt haben, im Einvernehmen mit dem aufnehmenden Schulaufwandsträger nach Anhörung der betroffenen Schulen. ³Die Fachaufsicht obliegt dem Schulamt, das die Aufsicht über die Schule ausübt, in deren Schulsprengel die Schülerinnen und Schüler ihren gewöhnlichen Aufenthalt haben. ⁴Das Staatsministerium wird ermächtigt, das Verfahren durch Rechtsverordnung zu regeln.

(2) Das Schulamt kann Schülerinnen und Schüler einer anderen Grundschule oder Mittelschule mit einem anderen Sprengel zuweisen
1. in Mittlere-Reife-Klassen und in Klassen und Unterrichtsgruppen, die für besondere pädagogische Aufgaben eingerichtet sind,
2. zum Unterricht in einzelnen Fächern sowie zum Besuch eines offenen Ganztagsangebots,
3. wenn sich in einer Jahrgangsstufe der Grundschule oder Mittelschule zu wenige Schülerinnen und Schüler für die Bildung einer Klasse befinden, im Benehmen mit den betroffenen Schulaufwandsträgern,
4. in den Fällen des Art. 30a Abs. 4 oder des Art. 86 Abs. 2 Nr. 8,
5. zum Unterricht in einer Schule nach Art. 30b Abs. 3, sofern diese einen von der Schule festgestellten sonderpädagogischen Förderbedarf erfüllen und ihren gewöhnlichen Aufenthalt in einem Sprengel haben, dessen Schulaufwandsträger nach Art. 30b Abs. 3 Satz 1 zugestimmt hat.

(3) Bestehen innerhalb einer Gemeinde mehrere Grundschulen, so kann das Schulamt im Benehmen mit der Gemeinde zur Bildung möglichst gleich starker Klassen für die Dauer von bis zu sechs Jahren auch einzelne Schülerinnen und Schüler einer benachbarten Grundschule zuweisen.

(4) ¹Für Förderzentren, einschließlich der Schulvorbereitenden Einrichtungen, gelten die Absätze 1 bis 3 entsprechend; die Entscheidung nach Abs. 1 trifft die Gebietskörperschaft des gewöhnlichen Aufenthalts der Schülerinnen und Schüler, für deren Gebiet oder Teilgebiet die entsprechende Förderschule errichtet ist oder errichtet werden müsste, bei Entscheidungen nach Abs. 2 und 3 ist anstelle des Schulamts die Regierung zuständig. ²Die Schulaufsichtsbehörde kann Schülerinnen und Schüler bzw. Kinder der nächstgelegenen geeigneten Förderschule zuweisen, wenn sie ihren gewöhnlichen Aufenthalt an einem Ort haben, der von keinem Sprengel einer nach ihrem sonderpädagogischen Förderbedarf in Betracht kommenden Schule erfasst ist; bei privaten Förderzentren setzt dies die Zustimmung des Trägers voraus. ³Die Regierung kann Schülerinnen und Schüler zum Besuch einer Partnerklasse einer anderen Förderschule unter Berücksichtigung der Schülerbeförderungskosten in besonderen Fällen zuweisen.

(5) ¹Aus wichtigen Gründen kann der Besuch einer anderen Berufsschule genehmigt oder angeordnet werden. ²Das Staatsministerium wird ermächtigt, durch

BayEUG Art. 44, 45

Rechtsverordnung Tatbestände festzulegen, die als wichtige Gründe gelten. ³Für die Genehmigung eines Gastschulverhältnisses ist die abgebende Berufsschule zuständig, wenn mit der aufnehmenden Berufsschule und den zuständigen Schulaufwandsträgern über die Begründung des Gastschulverhältnisses Einvernehmen besteht. ⁴In den übrigen Fällen entscheidet die für die abgebende Schule zuständige Regierung. ⁵Für Berufsschulen zur sonderpädagogischen Förderung gelten Sätze 1 bis 4 entsprechend.

Art. 44 Wahl des schulischen Bildungswegs

(1) ¹Soweit nicht Pflichtschulen zu besuchen sind, haben die Erziehungsberechtigten und die volljährigen Schülerinnen und Schüler das Recht, Schulart, Ausbildungsrichtung und Fachrichtung zu wählen. ²Für die Aufnahme sind Eignung und Leistung der Schülerin bzw. des Schülers maßgebend.

(2) ¹Für Schulen, die nicht Pflichtschulen sind, wird das zuständige Staatsministerium ermächtigt, die Voraussetzungen der Aufnahme (einschließlich Altersgrenzen) und eine Probezeit in der Schulordnung zu regeln; dabei kann die Aufnahme von einer der Aufgabenstellung der Schule entsprechenden Leistungsfeststellung abhängig gemacht werden. ²Ab Jahrgangsstufe 10 kann die Aufnahme versagt werden, wenn die Schülerin oder der Schüler wegen einer vorsätzlich begangenen Straftat zu einer Freiheitsstrafe von mindestens einem Jahr rechtskräftig verurteilt worden ist, die Strafe noch der unbeschränkten Auskunft unterliegt und wenn nach der Art der begangenen Straftat durch die Anwesenheit des Schülers die Sicherheit oder die Ordnung des Schulbetriebs oder die Verwirklichung der Bildungsziele der Schule erheblich gefährdet wäre.

(3) Ein Rechtsanspruch auf Aufnahme in eine bestimmte Schule an einem bestimmten Ort besteht nicht.

(4) ¹Die Zulassung zu einer Ausbildungs- oder Fachrichtung einer Schulart darf im notwendigen Umfang nur dann beschränkt werden, wenn die Zahl der Bewerbungen die Zahl der Ausbildungsplätze erheblich übersteigt und ein geordneter Unterrichtsbetrieb nicht mehr sichergestellt werden kann. ²Das zuständige Staatsministerium wird ermächtigt, im Benehmen mit dem Landesschulbeirat durch Rechtsverordnung das Verfahren der Zulassung nach Gesichtspunkten der Eignung und der Leistung zu regeln; Wartezeit und Härtefälle sollen berücksichtigt werden; für kommunale Schulen kann der Schulträger dies durch eine Satzung regeln, falls eine Rechtsverordnung für die betreffende Schulart und Ausbildungsrichtung nicht erlassen worden ist.

ABSCHNITT V
Inhalte des Unterrichts

Art. 45 Lehrpläne, Stundentafeln, Richtlinien und Bildungsstandards

(1) ¹Grundlage für Unterricht und Erziehung bilden die Lehrpläne, die Stundentafel, in der Art und Umfang des Unterrichtsangebots einer Schulart festgelegt ist, und sonstige Richtlinien. ²Lehrpläne, Stundentafeln und Richtlinien richten sich nach den besonderen Bildungszielen und Aufgaben der jeweiligen Schulart; sie haben die Vermittlung von Wissen und Können und die erzieherische Aufgabe der Schule zu berücksichtigen. ³Wissen und Können beziehen sich auch auf Standards, die in länderübergreifenden Verfahren mit Zustimmung des Staatsministeriums festgelegt werden.

(2) ¹Lehrpläne, Stundentafeln und Richtlinien erlässt, bei grundlegenden Maßnahmen im Benehmen mit dem Landesschulbeirat (Art. 73 Abs. 2 Satz 2 Nr. 1), das zuständige Staatsministerium. ²Bei Lehrplänen und Stundentafeln für berufliche Schulen handelt es sich hierbei im Benehmen mit den betreffenden Staatsministerien, Verbänden

und Organisationen, für Fachakademien außerdem im Einvernehmen mit dem Staatsministerium. ³Bei kommunalen beruflichen Schulen kann es sich auf die Genehmigung beschränken. ⁴Das zuständige Staatsministerium wird ermächtigt, durch Rechtsverordnung für die einzelnen Schularten und deren Jahrgangsstufen unter Berücksichtigung der einzelnen Ausbildungs- und Fachrichtungen in den Stundentafeln vor allem Folgendes festzulegen:
1. die Unterrichtsfächer,
2. die Verbindlichkeit der Unterrichtsfächer (Pflichtfach, Wahlpflichtfach, Wahlfach),
3. die Mindest- und Höchstsumme der wöchentlichen Unterrichtsstunden aller Unterrichtsfächer,
4. die Zahl der wöchentlichen Unterrichtsstunden, die auf jedes Unterrichtsfach entfallen,
5. Kurse innerhalb oder an Stelle von Fächern gemäß Art. 50 Abs. 3,
6. sonstige verbindliche Schulveranstaltungen.
⁵Dabei ist auf die finanzielle Leistungsfähigkeit der Aufwandsträger Rücksicht zu nehmen. ⁶Soweit der einzelnen Schule in den Stundentafeln vom zuständigen Staatsministerium in Einzelfragen Entscheidungen eingeräumt werden, können diese in der Rechtsverordnung dem Schulforum übertragen werden.

(3) ¹Zur Erstellung von Lehrplänen beruft das zuständige Staatsministerium Lehrplankommissionen. ²Lehrpläne sind nach Maßgabe fachlicher, didaktischer, pädagogischer und schulpraktischer Gesichtspunkte zu erstellen und aufeinander abzustimmen. ³Den Lehrplänen für die Berufsschulen und Berufsfachschulen werden die Rahmenlehrpläne der Kultusministerkonferenz zugrunde gelegt.

Art. 46 Religionsunterricht

(1) ¹Der Religionsunterricht ist an den Grundschulen, Mittelschulen, Realschulen, Gymnasien, Förderschulen, Berufsschulen, Wirtschaftsschulen, Fachoberschulen, Berufsoberschulen, an sonstigen Schulen nach Maßgabe der Schulordnung, ordentliches Lehrfach (Pflichtfach). ²Er wird nach Bekenntnissen getrennt in Übereinstimmung mit den Grundsätzen der betreffenden Kirche oder Religionsgemeinschaft erteilt.

(2) ¹Lehrkräfte bedürfen zur Erteilung des Religionsunterrichts der Bevollmächtigung durch die betreffende Kirche oder Religionsgemeinschaft. ²Keine Lehrkraft darf gegen ihren Willen verpflichtet werden, Religionsunterricht zu erteilen.

(3) An den Grundschulen, Mittelschulen und Förderzentren können die von den Kirchen und Religionsgemeinschaften bestellten Lehrkräfte für den Religionsunterricht den gesamten Religionsunterricht erteilen.

(4) ¹Die Erziehungsberechtigten haben das Recht, ihre Kinder vom Religionsunterricht abzumelden. ²Nach Vollendung des 18. Lebensjahres steht dieses Recht den Schülerinnen und Schülern selbst zu. ³Das Nähere über Teilnahme und Abmeldung regelt das Staatsministerium durch Rechtsverordnung.

Art. 47 Ethikunterricht, Islamischer Unterricht

(1) Schülerinnen und Schüler, die nicht am Religionsunterricht teilnehmen, sind verpflichtet, am Ethikunterricht oder am Islamischen Unterricht teilzunehmen.

(2) ¹Der Ethikunterricht dient der Erziehung der Schülerinnen und Schüler zu werteinsichtigem Urteilen und Handeln. ²Sein Inhalt orientiert sich an den sittlichen Grundsätzen, wie sie in der Verfassung und im Grundgesetz niedergelegt sind. ³Im Übrigen berücksichtigt er die Pluralität der Bekenntnisse und Weltanschauungen.

(3) ¹Abs. 2 gilt entsprechend für den Islamischen Unterricht. ²Dieser vermittelt zugleich Wissen über die Weltreligion Islam und behandelt sie in interkultureller Sicht.

Art. 48 Familien- und Sexualerziehung

(1) ¹Unbeschadet des natürlichen Erziehungsrechts der Eltern gehört Familien- und Sexualerziehung zu den Aufgaben der Schulen gemäß Art. 1 und 2. ²Sie ist als altersgemäße Erziehung zu verantwortlichem geschlechtlichen Verhalten Teil der Gesamterziehung mit dem vorrangigen Ziel der Förderung von Ehe und Familie. ³Familien- und Sexualerziehung wird im Rahmen mehrerer Fächer durchgeführt.

(2) Familien- und Sexualerziehung richtet sich nach den in der Verfassung, insbesondere in Art. 118 Abs. 2, Art. 124, Art. 131 sowie Art. 135 Satz 2 festgelegten Wertentscheidungen und Bildungszielen unter Wahrung der Toleranz für unterschiedliche Wertvorstellungen.

(3) Ziel, Inhalt und Form der Familien- und Sexualerziehung sind den Erziehungsberechtigten rechtzeitig mitzuteilen und mit ihnen zu besprechen.

(4) Richtlinien für Familien- und Sexualerziehung in den einzelnen Schularten, Fächern und Jahrgangsstufen erlässt das Staatsministerium im Benehmen mit dem Landesschulbeirat.

ABSCHNITT VI
Grundsätze des Schulbetriebs

Art. 49 Jahrgangsstufen, Klassen, Unterrichtsgruppen

(1) ¹Der Unterricht wird in der Regel nach Jahrgangsstufen in Klassen erteilt, die für ein Schuljahr gebildet werden. ²Für einzelne Schularten kann das zuständige Staatsministerium in der Schulordnung Unterricht in Halbjahreszeiträumen und anderen Gruppierungen (z.B. Kurse) vorsehen sowie Mindest- und Höchstzahlen der Schülerinnen und Schüler festsetzen. ³Die Schulordnung kann bestimmen, in welchen Fällen von den festgesetzten Mindest- und Höchstzahlen abgewichen werden kann.

(2) ¹An Grundschulen und Mittelschulen werden von der Schule unter Beachtung pädagogischer und schulorganisatorischer Erfordernisse Schülerinnen und Schüler gleichen Bekenntnisses einer Klasse zugewiesen, wenn für die Jahrgangsstufe zwei oder mehr Klassen (Parallelklassen) gebildet worden sind und die Erziehungsberechtigten zustimmen; ein Anspruch auf Aufnahme in eine solche Klasse besteht nicht. ²Bei der Anmeldung der vollzeitschulpflichtigen Kinder an einer Grundschule oder Mittelschule geben die Erziehungsberechtigten eine Erklärung darüber ab, ob sie der Zuweisung in eine Klasse mit Schülerinnen und Schülern gleichen Bekenntnisses zustimmen, falls für die Jahrgangsstufe Parallelklassen gebildet werden. ³Diese Erklärung gilt für die Dauer des Besuchs der Grundschule oder Mittelschule, wenn sie nicht widerrufen wird; der Widerruf wird mit Beginn des folgenden Schuljahres wirksam.

Art. 50 Fächer, Kurse, fachpraktische Ausbildung

(1) Die Fächer, in denen unterrichtet wird, sind entweder Pflichtfächer, Wahlpflichtfächer oder Wahlfächer.

(2) ¹Der Unterricht in Pflichtfächern und in gewählten Fächern muss von allen Schülerinnen und Schülern besucht werden, soweit nicht in Rechtsvorschriften Ausnahmen vorgesehen sind. ²Bei Wahlpflichtfächern ist innerhalb der von der Schule angebotenen Fächer oder Fächergruppen zu wählen. ³Bei Wahlfächern können die Erziehungsberechtigten oder die volljährigen Schülerinnen und Schüler über die Anmeldung zum Unterricht entscheiden; über die Zulassung entscheidet die Schule.

(3) ¹Innerhalb oder an Stelle von Fächern können Kurse mit unterschiedlichen Leistungsanforderungen eingerichtet werden. ²Im Rahmen des Unterrichts kann eine fachpraktische Ausbildung vorgeschrieben werden.

(4) Das zuständige Staatsministerium kann auch Praktika und Anerkennungszeiten fordern, soweit dies für das Erreichen des Ausbildungsziels erforderlich ist.

Art. 51 Lernmittel, Lehrmittel

(1) ¹Schulbücher, Arbeitshefte und Arbeitsblätter dürfen in der Schule nur verwendet werden, wenn sie für den Gebrauch in der betreffenden Schulart und Jahrgangsstufe sowie in dem betreffenden Unterrichtsfach schulaufsichtlich zugelassen sind. ²Die Zulassung setzt voraus, dass diese Lernmittel die Anforderungen der Lehrpläne, Stundentafeln und sonstigen Richtlinien (Art. 45 Abs. 1) erfüllen und den pädagogischen und fachlichen Erkenntnissen für die betreffende Schulart und Jahrgangsstufe entsprechen. ³Sätze 1 und 2 gelten nicht für die Lernmittel der Fächer des fachlichen Unterrichts an beruflichen Schulen; auch bei diesen Lernmitteln ist auf die alters- und lehrplangemäße Verwendung in der Schule zu achten.

(2) ¹Das zuständige Staatsministerium erlässt die für die schulaufsichtliche Prüfung und Zulassung von Lernmitteln erforderlichen Ausführungsvorschriften. ²Es wird insbesondere ermächtigt, durch Rechtsverordnung die Lernmittel, die prüfungspflichtig sind, die Anforderungen an die äußere Gestaltung sowie Zuständigkeit und Verfahren festzulegen.

(3) Über die Einführung zugelassener oder nach Abs. 1 Satz 3 nicht zulassungspflichtiger Lernmittel an der Schule entscheidet die Lehrerkonferenz oder der zuständige Ausschuss im Rahmen der zur Verfügung stehenden Haushaltsmittel in Abstimmung mit dem Elternbeirat und bei Berufsschulen mit dem Berufsschulbeirat.

(4) ¹Nicht in die Lernmittelfreiheit einbezogene zugelassene oder nicht zulassungspflichtige Lernmittel werden von den Erziehungsberechtigten oder den Schülern selbst beschafft. ²Die Schule kann die Verwendung bestimmter übriger Lernmittel im Sinn des Art. 21 Abs. 3 Satz 1 des Bayerischen Schulfinanzierungsgesetzes (BaySchFG) in Abstimmung mit dem Elternbeirat und bei Berufsschulen mit dem Berufsschulbeirat anordnen und hierbei insbesondere Höchstbeträge vorsehen.

(5) Das zuständige Staatsministerium kann durch Rechtsverordnung das Verfahren und die Voraussetzungen der Zulassung und Verwendung von Lehrmitteln einschließlich audiovisueller Medien regeln.

Art. 52 Nachweise des Leistungsstands, Bewertung der Leistungen, Zeugnisse

(1) ¹Zum Nachweis des Leistungsstands erbringen die Schülerinnen und Schüler in angemessenen Zeitabständen entsprechend der Art des Fachs schriftliche, mündliche und praktische Leistungen. ²Art, Zahl, Umfang, Schwierigkeit und Gewichtung der Leistungsnachweise richten sich nach den Erfordernissen der jeweiligen Schulart und Jahrgangsstufe sowie der einzelnen Fächer. ³Die Art und Weise der Erhebung der Nachweise des Leistungsstandes ist den Schülerinnen und Schülern vorher bekannt zu geben; die Bewertung der Leistungen ist den Schülerinnen und Schülern mit Notenstufe und der Begründung für die Benotung zu eröffnen. ⁴Leistungsnachweise dienen der Leistungsbewertung und als Beratungsgrundlage.

(2) ¹Die einzelnen schriftlichen, mündlichen und praktischen Leistungsnachweise sowie die gesamte während eines Schuljahres oder sonstigen Ausbildungsabschnitts in den einzelnen Fächern erbrachte Leistung werden nach folgenden Notenstufen bewertet:

sehr gut	= 1	(Leistung entspricht den Anforderungen in besonderem Maße)
gut	= 2	(Leistung entspricht voll den Anforderungen)
befriedigend	= 3	(Leistung entspricht im Allgemeinen den Anforderungen)
ausreichend	= 4	(Leistung weist zwar Mängel auf, entspricht aber im Ganzen noch den Anforderungen)

| mangelhaft | = 5 | (Leistung entspricht nicht den Anforderungen, lässt jedoch erkennen, dass trotz deutlicher Verständnislücken die notwendigen Grundkenntnisse vorhanden sind) |
| ungenügend | = 6 | (Leistung entspricht nicht den Anforderungen und lässt selbst die notwendigen Grundkenntnisse nicht erkennen). |

[2]Art. 9 Abs. 4 Satz 2 Nr. 3, Art. 16 Abs. 2 Satz 4 bleiben unberührt. [3]Die Schulordnungen können vorsehen, dass in bestimmten Jahrgangsstufen der Grundschule und der Förderzentren, in Wahlfächern sowie bei ausländischen Schülerinnen und Schülern in Pflichtschulen und bei Schülerinnen und Schülern mit sonderpädagogischem Förderbedarf in Pflichtschulen die Noten durch eine allgemeine Bewertung ersetzt werden. [4]Auf Wunsch der Erziehungsberechtigten oder Schülerinnen und Schüler hat die Lehrkraft die erzielten Noten zu nennen.

(3) [1]Unter Berücksichtigung der einzelnen schriftlichen, mündlichen und praktischen Leistungen werden Zeugnisse erteilt. [2]Hierbei werden die gesamten Leistungen einer Schülerin bzw. eines Schülers unter Wahrung der Gleichbehandlung aller Schülerinnen und Schüler in pädagogischer Verantwortung der Lehrkraft bewertet. [3]Daneben sollen Bemerkungen oder Bewertungen nach Abs. 2 Satz 1 oder in anderer Form über Anlagen, Mitarbeit und Verhalten der Schülerin oder des Schülers in das Zeugnis aufgenommen werden.

(4) Regelungen über den Notenausgleich können in den Schulordnungen vorgesehen werden.

(5) [1]Schülerinnen und Schüler mit einer lang andauernden erheblichen Beeinträchtigung der Fähigkeit, ihr vorhandenes Leistungsvermögen darzustellen, erhalten soweit erforderlich eine Anpassung der Prüfungsbedingungen, die das fachliche Anforderungsniveau der Leistungsanforderungen wahrt (Nachteilsausgleich). [2]Von einer Bewertung in einzelnen Fächern oder von abgrenzbaren fachlichen Anforderungen in allen Prüfungen und Abschlussprüfungen kann abgesehen werden (Notenschutz),
1. wenn eine körperlich-motorische Beeinträchtigung, eine Beeinträchtigung beim Sprechen, eine Sinnesschädigung, Autismus oder eine Lese-Rechtschreib-Störung vorliegt,
2. auf Grund derer eine Leistung oder Teilleistung auch unter Gewährung von Nachteilsausgleich nicht erbracht und auch nicht durch eine andere vergleichbare Leistung ersetzt werden kann,
3. die einheitliche Anwendung eines allgemeinen, an objektiven Leistungsanforderungen ausgerichteten Bewertungsmaßstabs zum Nachweis des jeweiligen Bildungsstands nicht erforderlich ist und
4. die Erziehungsberechtigten dies beantragen.

[3]Im Übrigen bleiben die schulartspezifischen Voraussetzungen für Aufnahme, Vorrücken und Schulwechsel sowie für den Erwerb der Abschlüsse unberührt. [4]Art und Umfang des Notenschutzes sind im Zeugnis zu vermerken. [5]Das zuständige Staatsministerium wird ermächtigt, das Nähere durch Rechtsverordnung zu regeln.

Art. 53 Vorrücken und Wiederholen

(1) In die nächsthöhere Jahrgangsstufe rücken Schülerinnen und Schüler vor, die während des laufenden Schuljahres oder des sonstigen Ausbildungsabschnitts die erforderlichen Leistungsnachweise erbracht und dabei den Anforderungen genügt haben.

(2) Schülerinnen und Schüler, die die Erlaubnis zum Vorrücken nicht erhalten haben, können die bisher besuchte Jahrgangsstufe derselben Schulart wiederholen.

(3) [1]Das Wiederholen ist nicht zulässig für Schülerinnen und Schüler, die
1. dieselbe Jahrgangsstufe zum zweiten Mal wiederholen müssten,
2. nach Wiederholung einer Jahrgangsstufe auch die nächstfolgende wiederholen müssten.

Art. 54 **BayEUG**

²Das Wiederholen ist außerdem nicht zulässig für Schülerinnen und Schüler der Gymnasien und Realschulen, die innerhalb der Jahrgangsstufen 5 bis 7 zum zweiten Mal nicht vorrücken durften.

(4) ¹Zuständig für die Entscheidungen nach den Absätzen 1 bis 3 ist die Klassenkonferenz. ²Für einzelne Schularten kann in der Schulordnung ein anderes aus Lehrkräften der Schule gebildetes Gremium oder die Klassenleiterin bzw. der Klassenleiter bestimmt werden. ³Mitglieder der Klassenkonferenz sind die in der Klasse unterrichtenden Lehrkräfte und die Schulleiterin bzw. der Schulleiter oder eine von ihr bzw. ihm beauftragte Lehrkraft als Vorsitzender.

(5) ¹Von den Folgen nach Absatz 3 kann die Lehrerkonferenz befreien, wenn zuverlässig anzunehmen ist, dass die Ursache des Misserfolgs nicht in mangelnder Eignung oder schuldhaftem Verhalten der Schülerin oder des Schülers gelegen ist. ²Die Lehrerkonferenz entscheidet auch darüber, ob bei einer Schülerin oder einem Schüler, die oder der von einer Schule anderer Art übergetreten ist und an der zuvor besuchten Schule bereits einmal wiederholt hat, Absatz 3 anzuwenden ist.

(6) ¹Schülerinnen und Schülern, die die Erlaubnis zum Vorrücken nicht erhalten haben, kann in einzelnen Schularten und Jahrgangsstufen nach Maßgabe näherer Regelungen in den Schulordnungen das Vorrücken auf Probe gestattet werden; das Vorrücken kann ihnen noch gestattet werden, wenn sie sich einer Nachprüfung zu Beginn des folgenden Schuljahres erfolgreich unterzogen haben. ²Schülerinnen und Schülern, die infolge nachgewiesener erheblicher Beeinträchtigungen ohne eigenes Verschulden wegen Leistungsminderungen die Voraussetzungen zum Vorrücken nicht erfüllen (z.B. wegen Krankheit), kann das Vorrücken auf Probe gestattet werden, wenn zu erwarten ist, dass die entstandenen Lücken geschlossen werden können und das angestrebte Bildungsziel erreicht werden kann.

(7) ¹Die Absätze 1 bis 6 gelten nicht für Schülerinnen und Schüler der Berufsschulen und Berufsschulen zur sonderpädagogischen Förderung. ²Für Schülerinnen und Schüler der Grundschulen, Mittelschulen und Förderzentren gelten an Stelle der Absätze 3 und 5 die Bestimmungen über die Vollzeitschulpflicht nach Maßgabe näherer Regelungen in den Schulordnungen. ³Für Schülerinnen und Schüler in Mittlere-Reife-Klassen sind Abs. 3 Satz 1 und Abs. 5 anzuwenden.

Art. 54 Abschlussprüfung

(1) ¹Der Besuch der Schule wird in der Regel durch eine Prüfung abgeschlossen (Abschlussprüfung). ²Bei Berufsschulen kann nach Maßgabe der Schulordnung auf eine Abschlussprüfung verzichtet werden, wenn sich die Schülerinnen und Schüler einer Berufsabschlussprüfung nach dem Berufsbildungsgesetz oder der Handwerksordnung unterziehen, an der Lehrkräfte an beruflichen Schulen mitwirken.

(2) Die Abschlussprüfung wird vor einem Prüfungsausschuss, dessen Vorsitz die Schulleiterin bzw. der Schulleiter inne hat, abgelegt, sofern das zuständige Staatsministerium allgemein oder für den Einzelfall nicht anderes bestimmt.

(3) ¹Die Abschlussprüfung umfasst nach Maßgabe der Rechtsvorschriften für die einzelnen Schularten entsprechend der Art des jeweiligen Fachs einen schriftlichen, einen mündlichen und einen praktischen Teil. ²Für die Bewertung der Prüfungsleistungen gilt Art. 52 Abs. 2, 4 und 5 entsprechend.

(4) ¹Nach bestandener Abschlussprüfung erhält der Prüfling ein Abschlusszeugnis. ²Dieses enthält die Noten in den einzelnen Fächern und die Feststellung, welche Berechtigung das Zeugnis verleiht. ³Zusätzlich kann das Zeugnis eine allgemeine Beurteilung enthalten.

(5) ¹Ein Prüfling, der die Abschlussprüfung nicht bestanden hat, kann zur Abschlussprüfung erst zum nächsten Prüfungstermin und nur noch einmal zugelassen werden.

BayEUG Art. 55, 56

²Mit Genehmigung des zuständigen Staatsministeriums oder der von ihm beauftragten Stelle kann die Abschlussprüfung ein zweites Mal wiederholt werden. ³Ein Prüfling, der zur Wiederholung der Abschlussprüfung zugelassen worden ist, darf auch die betreffende Jahrgangsstufe oder den betreffenden Ausbildungsabschnitt wiederholen, falls er damit nicht die Höchstausbildungsdauer überschreitet (Art. 55 Abs. 1 Nr. 6). ⁴Die Bestimmungen über die Schulpflicht bleiben unberührt.

Art. 55 Beendigung des Schulbesuchs

(1) Bei den Schülerinnen und Schülern anderer als Pflichtschulen endet der Schulbesuch
1. durch Austritt,
2. durch Nichtbestehen einer Probezeit, es sei denn, dass die Schülerin oder der Schüler in eine andere Jahrgangsstufe zurückverwiesen wird (Art. 44 Abs. 2 Satz 1, Art. 53 Abs. 6 Satz 2),
3. durch Erteilung des Abschlusszeugnisses oder des Entlassungszeugnisses, spätestens aber mit Ablauf des Schuljahres, in dem die Abschlussprüfung bestanden wird,
4. mit Ablauf des Schuljahres, in dem eine Schülerin bzw. ein Schüler die Erlaubnis zum Vorrücken in die nächste Jahrgangsstufe nicht erhalten oder die Abschlussprüfung nicht bestanden hat und ein Wiederholen nicht mehr zulässig ist,
5. durch Entlassung,
6. durch Überschreitung der Höchstausbildungsdauer, die für die einzelnen Schularten in der Schulordnung festgelegt ist; für Härtefälle können Ausnahmen vorgesehen werden.

(2) ¹Bleibt eine Schülerin oder ein Schüler einer Schule, die keine Pflichtschule ist, längere Zeit ohne ausreichende Entschuldigung dem Unterricht fern, so kann die Schule nach erfolgloser Erkundigung und vorheriger schriftlicher Ankündigung in angemessener Frist das Fernbleiben einer Austrittserklärung gleichstellen. ²Die Schulpflicht bleibt davon unberührt.

(3) Die Beendigung des Schulbesuchs bei Pflichtschulen richtet sich nach der Dauer der Schulpflicht.

ABSCHNITT VII
Schülerinnen und Schüler

Art. 56 Rechte und Pflichten

(1) ¹Schülerinnen und Schüler im Sinn dieses Gesetzes und der auf Grund dieses Gesetzes erlassenen Vorschriften sind Personen, die in den Schulen unterrichtet und erzogen werden. ²Alle Schülerinnen und Schüler haben gemäß Art. 128 der Verfassung ein Recht darauf, eine ihren erkennbaren Fähigkeiten und ihrer inneren Berufung entsprechende schulische Bildung und Förderung zu erhalten. ³Aus diesem Recht ergeben sich einzelne Ansprüche, wenn und soweit sie nach Voraussetzungen und Inhalt in diesem Gesetz oder auf Grund dieses Gesetzes bestimmt sind.

(2) Die Schülerinnen und Schüler haben das Recht, entsprechend ihrem Alter und ihrer Stellung innerhalb des Schulverhältnisses
1. sich am Schulleben zu beteiligen,
2. im Rahmen der Schulordnung und der Lehrpläne an der Gestaltung des Unterrichts mitzuwirken,
3. über wesentliche Angelegenheiten des Schulbetriebs hinreichend unterrichtet zu werden,
4. Auskunft über ihren Leistungsstand und Hinweise auf eine Förderung zu erhalten,

Art. 57 **BayEUG**

5. bei als ungerecht empfundener Behandlung oder Beurteilung sich nacheinander an Lehrkräfte, an die Schulleiterin bzw. den Schulleiter und an das Schulforum zu wenden.

(3) [1]Alle Schülerinnen und Schüler haben das Recht, ihre Meinung frei zu äußern; im Unterricht ist der sachliche Zusammenhang zu wahren. [2]Die Bestimmungen über Schülerzeitung (Art. 63) und politische Werbung (Art. 84) bleiben unberührt.

(4) [1]Alle Schülerinnen und Schüler haben sich so zu verhalten, dass die Aufgabe der Schule erfüllt und das Bildungsziel erreicht werden kann. [2]Sie dürfen insbesondere in der Schule und bei Schulveranstaltungen ihr Gesicht nicht verhüllen, es sei denn, schulbedingte Gründe erfordern dies; zur Vermeidung einer unbilligen Härte können die Schulleiterin oder der Schulleiter Ausnahmen zulassen. [3]Darüber hinaus haben sie insbesondere die Pflicht, am Unterricht regelmäßig teilzunehmen und die sonstigen verbindlichen Schulveranstaltungen zu besuchen. [4]Erfolgt die Teilnahme am Distanzunterricht im Wege einer Videoübertragung, sind die teilnehmenden Schülerinnen und Schüler zur Übertragung des eigenen Bildes und Tones verpflichtet, soweit die Aufsicht führende Lehrkraft dies aus pädagogischen Gründen fordert und die technischen Voraussetzungen vorliegen. [5]Die Schülerinnen und Schüler haben alles zu unterlassen, was den Schulbetrieb oder die Ordnung der von ihnen besuchten Schule oder einer anderen Schule stören könnte. [6]Die Schülerinnen und Schüler sind verpflichtet, an der Erstellung des sonderpädagogischen Gutachtens nach Art. 41 Abs. 4 Satz 2 sowie im Rahmen des Verfahrens nach Art. 41 Abs. 6 mitzuwirken.

(5) [1]Die Verwendung von digitalen Endgeräten ist für Schülerinnen und Schüler nur zulässig
1. im Unterricht und bei sonstigen Schulveranstaltungen, soweit die Aufsicht führende Person dies gestattet,
2. im Übrigen im Schulgebäude und auf dem Schulgelände, soweit dies die Schulleitung im Einvernehmen mit dem Schulforum allgemein oder die Aufsicht führende Person im Einzelfall gestattet.

[2]Für die Verwendung nach Satz 1 können die Schulleiterin oder der Schulleiter allgemein oder die Aufsicht führende Person für den Einzelfall zulässige Programme und Anwendungen festlegen. [3]Satz 1 Nr. 2 gilt nicht für Grundschulen und Grundschulstufen an Förderschulen. [4]Bei unzulässiger Verwendung kann das digitale Endgerät vorübergehend einbehalten werden.

ABSCHNITT VIII
Schulleiterin oder Schulleiter, Lehrerkonferenz, Lehrkräfte und sonstiges Personal

Art. 57 Schulleiterin oder Schulleiter, ständiger Vertreter

(1) [1]Für jede Schule ist eine Person mit der Schulleitung zu betrauen; sie ist zugleich Lehrkraft an der Schule (Schulleiterin oder Schulleiter). [2]Bei allgemein bildenden Schulen, Förderschulen und beruflichen Schulzentren (Art. 30a Abs. 2) kann eine Person mit der Leitung mehrerer Schulen, auch verschiedener Schularten, betraut werden; sie ist zugleich Lehrkraft an einer der Schulen.

(2) [1]Die Schulleiterin oder der Schulleiter ist für einen geordneten Schulbetrieb und Unterricht sowie gemeinsam mit den Lehrkräften für die Bildung und Erziehung der Schülerinnen und Schüler sowie die Überwachung der Schulpflicht verantwortlich; sie oder er hat sich über das Unterrichtsgeschehen zu informieren. [2]In Erfüllung dieser Aufgaben ist sie oder er den Lehrkräften und dem sonstigen pädagogischen Personal sowie dem Verwaltungs- und Hauspersonal gegenüber weisungsberechtigt. [3]Die Schulleiterin oder der Schulleiter kann Lehrkräften Weisungsberechtigung für ihnen übertragene

BayEUG Art. 57a, 58

Fachaufgaben erteilen, soweit Rechts- und Verwaltungsvorschriften dies vorsehen. ⁴Sie oder er berät die Lehrkräfte und das sonstige pädagogische Personal und sorgt für deren Zusammenarbeit.

(3) Die Schulleiterin oder der Schulleiter vertritt die Schule nach außen.

(4) Für jede Schule ist eine Person mit der Stellvertretung der Schulleiterin oder des Schulleiters (ständiger Vertreter) zu betrauen; Abs. 1 Satz 1 Halbsatz 2 und Satz 2 gelten entsprechend.

Art. 57a Erweiterte Schulleitung

(1) ¹An staatlichen Schulen kann das zuständige Staatsministerium auf Antrag der Schulleiterin oder des Schulleiters zur Unterstützung bei der Erledigung der Aufgaben gemäß Art. 57 Abs. 1 bis 3 eine erweiterte Schulleitung einrichten. ²Die Entscheidung über den Antrag erfolgt nach Maßgabe der im Staatshaushalt bereitgestellten Stellen und Mittel.

(2) ¹Voraussetzung für die Einrichtung einer erweiterten Schulleitung ist, dass dies auf Grund der Zahl der an der Schule tätigen staatlichen Lehrkräfte sowie auf Grund der Struktur der Schulart zweckdienlich ist. ²Dabei sind auch die Schulen, mit deren Leitung die Schulleiterin oder der Schulleiter gemäß Art. 57 Abs. 1 Satz 2 betraut ist, einzubeziehen, soweit sie einer Schulart angehören, welche die für die Einrichtung einer erweiterten Schulleitung erforderliche Struktur gemäß Satz 1 aufweist.

(3) ¹Die erweiterte Schulleitung besteht aus dem ständigen Vertreter sowie erforderlichenfalls weiteren staatlichen Lehrkräften mit Führungs- und Personalverantwortung nach Maßgabe der Rechts- und Verwaltungsvorschriften. ²Die Mitglieder der erweiterten Schulleitung sind gegenüber den ihnen von der Schulleiterin oder dem Schulleiter zugeordneten Lehrkräften weisungsberechtigt.

(4) Die Staatsregierung wird ermächtigt, durch Rechtsverordnung die für die Antragsberechtigung maßgeblichen Kriterien, insbesondere Mindestanzahl der Lehrkräfte und Struktur der Schulart, festzulegen sowie das Auswahlverfahren zu regeln.

(5) ¹An kommunalen Schulen kann durch Entscheidung des Schulträgers eine erweiterte Schulleitung eingerichtet werden. ²Die Abs. 1 bis 3 gelten entsprechend.

Art. 58 Lehrerkonferenz

(1) ¹An jeder Schule besteht eine Lehrerkonferenz. ²Wenn an einer Schule mehrere Schularten oder Ausbildungsrichtungen als Abteilungen geführt werden, kann die Schulordnung die Bildung von Teilkonferenzen der Lehrkräfte dieser Abteilungen vorsehen. ³Bei Schulen mit mehr als 25 mit mindestens der Hälfte der Unterrichtspflichtzeit beschäftigten Lehrkräften werden für die Dauer eines Schuljahres ein Disziplinarausschuss und ein Lehr- und Lernmittelausschuss, die insoweit die Aufgaben der Lehrerkonferenz wahrnehmen, sowie sonstige Ausschüsse nach näherer Bestimmung der Schulordnung gebildet.

(2) ¹Mitglieder der Lehrerkonferenz sind alle an der Schule tätigen Lehrkräfte, die Beamten im Vorbereitungsdienst, die an der Schule eigenverantwortlichen Unterricht erteilen, sowie die Förderlehrer und das Personal für die heilpädagogische Unterrichtshilfe. ²Den Vorsitz führt die Schulleiterin oder der Schulleiter. ³Die Vertreter der Schulaufsichtsbehörden sind zur Teilnahme an den Sitzungen berechtigt.

(3) ¹Die Lehrerkonferenz hat die Aufgabe, die Erziehungs- und Unterrichtsarbeit sowie das kollegiale und pädagogische Zusammenwirken der Lehrkräfte an der Schule zu sichern. ²Die Aufgaben der Schulleiterin oder des Schulleiters und die pädagogische Verantwortung der einzelnen Lehrkraft bleiben unberührt.

(4) ¹Die Lehrerkonferenz beschließt in den Angelegenheiten, die ihr durch Rechts- und Verwaltungsvorschriften zur Entscheidung zugewiesen sind, mit bindender Wirkung für

Art. 59 **BayEUG**

die Schulleiterin oder den Schulleiter und die übrigen Mitglieder der Lehrerkonferenz. ²In den übrigen Angelegenheiten gefasste Beschlüsse bedeuten Empfehlungen.

(5) ¹Für die Ausführung der Beschlüsse der Lehrerkonferenz nach Absatz 4 Satz 1 ist die Schulleiterin oder der Schulleiter verantwortlich. ²Ist die Schulleiterin oder der Schulleiter der Auffassung, dass ein Beschluss der Lehrerkonferenz gegen eine Rechts- oder Verwaltungsvorschrift verstößt oder dass sie oder er für die Ausführung des Beschlusses nicht die Verantwortung übernehmen kann, so hat sie oder er den Gegenstand dieses Beschlusses in einer weiteren, innerhalb eines Monats einzuberufenden Sitzung noch einmal zur Beratung zu stellen. ³Handelt es sich um eine Angelegenheit, die der Lehrerkonferenz nach Absatz 4 Satz 1 zur Entscheidung zugewiesen ist, so hat die Schulleiterin oder der Schulleiter den Beschluss zu beanstanden, den Vollzug auszusetzen und – in dringenden Fällen ohne wiederholte Beratung – die Entscheidung der Schulaufsichtsbehörde herbeizuführen. ⁴Die Beanstandung ist schriftlich oder (unter Verwendung einer dauerhaft überprüfbaren qualifizierten elektronischen Signatur) elektronisch zu begründen. ⁵Bis zur Entscheidung der Schulaufsichtsbehörde darf der Beschluss nicht ausgeführt werden. ⁶Die Schulaufsichtsbehörde kann im Übrigen auch entscheiden, wenn die Lehrerkonferenz oder ein zuständiger Ausschuss in einer wichtigen Angelegenheit nicht tätig wird oder schulaufsichtlichen Beanstandungen nicht Rechnung trägt.

(6) Die Schulordnung trifft die näheren Regelungen, insbesondere über die Zuständigkeit, die Mitglieder und den Vorsitz der Teilkonferenzen und Ausschüsse sowie über den Geschäftsgang, die Sitzungsteilnahme, die Stimmberechtigung, die Beschlussfähigkeit und die Beschlussfassung in der Lehrerkonferenz, den Teilkonferenzen und den Ausschüssen.

Art. 59 Lehrkräfte

(1) ¹Die Lehrkräfte tragen die unmittelbare pädagogische Verantwortung für den Unterricht und die Erziehung der Schülerinnen und Schüler. ²Gegenüber dem ihnen zugeordneten sonstigen pädagogischen Personal sind sie weisungsberechtigt. ³Die Art. 111 bis 114 Abs. 5 und die dienstrechtlichen Vorschriften bleiben unberührt.

(2) ¹Die Lehrkräfte haben den in Art. 1 und 2 niedergelegten Bildungs- und Erziehungsauftrag sowie die Lehrpläne und Richtlinien für den Unterricht und die Erziehung zu beachten. ²Erteilen Lehrkräfte Distanzunterricht im Wege einer Videoübertragung und liegen die technischen Voraussetzungen vor, sind sie in der Regel zur Übertragung des eigenen Bildes und Tones verpflichtet. ³Sie müssen die verfassungsrechtlichen Grundwerte glaubhaft vermitteln. ⁴Äußere Symbole und Kleidungsstücke, die eine religiöse oder weltanschauliche Überzeugung ausdrücken, dürfen von Lehrkräften im Unterricht nicht getragen werden, sofern die Symbole oder Kleidungsstücke bei den Schülerinnen und Schülern oder den Eltern auch als Ausdruck einer Haltung verstanden werden können, die mit den verfassungsrechtlichen Grundwerten und Bildungszielen der Verfassung einschließlich der christlich-abendländischen Bildungs- und Kulturwerten nicht vereinbar ist. ⁵Art. 84 Abs. 2 bleibt unberührt. ⁶Für Lehrkräfte im Vorbereitungsdienst können im Einzelfall Ausnahmen von der Bestimmung des Satzes 3 zugelassen werden.

(3) Die Lehrkräfte erfüllen ihre Aufgaben im vertrauensvollen Zusammenwirken mit den Schülerinnen und Schülern und den Erziehungsberechtigten, bei den beruflichen Schulen außerdem mit den Ausbildenden, den Arbeitgebern und den Arbeitnehmervertretern und Arbeitnehmervertreterinnen der von ihnen unterrichteten Schülerinnen und Schüler.

(4) ¹Lehrkräften, die unbefristet im Beschäftigungsverhältnis an öffentlichen Schulen tätig sind, kann für die Dauer ihrer Tätigkeit das Recht eingeräumt werden, Berufsbezeichnungen zu führen, die das Staatsministerium für bestimmte Gruppen von Lehrkräften allgemein festsetzt. ²Lehrkräfte, die wegen Alters oder Arbeitsunfähigkeit ausscheiden, sind berechtigt, ihre bisherige Berufsbezeichnung mit dem Zusatz »a.D.« widerruflich weiterzuführen.

(5) Lehrkräften, die aus dem öffentlichen Schuldienst in den Auslandsschuldienst beurlaubt sind, kann die Ernennungsbehörde für die Dauer ihrer Verwendung als Schulleiterin bzw. Schulleiter, stellvertretende Schulleiterin bzw. stellvertretender Schulleiter oder Fachberaterin bzw. Fachberater das Führen einer Bezeichnung gestatten, die der Amtsbezeichnung vergleichbarer Lehrkräfte an öffentlichen Schulen entspricht.

Art. 60 Weiteres pädagogisches Personal

(1) [1]Die Förderlehrerin bzw. der Förderlehrer unterstützt den Unterricht und trägt durch die Arbeit mit Schülergruppen zur Sicherung des Unterrichtserfolges bei. [2]Sie bzw. er nimmt besondere Aufgaben der Betreuung von Schülerinnen und Schülern selbstständig und eigenverantwortlich wahr und wirkt bei sonstigen Schulveranstaltungen und Verwaltungstätigkeiten mit.

(2) [1]Heilpädagogische Förderlehrerinnen bzw. Förderlehrer, Werkmeisterinnen bzw. Werkmeister und sonstiges Personal für heilpädagogische Unterrichtshilfe an Förderschulen unterstützen die Erziehungs- und Unterrichtstätigkeit der Lehrkraft an Schulen mit dem Profil »Inklusion« und an Förderschulen; im Rahmen eines mit den Lehrkräften für Sonderpädagogik gemeinsam erstellten Gesamtplans wirken sie bei Erziehung, Unterrichtung und Beratung von Kindern und Jugendlichen mit sonderpädagogischem Förderbedarf mit. [2]Sie nehmen diese Aufgaben selbständig und eigenverantwortlich wahr und wirken bei sonstigen Schulveranstaltungen und bei Verwaltungstätigkeiten mit. [3]Heilpädagogische Förderlehrerinnen bzw. Förderlehrer und das sonstige Personal für heilpädagogische Unterrichtshilfe leiten die Gruppen der Schulvorbereitenden Einrichtungen im Einvernehmen mit der Lehrkraft für Sonderpädagogik und erfüllen in Absprache mit der Lehrkraft für Sonderpädagogik Aufgaben der sonderpädagogischen Förderung und Beratung im Rahmen der Mobilen Sonderpädagogischen Dienste und Hilfen.

(3) Schulsozialpädagoginnen und Schulsozialpädagogen unterstützen die Erziehungsarbeit der Schule durch gruppenbezogene Prävention und wirken in gruppenbezogener Arbeit an der Werteerziehung und der Persönlichkeitsentwicklung der Schülerinnen und Schüler mit.

(4) Art. 59 Abs. 2 gilt entsprechend.

Art. 60a Sonstiges schulisches Personal sowie Verwaltungs- und Hauspersonal

(1) [1]Sonstiges schulisches Personal nimmt im Rahmen von schulischen Angeboten zur Bildung, Förderung und Betreuung der Schülerinnen und Schüler erzieherische oder pflegerische Aufgaben wahr. [2]Verwaltungs- und Hauspersonal nehmen administrative oder der Bewirtschaftung der Schulanlage dienende Tätigkeiten wahr.

(2) [1]Das Personal nach Abs. 1 muss für den Umgang mit Schülerinnen und Schülern persönlich geeignet und zuverlässig sein. [2]Daran fehlt es insbesondere, wenn
1. schwerwiegende Tatsachen die Annahme rechtfertigen, dass die Person die Verwirklichung des schulischen Bildungs- und Erziehungsauftrags gefährdet, oder
2. sie rechtskräftig wegen einer Straftat nach den §§ 171, 174 bis 174c, 176 bis 180a, 181a, 182 bis 184g, 184i, 201a Abs. 3, §§ 225, 232 bis 233a, 234, 235 oder § 236 des Strafgesetzbuchs (StGB) verurteilt worden ist; dabei sind nach § 52 Abs. 1 Nr. 5 des Bundeszentralregistergesetzes (BZRG) auch bekannte frühere Straftaten zu berücksichtigen, die im Bundeszentralregister bereits getilgt sind oder zu tilgen wären.

(3) [1]Die persönliche Eignung nach Abs. 2 Satz 2 Nr. 2 ist vor Tätigkeitsantritt durch ein höchstens drei Monate altes erweitertes Führungszeugnis nach § 30a Abs. 1 BZRG im Original oder in beglaubigter Kopie gegenüber der Schulleiterin oder dem Schulleiter nachzuweisen. [2]Die Schulen dürfen die durch die Einsichtnahme in das erweiterte Führungszeugnis erhobenen Daten nur verarbeiten, soweit dies zum Ausschluss der

Personen von der Tätigkeit, die Anlass zu der Einsichtnahme in das erweiterte Führungszeugnis gewesen ist, erforderlich ist. ³In Abständen von drei Jahren ist eine erneute Vorlage erforderlich. ⁴Die Sätze 1 bis 3 gelten nicht für Personen,
1. bei denen nach Art, Intensität und Dauer des Kontakts zu Schülerinnen und Schülern eine Gefährdung ausgeschlossen erscheint oder
2. die beim Freistaat Bayern oder einer kommunalen Körperschaft beschäftigt sind.
⁵An kommunalen Schulen können auch abweichende Verfahren festgelegt werden.

(4) Art. 59 Abs. 2 und die für den öffentlichen Dienst geltenden Vorschriften über die Gesichtsverhüllung gelten für alle Personen nach Abs. 1 Satz 1 entsprechend.

Art. 61 Angehörige kirchlicher Genossenschaften

(1) ¹Kirchliche Genossenschaften, die über Lehrkräfte oder Förderlehrerinnen bzw. Förderlehrer verfügen, deren Ausbildung nicht hinter der Ausbildung der staatlichen Lehrkräfte oder Förderlehrerinnen bzw. Förderlehrer zurücksteht, können auf ihren Antrag von der Regierung durch Gestellungsvertrag mit der Tätigkeit an Grundschulen, Mittelschulen oder Förderzentren beauftragt werden. ²Die beauftragten Lehrkräfte und Förderlehrerinnen bzw. Förderlehrer unterliegen dem fachlichen Weisungsrecht des Schulamts.

(2) Das Staatsministerium wird ermächtigt, durch Rechtsverordnung die Dienstbezeichnungen zu bestimmen, die den von den kirchlichen Genossenschaften zur Verfügung gestellten Lehrkräften verliehen werden können.

ABSCHNITT IX
Einrichtungen zur Mitgestaltung des schulischen Lebens

a) Schülermitverantwortung

Art. 62 Schülermitverantwortung, Schülervertretung

(1) ¹Im Rahmen der Schülermitverantwortung soll allen Schülerinnen und Schülern die Möglichkeit gegeben werden, Leben und Unterricht ihrer Schule ihrem Alter und ihrer Verantwortungsfähigkeit entsprechend mitzugestalten; hierfür werden Schülersprecher und Schülersprecherinnen sowie deren Stellvertreter und deren Stellvertreterinnen gewählt. ²Die Schülerinnen und Schüler werden dabei von der Schulleiterin oder vom Schulleiter, von den Lehrkräften und den Erziehungsberechtigten unterstützt. ³Zu den Aufgaben der Schülermitverantwortung gehören insbesondere die Durchführung gemeinsamer Veranstaltungen, die Übernahme von Ordnungsaufgaben, die Wahrnehmung schulischer Interessen der Schülerinnen und Schüler und die Mithilfe bei der Lösung von Konfliktfällen. ⁴Zu den Rechten der Schülermitverantwortung gehört es,
1. in allen sie betreffenden Angelegenheiten durch die Schule informiert zu werden (Informationsrecht),
2. Wünsche und Anregungen der Schülerinnen und Schüler an Lehrkräfte, die Leiterin oder den Leiter der Schule und den Elternbeirat zu übermitteln (Anhörungs- und Vorschlagsrecht),
3. auf Antrag der betroffenen Schülerinnen und Schüler ihre Hilfe und Vermittlung einzusetzen, wenn diese glauben, es sei ihnen Unrecht geschehen (Vermittlungsrecht),
4. Beschwerden allgemeiner Art bei Lehrkräften, bei der Leiterin oder beim Leiter der Schule und im Schulforum vorzubringen (Beschwerderecht),
5. bei der Aufstellung und Durchführung der Hausordnung, der Organisation und Betreuung von besonderen Veranstaltungen und im Schulforum mitzuwirken,
6. zur Gestaltung von Kursen und Schulveranstaltungen und im Rahmen der Lehrpläne zum Unterricht Anregungen zu geben und Vorschläge zu unterbreiten.

BayEUG Art. 62

⁵Die Rechte einzelner Schülerinnen und Schüler nach Art. 56 bleiben unberührt.

(2) ¹Die Aufgaben der Schülermitverantwortung werden insbesondere durch folgende Einrichtungen der Schülervertretung wahrgenommen:
1. Klassensprecherinnen und Klassensprecher und ihre jeweiligen Stellvertreter,
2. Klassensprecherversammlung,
3. erste, zweite und dritte Schülersprecherin bzw. erster, zweiter und dritter Schülersprecher,
4. Schülerausschuss,
5. Stadt- und Landkreisschülersprecherinnen und Stadt- und Landkreisschülersprecher im Bereich der Mittelschulen,
6. Bezirksschülersprecherinnen und Bezirksschülersprecher,
7. Landesschülerkonferenz.

²Soweit die Schülerinnen und Schüler nicht in Klassen zusammengefasst sind, tritt an die Stelle der Klassensprecherin bzw. des Klassensprechers die Jahrgangsstufensprecherin bzw. der Jahrgangsstufensprecher; neben den Jahrgangsstufensprecherinnen und Jahrgangsstufensprechern können Kurssprecherinnen und Kurssprecher vorgesehen werden.

(3) ¹Ab Jahrgangsstufe 5 wählt jede Klasse aus ihrer Mitte eine Klassensprecherin oder einen Klassensprecher und ihren bzw. seinen Stellvertreter. ²In den Jahrgangsstufen 1 bis 4 entscheidet die Schulleitung im Einvernehmen mit dem Elternbeirat, ob eine Wahl im Sinne des Satzes 1 durchgeführt wird. ³Der Klassensprecherin bzw. dem Klassensprecher obliegen die Aufgaben der Schülermitverantwortung als Schülervertretung für die Klasse.

(4) ¹Die Klassensprecherinnen und Klassensprecher, ihre jeweiligen Stellvertreter sowie die Schülersprecherinnen und Schülersprecher bilden die Klassensprecherversammlung. ²Die Klassensprecherversammlung behandelt Fragen, die über den Kreis einer Klasse hinaus für die gesamte Schülerschaft von Interesse sind.

(5) ¹Ab Jahrgangsstufe 5 wählen die Klassensprecherinnen und Klassensprecher und ihre jeweiligen Stellvertreter die drei Schülersprecherinnen und Schülersprecher; das Schulforum kann beschließen, das Wahlrecht auf alle Schülerinnen und Schüler auszudehnen. ²Die Schülersprecherinnen und Schülersprecher bilden den Schülerausschuss. ³Der Schülerausschuss ist ausführendes Organ der Klassensprecherversammlung; er kann im Rahmen der Aufgaben der Schülermitverantwortung und der Beschlüsse der Klassensprecherversammlung der Schulleiterin oder dem Schulleiter, der Lehrerkonferenz, dem Elternbeirat, dem Schulforum, dem Aufwandsträger und einzelnen Lehrkräften Wünsche und Anregungen vortragen. ⁴Die Schulleiterin oder der Schulleiter unterrichtet den Schülerausschuss über Angelegenheiten, die für die Schule von allgemeiner Bedeutung sind, sowie über Rechts- und Verwaltungsvorschriften und Beschlüsse der Lehrerkonferenz, soweit sie allgemeine Schülerangelegenheiten betreffen. ⁵Die Schulleiterin oder der Schulleiter, die Schulaufsichtsbehörde und der Aufwandsträger prüfen im Rahmen ihrer Zuständigkeit die Anregungen des Schülerausschusses binnen angemessener Frist und teilen diesem das Ergebnis mit. ⁶Im Fall der Ablehnung ist das Ergebnis – auf Antrag schriftlich – zu begründen.

(6) ¹Die Schülersprecherinnen und Schülersprecher, im Bereich der Mittelschule die Stadt- und Landkreisschülersprecherinnen und Stadt- und Landkreisschülersprecher wählen aus ihrer Mitte für die jeweiligen Regierungsbezirke bzw. Dienstbereiche der Ministerialbeauftragten die Bezirksschülersprecherinnen und Bezirksschülersprecher und deren Stellvertreterinnen und Stellvertreter. ²Die Anzahl der gewählten Bezirksschülersprecherinnen und Bezirksschülersprecher beträgt
1. für die Mittelschulen sieben,
2. für die Realschulen acht,
3. für die Gymnasien neun,
4. für die Berufsschulen, Berufsfachschulen, Wirtschaftsschulen, Fachschulen und Fachakademien insgesamt sieben,
5. für die Fachoberschulen und Berufsoberschulen insgesamt drei und

Art. 62a **BayEUG**

6. für die Förderschulen sieben. ³Zu den Aufgaben der Bezirksschülersprecherinnen und Bezirksschülersprecher gehört insbesondere der Erfahrungsaustausch bezüglich der die jeweilige Schulart betreffenden Angelegenheiten. ⁴Die insgesamt 40 Bezirksschülersprecherinnen und Bezirksschülersprecher bilden die Landesschülerkonferenz (Art. 62a).

(7) ¹Die Klassensprecherinnen und Klassensprecher und ihre jeweiligen Stellvertreter können für jeweils ein Schuljahr eine Verbindungslehrkraft wählen; wählbar sind Lehrkräfte, die an der Schule mit mindestens der Hälfte der Unterrichtspflichtzeit unbefristet beschäftigt sind, sowie Förderlehrerinnen bzw. Förderlehrer unter entsprechenden Voraussetzungen. ²Das Schulforum kann beschließen, dass die Wahl durch alle Schülerinnen und Schüler erfolgt. ³Die Verbindungslehrkräfte pflegen die Verbindung zwischen Schulleiterin bzw. Schulleiter und Lehrkräften einerseits und den Schülerinnen und Schülern andererseits. ⁴Sie beraten die Einrichtungen der Schülermitverantwortung und vermitteln bei Beschwerden.

(8) Auf Antrag gibt die Schulleiterin oder der Schulleiter den Mitgliedern der Klassensprecherversammlung oder des Schülerausschusses an Vollzeitschulen in der Regel einmal im Monat Gelegenheit, auch während der Unterrichtszeit zu einer Besprechung zusammenzukommen.

(9) ¹Das Nähere regelt die Schulordnung. ²Für berufliche Schulen können die Einrichtungen und die Wahl der Schülervertretung in der Schulordnung abweichend von den Absätzen 2 bis 5 geregelt werden.

(10) Die notwendigen Kosten der Wahrnehmung der Aufgaben der Schülermitverantwortung auf der Stadt-, Landkreis-, Bezirks- und Landesebene trägt der Freistaat Bayern im Rahmen der zur Verfügung stehenden Haushaltsmittel.

Art. 62a Landesschülerkonferenz, Landesschülerrat

(1) ¹Die Landesschülerkonferenz dient insbesondere der Erörterung allgemeiner schulischer Angelegenheiten. ²Sie tagt wenigstens zweimal im Jahr. ³Art und Umfang der Aufsicht über die teilnehmenden Schülerinnen und Schüler richtet sich nach deren Alter und Reife. ⁴Die Landesschülerkonferenz ist berechtigt, sich eine Geschäftsordnung zu geben.

(2) ¹Aus der Mitte der Landesschülerkonferenz werden insgesamt sechs Landesschülersprecherinnen und Landesschülersprecher für ein Jahr gewählt. ²Dabei werden für die Mittelschulen, Realschulen, Gymnasien und Förderschulen jeweils eine Landesschülersprecherin oder ein Landesschülersprecher gewählt; für die Gruppe der Berufsschulen, Berufsfachschulen, Wirtschaftsschulen, Fachschulen und Fachakademien sowie für die Gruppe der Fachoberschulen und Berufsoberschulen wird je eine Landesschülersprecherin oder ein Landesschülersprecher gewählt. ³Diese bilden den Vorstand der Landesschülerkonferenz (Landesschülerrat). ⁴Gleichzeitig werden entsprechend die Stellvertreterinnen und Stellvertreter der Landesschülersprecherinnen und Landesschülersprecher gewählt. ⁵Aus deren Mitte werden zwei Schülerinnen oder Schüler zum Zweck der Mitgliedschaft im Landesschulbeirat gewählt.

(3) ¹Zu den Rechten des Landesschülerrats gehört es,
1. in Bezug auf grundlegende, die Schülerinnen und Schüler betreffende schulische Angelegenheiten durch das Staatsministerium informiert und angehört zu werden (Informations- und Anhörungsrecht) und
2. Anregungen und Vorschläge der Schülerinnen und Schüler an das Staatsministerium zu richten (Vorschlagsrecht).

²Abs. 1 Satz 4 gilt entsprechend.

(4) Zur Beratung der Schülerinnen und Schüler bei ihrer Tätigkeit in der Landesschülerkonferenz und zur Unterstützung der Kommunikation zwischen ihnen und den Schulaufsichtsbehörden wird eine Lehrkraft als Koordinatorin oder Koordinator bestellt.

Art. 63 Schülerzeitung

(1) ¹Schülerzeitungen sind Zeitungen, die von Schülerinnen und Schülern für Schülerinnen und Schüler derselben Schule geschrieben werden. ²Die Schülerinnen und Schüler machen durch die Herausgabe von Schülerzeitungen vom Recht der freien Meinungsäußerung Gebrauch. ³Jede Schülerin und jeder Schüler hat das Recht, an der Schülerzeitung mitzuwirken. ⁴Die Redaktion der Schülerzeitung hat das Wahlrecht, ob die Schülerzeitung als Einrichtung der Schule im Rahmen der Schülermitverantwortung oder als Druckwerk im Sinn des Bayerischen Pressegesetzes (BayPrG) erscheint. ⁵Die Redaktion soll sich eine beratende Lehrkraft wählen, die die Schülerzeitung pädagogisch betreut.

(2) ¹Erscheint die Schülerzeitung als Druckwerk im Sinn des Bayerischen Pressegesetzes, soll die Schulleiterin oder der Schulleiter die Herausgeber und Redakteure über die presserechtlichen Folgen (Art. 3 Abs. 2, Art. 5, 7 bis 10 und 11 BayPrG) informieren. ²Die Haftung der Erziehungsberechtigten für minderjährige Schülerinnen und Schüler bleibt unberührt. ³Die Schule unterrichtet die Erziehungsberechtigten der mitwirkenden minderjährigen Schülerinnen und Schüler über die Entscheidung der Schülerzeitungsredaktion, die Schülerzeitung als Druckwerk im Sinn des Bayerischen Pressegesetzes herauszugeben.

(3) Die Grundsätze einer fairen Berichterstattung sind zu beachten; auf die Vielfalt der Meinungen und auf den Bildungs- und Erziehungsauftrag der Schule ist Rücksicht zu nehmen.

(4) ¹Soll die Schülerzeitung auf dem Schulgelände verteilt werden, ist der Schulleiterin oder dem Schulleiter rechtzeitig vor Drucklegung ein Exemplar zur Kenntnis zu geben. ²Sie oder er kann Einwendungen erheben. ³Berücksichtigt die Redaktion die Einwendungen nicht, so hat sie die Schülerzeitung zusammen mit einer Stellungnahme dem Schulforum vorzulegen. ⁴Das Schulforum soll auf eine gütliche Einigung hinwirken; scheitert die gütliche Einigung, kann das Schulforum die Verteilung der Schülerzeitung auf dem Schulgelände untersagen.

(5) Soweit der Inhalt der Schülerzeitung das Recht der persönlichen Ehre verletzt oder in anderer Weise gegen Rechtsvorschriften verstößt, kann die Schulleiterin oder der Schulleiter die Verteilung auf dem Schulgelände, und für den Fall, dass die Schülerzeitung als Einrichtung der Schule im Rahmen der Schülermitverantwortung erscheint, auch die Herausgabe untersagen; die Schulleiterin oder der Schulleiter begründet die Entscheidung innerhalb einer Woche schriftlich.

b) Elternvertretung

Art. 64 Einrichtungen

(1) An allen Grundschulen, Mittelschulen, Realschulen, Gymnasien, Fachoberschulen und an Berufsfachschulen, an denen die Schulpflicht erfüllt werden kann, sowie an entsprechenden Schulen zur sonderpädagogischen Förderung wird ein Elternbeirat gebildet.

(2) ¹An allen Grundschulen und Mittelschulen werden Klassenelternsprecher gewählt; an Gymnasien, Realschulen, Wirtschaftsschulen und Förderzentren beschließt der Elternbeirat, ob Klassenelternsprecher für alle oder einzelne Jahrgangsstufen der Schule als Helfer des Elternbeirats gewählt werden. ²Bestehen innerhalb einer Gemeinde oder eines Schulverbands jeweils mehrere Grundschulen, Mittelschulen oder Förderzentren, so wird für diese zusätzlich ein gemeinsamer Elternbeirat gebildet. ³Satz 2 gilt für Förderzentren entsprechend, soweit ein Landkreis oder Bezirk den Sachbedarf mehrerer Förderzentren trägt. ⁴Elternbeiräte in einem Schulverbund sollen einen gemeinsamen Verbundelternbeirat wählen.

(3) An den in Absatz 1 genannten Schulen wird für jede Klasse mindestens einmal im Schuljahr eine Klassenelternversammlung abgehalten.

Art. 65 Bedeutung und Aufgaben

(1) ¹Der Elternbeirat ist die Vertretung der Erziehungsberechtigten der Schülerinnen und Schüler sowie der früheren Erziehungsberechtigten volljähriger Schülerinnen und Schüler einer Schule; Art. 74 Abs. 2 Satz 2 findet Anwendung. ²Er wirkt mit in Angelegenheiten, die für die Schule von allgemeiner Bedeutung sind. ³Aufgabe des Elternbeirats ist es insbesondere,
1. das Vertrauensverhältnis zwischen den Eltern und den Lehrkräften, die gemeinsam für die Bildung und Erziehung der Schülerinnen und Schüler verantwortlich sind, zu vertiefen,
2. das Interesse der Eltern für die Bildung und Erziehung der Schülerinnen und Schüler zu wahren,
3. den Eltern aller Schülerinnen und Schüler oder der Schülerinnen und Schüler einzelner Klassen in besonderen Veranstaltungen Gelegenheit zur Unterrichtung und zur Aussprache zu geben,
4. Wünsche, Anregungen und Vorschläge der Eltern zu beraten,
5. durch gewählte Vertreter an den Beratungen des Schulforums teilzunehmen (Art. 69 Abs. 2),
6. bei der Entscheidung über einen unterrichtsfreien Tag das Einvernehmen herzustellen,
7. sich im Rahmen der Abstimmung nach Art. 51 Abs. 4 Satz 2 zu äußern,
8. im Verfahren, das zur Entlassung einer Schülerin oder eines Schülers führen kann, die in Art. 88 Abs. 3 Satz 2 Nr. 3 genannten Rechte wahrzunehmen,
9. im Verfahren, das zum Ausschluss einer Schülerin oder eines Schülers von allen Schulen einer oder mehrerer Schularten führen kann, die in Art. 88 Abs. 3 Satz 2 Nr. 3 genannten Rechte wahrzunehmen,
10. bei Errichtung und Auflösung von staatlichen und kommunalen Schulen unter den in Art. 26 Abs. 2, Art. 27 Abs. 2 Satz 2 genannten Voraussetzungen mitzuwirken,
11. bei Abweichungen von den Sprengelgrenzen unter den in Art. 42 Abs. 2 und 7 genannten Voraussetzungen mitzuwirken,
12. bei der Bestimmung eines Namens für die Schule nach Art. 29 Abs. 1 Satz 3 mitzuwirken,
13. das Einvernehmen bei der Änderung von Ausbildungsrichtungen, bei der Einführung von Schulversuchen, bei der Entwicklung des Schulprofils »Inklusion« und bei der Stellung eines Antrags auf Zuerkennung des Status einer MODUS-Schule herzustellen.

⁴Der Elternbeirat wirkt außerdem mit, soweit dies in der Schulordnung vorgesehen ist.

(2) Im Rahmen des Absatzes 1 nimmt die Klassenelternsprecherin bzw. der Klassenelternsprecher die Belange der Eltern der Schülerinnen oder Schüler einer Klasse, der gemeinsame Elternbeirat die Belange der Eltern der Schülerinnen oder Schüler jeweils mehrerer Grundschulen, Mittelschulen oder Förderzentren wahr.

Art. 66 Zusammensetzung des Elternbeirats

(1) ¹Für je 50 Schülerinnen und Schüler einer Schule, bei Grundschulen, Mittelschulen und Förderschulen für je 15 Schülerinnen und Schüler, ist ein Mitglied des Elternbeirats zu wählen; der Elternbeirat hat jedoch mindestens fünf und höchstens zwölf Mitglieder. ²Der Elternbeirat kann durch Beschluss weitere Mitglieder, die die Wählbarkeitsvoraussetzungen erfüllen, mit beratender Funktion hinzuziehen; die Anzahl der hinzugezogenen Mitglieder darf nicht mehr als ein Drittel der gewählten Mitglieder betragen. ³Der Elternbeirat ist berechtigt, sich eine Geschäftsordnung zu geben.

(2) ¹Wird eine Schule im Zeitpunkt der Wahl des Elternbeirats von mindestens 50 Schülerinnen und Schülern, bei Grundschulen, Mittelschulen und Förderzentren von mindestens 15 Schülerinnen und Schülern besucht, die in einem Schülerheim oder einer ähnlichen Einrichtung untergebracht sind, so ist auch die Leiterin bzw. der Leiter dieser Einrichtung Mitglied des Elternbeirats, sofern sie bzw. er nicht zugleich Schulleiterin bzw. Schulleiter, Lehrkraft oder Förderlehrerin bzw. Förderlehrer der betreffenden Schule ist. ²Das gleiche gilt, wenn die Zahl dieser Schülerinnen und Schüler ein Fünftel der Gesamtschülerzahl erreicht. ³Ist die Zahl geringer, so können die Leiterinnen bzw. Leiter dieser Einrichtungen wie Erziehungsberechtigte für den Elternbeirat wählen und gewählt werden.

(3) ¹Der gemeinsame Elternbeirat besteht bei jeweils nicht mehr als vier Grundschulen oder Mittelschulen innerhalb einer Gemeinde oder eines Schulverbands aus den Vorsitzenden der Elternbeiräte und ihren Stellvertretern; bei jeweils mehr als vier Grundschulen oder Mittelschulen wählen die Vorsitzenden aus den Mitgliedern der Elternbeiräte den aus neun Mitgliedern bestehenden gemeinsamen Elternbeirat. ²Satz 1 gilt für Förderzentren entsprechend. ³Über die Zusammensetzung des Verbundelternbeirats nach Art. 64 Abs. 2 Satz 4 entscheiden die beteiligten Elternbeiräte in eigener Verantwortung.

Art. 67 Unterrichtung des Elternbeirats

¹Die Schulleiterin oder der Schulleiter unterrichtet den Elternbeirat zum frühestmöglichen Zeitpunkt über alle Angelegenheiten, die für die Schule von allgemeiner Bedeutung sind. ²Sie oder er erteilt die für die Arbeit des Elternbeirats notwendigen Auskünfte. ³Auf Wunsch des Elternbeirats soll die Schulleiterin oder der Schulleiter einer Lehrkraft Gelegenheit geben, den Elternbeirat zu informieren. Art. 62 Abs. 5 Satz 5 und 6 gilt entsprechend.

Art. 68 Durchführungsvorschriften

¹Das Staatsministerium wird ermächtigt, nach Anhörung des Landesschulbeirats durch Rechtsverordnung insbesondere Amtszeit, Mitgliedschaft, Wahlverfahren, Geschäftsgang, Beschlussfähigkeit und Beschlussfassung der Einrichtungen der Elternvertretung zu regeln; der Elternvertretung kann das Recht eingeräumt werden, sich eine Wahlordnung zu geben. ²In der Rechtsverordnung können auch andere Personen, die Schülerinnen und Schüler tatsächlich erziehen, mit Zustimmung der Personensorgeberechtigten den Erziehungsberechtigten gleichgestellt werden.

c) Schulforum

Art. 69 Schulforum

(1) ¹An allen Schulen mit Ausnahme der Grundschulen und der Berufsschulen wird ein Schulforum eingerichtet. ²Bei den Grundschulen ist, soweit nach diesem Gesetz das Schulforum zu beschließen hat oder zu beteiligen ist, der Elternbeirat zu beteiligen. ³Bei den Berufsschulen nimmt der Berufsschulbeirat die Aufgaben des Schulforums wahr.

(2) ¹Mitglieder des Schulforums sind die Schulleiterin oder der Schulleiter sowie drei von der Lehrerkonferenz gewählte Lehrkräfte, die oder der Elternbeiratsvorsitzende sowie zwei vom Elternbeirat gewählte Elternbeiratsmitglieder, der Schülerausschuss und ein Vertreter des Schulaufwandsträgers. ²Abweichend von Satz 1 sind an den Schulen des Zweiten Bildungswegs, an den Berufsfachschulen, an denen kein Elternbeirat besteht, an Fachschulen, Berufsoberschulen und Fachakademien keine Vertreter des Elternbeirats Mitglieder des Schulforums. ³Den Vorsitz im Schulforum führt die Schulleiterin oder der Schulleiter.

(3) ¹Das Schulforum beschließt in den Angelegenheiten, die ihm zur Entscheidung zugewiesen sind, mit bindender Wirkung für die Schule. ²In den übrigen Angelegenheiten gefasste Beschlüsse bedeuten Empfehlungen.

Art. 70 bis 72 **BayEUG**

(4) ¹Das Schulforum berät Fragen, die Schülerinnen und Schüler, Eltern und Lehrkräfte gemeinsam betreffen, und gibt Empfehlungen ab. ²Folgende Entscheidungen werden im Einvernehmen mit dem Schulforum getroffen:
1. die Entwicklung eines eigenen Schulprofils, das der Genehmigung der Schulaufsichtsbehörde bedarf,
2. die Stellung eines Antrags auf Zuerkennung des Status einer MODUS-Schule,
3. Erlass von Verhaltensregeln für den geordneten Ablauf des äußeren Schulbetriebs (Hausordnung),
4. Festlegung der Pausenordnung und Pausenverpflegung,
5. Grundsätze über die Durchführung von Veranstaltungen im Rahmen des Schullebens,
6. Festlegung der über die Zielvereinbarungen gemäß Art. 111 Abs. 1 Satz 1 Nr. 2 und Art. 113c Abs. 4 hinausgehenden Entwicklungsziele im Schulentwicklungsprogramm gemäß Art. 2 Abs. 4 Satz 4,
7. Entwicklung des schulspezifischen Konzepts zur Erziehungspartnerschaft gemäß Art. 74 Abs. 1 Satz 2.

³Kann eine einvernehmliche Entscheidung nicht in angemessener Zeit herbeigeführt werden, legt die Schulleiterin oder der Schulleiter die Angelegenheit der Schulaufsichtsbehörde vor, die eine Entscheidung trifft. ⁴ Dem Schulforum ist insbesondere Gelegenheit zu einer vorherigen Stellungnahme zu geben zu
1. wesentlichen Fragen der Schulorganisation, soweit nicht eine Mitwirkung der Erziehungsberechtigten oder des Elternbeirats vorgeschrieben ist,
2. Fragen der Schulwegsicherung und der Unfallverhütung in Schulen,
3. Baumaßnahmen im Bereich der Schule,
4. Grundsätzen der Schulsozialarbeit,
5. der Namensgebung einer Schule.

⁵Im Fall des Art. 63 Abs. 4 Satz 3 ist das Schulforum unverzüglich einzuberufen. ⁶Das Schulforum kann ferner auf Antrag einer oder eines Betroffenen in Konfliktfällen vermitteln; Ordnungsmaßnahmen, bei denen die Mitwirkung des Elternbeirats vorgesehen ist, werden im Schulforum nicht behandelt.

(5) Die Schulordnung trifft die näheren Regelungen, insbesondere über Geschäftsgang, Beschlussfähigkeit und Beschlussfassung; sie kann weitere Mitwirkungsformen vorsehen.

d) Berufsschulbeirat

Art. 70 Berufsschulbeirat

(1) An jeder Berufsschule wird ein Berufsschulbeirat gebildet.

(2) Unterhält ein kommunaler Schulträger mehrere Berufsschulen, so ist außerdem ein gemeinsamer Berufsschulbeirat für alle Schulen zu bilden.

Art. 71 Aufgaben

(1) ¹Der Berufsschulbeirat hat die Aufgabe, die Beziehungen zwischen Schule, Schülerinnen und Schülern, Erziehungsberechtigten, Ausbildungsbetrieb, Arbeitswelt und Wirtschaft zu fördern. ²Der Berufsschulbeirat wirkt außerdem mit, soweit dies in der Schulordnung vorgesehen ist.

(2) Der gemeinsame Berufsschulbeirat wirkt bei den Angelegenheiten mit, die alle oder mehrere Berufsschulen des Schulträgers betreffen.

Art. 72 Durchführungsvorschriften

Das Staatsministerium wird ermächtigt, durch Rechtsverordnung insbesondere Zusammensetzung, Amtszeit, Mitgliedschaft, Auswahlverfahren, Geschäftsgang, Beschlussfähigkeit und Beschlussfassung zu regeln.

BayEUG Art. 73

e) Landesschulbeirat

Art. 73 Landesschulbeirat

(1) Zur Beratung des Staatsministeriums auf dem Gebiet der Bildung und Erziehung wird ein Landesschulbeirat eingerichtet.

(2) ¹Der Landesschulbeirat wird zu wichtigen Vorhaben auf dem Gebiet der Bildung und Erziehung durch das Staatsministerium angehört. ²Der Beratung im Landesschulbeirat bedürfen vor allem:
1. grundlegende Maßnahmen im Bereich der Lehrpläne, Stundentafeln und Richtlinien (Art. 45 Abs. 2 Satz 1) einschließlich der Richtlinien für Familien- und Sexualerziehung (Art. 48 Abs. 4),
2. der Erlass oder grundlegende Änderungen von
   a) Schulordnungen für die in den Art. 7 bis 11, 14 und 16 genannten Schularten (Art. 89 Abs. 1 Satz 1),
   b) Rechtsverordnungen über das Verfahren bei Zulassungsbeschränkungen (Art. 44 Abs. 4 Satz 2),
   c) Rechtsverordnungen über die Einrichtungen der Elternvertretungen (Art. 68),
3. Entwürfe von Gesetzen und sonstigen Verordnungen, soweit sie grundsätzliche schulische Fragen betreffen,
4. wichtige Schulversuche und deren Ergebnisse.

³Der Landesschulbeirat kann dazu Vorschläge einbringen und Empfehlungen aussprechen. ⁴Den Vorsitz bei den Beratungen führt das den Geschäftsbereich Unterricht und Kultus leitende Mitglied der Staatsregierung oder seine Vertretung.

(3) ¹Die Mitglieder des Landesschulbeirats werden vom Staatsministerium berufen, und zwar
1. bis zu acht Mitglieder aus dem Kreis der Eltern,
2. acht Mitglieder aus dem Kreis der Lehrkräfte,
3. die sechs Landesschülersprecherinnen und Landesschülersprecher und die gemäß Art. 62a Abs. 2 Satz 5 gewählten Schülerinnen und Schüler,
4. je ein Mitglied auf Vorschlag
   a) der Katholischen Kirche,
   b) der Evangelisch-Lutherischen Kirche,
   c) des Bayerischen Städtetags,
   d) des Bayerischen Gemeindetags,
   e) des Bayerischen Landkreistags,
   f) des Verbands der Bayerischen Bezirke,
   g) der Industrie- und Handelskammern,
   h) der Handwerkskammern,
   i) des Deutschen Gewerkschaftsbunds und des Bayerischen Beamtenbunds,
   k) des Bayerischen Bauernverbands,
   l) des Bayerischen Jugendrings,
   m) der Hochschulen,
   n) der privaten Schulen,
5. fünf Mitglieder, die unter dem Gesichtspunkt der notwendigen Ergänzung des Beirats aus den Bereichen Frühpädagogik, Berufliche Bildung, Erwachsenenbildung, Kunst und Journalistik berufen werden.

²Die in Satz 1 Nrn. 1 und 2 genannten Vertreter werden auf Vorschlag der auf Landesebene bestehenden Verbände berufen; die verschiedenen Schularten sind zu berücksichtigen. ³Das Staatsministerium kann von sich aus oder auf Vorschlag des Landesschulbeirats weitere Sachverständige zu den Beratungen zuziehen.

(4) ¹Die Mitglieder nach Absatz 3 Satz 1 Nr. 1 können im Rahmen des Landesschulbeirats einen Landeselternrat bilden. ²Dieser kann Vorschläge und Empfehlungen unmittelbar an das Staatsministerium richten.

Art. 74 bis 77 **BayEUG**

(5) ¹Das Staatsministerium regelt das Verfahren bei der Berufung und die Amtszeit der Mitglieder sowie die Geschäftsführung durch Rechtsverordnung. ²Der Landesschulbeirat gibt sich eine Geschäftsordnung; er kann Fachausschüsse einsetzen.

ABSCHNITT X
Schule und Erziehungsberechtigte, Schule und Arbeitgeber

Art. 74 Zusammenarbeit der Schule mit den Erziehungsberechtigten

(1) ¹Die gemeinsame Erziehungsaufgabe, die Schule und Erziehungsberechtigte zu erfüllen haben, erfordert eine von gegenseitigem Vertrauen getragene Zusammenarbeit. ²In einem schulspezifischen Konzept zur Erziehungspartnerschaft zwischen Schule und Erziehungsberechtigten erarbeitet die Schule die Ausgestaltung der Zusammenarbeit; hierbei kann von den Regelungen der Schulordnungen zur Zusammenarbeit der Schule mit den Erziehungsberechtigten abgewichen werden.

(2) ¹Erziehungsberechtigte bzw. Erziehungsberechtigter im Sinn dieses Gesetzes ist, wem nach dem bürgerlichen Recht die Sorge für die Person der minderjährigen Schülerin oder des minderjährigen Schülers obliegt. ²Pflegepersonen und Heimerzieher, die nach den Bestimmungen des Achten Buchs Sozialgesetzbuch zur Vertretung in der Ausübung der elterlichen Sorge berechtigt sind, stehen im Rahmen ihrer Vertretungsmacht den Erziehungsberechtigten gleich.

Art. 75 Pflichten der Schule

(1) ¹Die Schule ist verpflichtet, die Erziehungsberechtigten, bei volljährigen Schülerinnen und Schülern vor Vollendung des 21. Lebensjahres auch die früheren Erziehungsberechtigten, möglichst frühzeitig über wesentliche, die Schülerin oder den Schüler betreffende Vorgänge, insbesondere ein auffallendes Absinken des Leistungsstands, schriftlich, aber nicht in elektronischer Form zu unterrichten. ²Ist eine Benachrichtigung unterblieben, so kann daraus ein Recht auf Vorrücken nicht hergeleitet werden.

(2) Steht am Ende eines Schuljahres fest, dass eine Schülerin oder ein Schüler in die nächsthöhere Jahrgangsstufe nicht vorrücken darf oder die Abschlussprüfung nicht bestanden hat, so ist die Schule verpflichtet, den Erziehungsberechtigten über den weiteren Bildungsweg der Schülerin oder des Schülers eine Beratung anzubieten.

Art. 76 Pflichten der Erziehungsberechtigten

¹Die Erziehungsberechtigten sind verpflichtet, auf die gewissenhafte Erfüllung der schulischen Pflichten einschließlich der Verpflichtung nach Art. 56 Abs. 4 Satz 5 und der von der Schule gestellten Anforderungen durch die Schülerinnen und Schüler zu achten und die Erziehungsarbeit der Schule zu unterstützen. ²Die Erziehungsberechtigten müssen insbesondere dafür sorgen, dass minderjährige Schulpflichtige am Unterricht regelmäßig teilnehmen und die sonstigen verbindlichen Schulveranstaltungen besuchen. ³Nach Maßgabe des Art. 37 Abs. 4 sind die Erziehungsberechtigten ferner verpflichtet dafür zu sorgen, dass ein Kind regelmäßig eine Kindertageseinrichtung mit einem integrierten Vorkurs besucht.

Art. 77 Pflichten der Arbeitgeberinnen und Arbeitgeber

Ausbildende, Arbeitgeberinnen und Arbeitgeber, die Berufsschulpflichtige beschäftigen, haben ebenso wie die von ihnen Beauftragten die Berufsschulpflichtigen zur Teilnahme am Unterricht und zum Besuch der sonstigen verbindlichen Schulveranstaltungen anzuhalten.

BayEUG Art. 78 bis 82

ABSCHNITT XI
Besondere Einrichtungen und Schulgesundheit

Art. 78 Schulberatung

(1) ¹Jede Schule und jede Lehrkraft hat die Aufgabe, die Erziehungsberechtigten und die Schülerinnen und Schüler in Fragen der Schullaufbahn zu beraten und ihnen bei der Wahl der Bildungsmöglichkeiten entsprechend den Anlagen und Fähigkeiten des Einzelnen zu helfen. ²Zur Unterstützung der Schulen bei der Schulberatung werden Beratungslehrkräfte und Schulpsychologen und Schulpsychologinnen bestellt.

(2) Die Aufgaben, die über den Bereich einer Schule hinausgehen, werden von staatlichen Schulberatungsstellen wahrgenommen.

(3) Das zuständige Staatsministerium erlässt Richtlinien für die Schulberatung und regelt deren Zusammenarbeit mit der Berufsberatung und anderen Beratungsdiensten.

Art. 79 Bildstellenwesen

Die von den Landkreisen und kreisfreien Gemeinden errichteten und unterhaltenen Kreis- und Stadtbildstellen (kommunale Medienzentren) versorgen die Schulen und die Träger außerschulischer Bildungs- und Erziehungsarbeit mit Medien und erfüllen die damit zusammenhängenden pädagogischen Aufgaben.

Art. 80 Schulgesundheit

¹Kinder haben in den zwei Jahren vor der Aufnahme in die Jahrgangsstufe 1 auf Einladung des Gesundheitsamtes an der Schuleingangsuntersuchung teilzunehmen. ²Schülerinnen und Schüler sind verpflichtet, sich den Untersuchungen im Rahmen der Schulgesundheitspflege nach Art. 12 Abs. 1 des Gesundheitsdienstgesetzes und sonstigen Untersuchungen, die in gesetzlichen Vorschriften vorgesehen sind, durch den öffentlichen Gesundheitsdienst zu unterziehen.

ABSCHNITT XII
Schulversuche, MODUS-Schulen

Art. 81 Zweck

¹Schulversuche und MODUS-Schulen dienen der Weiterentwicklung des Schulwesens. ²Sie haben den Zweck, neue Organisationsformen für Unterricht und Erziehung einschließlich neuer Schularten und wesentliche inhaltliche Änderungen zu erproben.

Art. 82 Zulässigkeit

(1) ¹Schulversuche sind zulässig, wenn sichergestellt ist, dass die Schülerinnen und Schüler im Rahmen des Schulversuchs die gleichen oder gleichwertigen Abschlüsse oder Berechtigungen erwerben können wie an Schulen außerhalb des Schulversuchs. ²Ferner müssen Schulversuche so gestaltet sein, dass während des Schulversuchs der Übertritt an Schulen außerhalb des Schulversuchs möglich bleibt.

(2) Die von der Durchführung eines Schulversuchs betroffenen Schülerinnen und Schüler haben keinen Anspruch darauf, dass die vor dem Schulversuch in der Schule bestehenden Organisationsformen für Unterricht und Erziehung fortgeführt werden.

(3) In Abweichung von Absatz 1 ist ein Schulversuch zulässig, soweit hierzu das Einverständnis der Erziehungsberechtigten oder der volljährigen Schülerinnen und Schüler vorliegt und den Schülerinnen und Schülern, die am Schulversuch nicht teilnehmen, am

Wohnort oder in zumutbarer Entfernung hiervon der Besuch einer Schule der Art möglich ist, wie sie vor Einführung des Schulversuchs bestanden hat.

(4) Schulversuche bedürfen der vorherigen Zustimmung des zuständigen Staatsministeriums.

(5) [1]Zur Verbesserung der Qualität von Unterricht und Erziehung kann das zuständige Staatsministerium im Rahmen der verfügbaren Stellen und Mittel einer bestehenden Schule auf schriftlichen Antrag für einen Zeitraum von fünf Jahren den Status einer MODUS-Schule zuerkennen; auf Antrag kann die Verlängerung des Status um jeweils weitere fünf Jahre gewährt werden. [2]Der Status berechtigt die Schule, Weiterentwicklungsmaßnahmen, insbesondere in den Arbeitsfeldern Unterrichtsentwicklung, Personalentwicklung und Personalführung sowie inner- und außerschulische Partnerschaften, zu erproben. [3]Den MODUS-Schulen ist es gestattet, von den Schulordnungen abzuweichen, soweit sichergestellt ist, dass die Lehrplanziele erreicht und die Maßgaben des Abs. 1 eingehalten werden. [4]Voraussetzung für die erstmalige Zuerkennung und Verlängerung des Status ist, dass im Rahmen einer externen Evaluation die Eignung der Schule hierfür festgestellt wird. [5]Art. 113c gilt entsprechend mit der Maßgabe, dass personenbezogene Daten, die im Rahmen der Eignungsprüfung erhoben werden, nur mit Zustimmung der betroffenen Personen an die Schulaufsichtsbehörden übermittelt werden. [6]Dem zuständigen Staatsministerium ist jede Weiterentwicklungsmaßnahme spätestens am 1. Juni vor Beginn des Schuljahres, in dem die Maßnahme begonnen werden soll, anzuzeigen. [7]Abs. 2 findet entsprechende Anwendung. [8]Die Ausübung der Schulaufsicht bleibt unberührt.

Art. 83 Organisation

(1) [1]Die Einführung eines Schulversuchs an staatlichen Schulen sowie die Antragstellung auf Zuerkennung des Status einer MODUS-Schule erfolgen im Benehmen mit dem Aufwandsträger, soweit dieses nicht bereits nach Art. 26 Abs. 2 herzustellen ist. [2]Die Antragstellung auf Zuerkennung des Status einer MODUS-Schule an kommunale Schulen erfolgt im Einvernehmen mit dem Schulträger.

(2) [1]Schulversuche sind vor ihrer Einführung, der Status einer MODUS-Schule unverzüglich nach der Zuerkennung, den Erziehungsberechtigten der vom Schulversuch betroffenen Schülerinnen und Schüler oder bei Volljährigkeit der Schülerinnen und Schülern selbst und außerdem im Bayerischen Ministerialblatt bekannt zu machen. [2]Die Bekanntmachung muss bei einem Schulversuch Auskunft über Ziel, Inhalt und Dauer sowie über die im Rahmen des Schulversuchs möglichen Abschlüsse und Berechtigungen, bei der Zuerkennung des Status einer MODUS-Schule über den Akt der Zuerkennung und dessen Dauer geben. [3]Im Übrigen gelten für die zur Durchführung eines Schulversuchs notwendige Errichtung oder Auflösung von Schulen die für die betreffenden Schulen erlassenen Vorschriften.

(3) Das zuständige Staatsministerium kann durch Rechtsverordnung die Schul- und Dienstaufsicht und die Zuständigkeiten hierfür abweichend von den geltenden Vorschriften regeln, soweit dies zur Durchführung des Schulversuchs und zur Aufsicht über die MODUS-Schulen notwendig ist.

ABSCHNITT XIII
Kommerzielle und politische Werbung, Verarbeitung personenbezogener Daten

Art. 84 Kommerzielle und politische Werbung

(1) [1]Der Vertrieb von Gegenständen aller Art, Ankündigungen und Werbung hierzu, das Sammeln von Bestellungen sowie der Abschluss sonstiger Geschäfte sind in der Schule untersagt. [2]Ausnahmen im schulischen Interesse insbesondere für Sammelbestellungen regelt die Schulordnung.

BayEUG Art. 85

(2) Politische Werbung im Rahmen von Schulveranstaltungen oder auf dem Schulgelände ist nicht zulässig.

(3) ¹Schülerinnen und Schüler dürfen Abzeichen, Anstecknadeln, Plaketten, Aufkleber und ähnliche Zeichen tragen, wenn dadurch nicht der Schulfriede, der geordnete Schulbetrieb, die Erfüllung des Bildungs- und Erziehungsauftrags, das Recht der persönlichen Ehre oder die Erziehung zur Toleranz gefährdet wird. ²Im Zweifelsfall entscheidet hierüber die Schulleiterin bzw. der Schulleiter. ³Die bzw. der Betroffene kann die Behandlung im Schulforum verlangen.

Art. 85 Verarbeitung personenbezogener Daten

(1) ¹Die Schulen dürfen die zur Erfüllung der ihnen durch Rechtsvorschriften zugewiesenen Aufgaben erforderlichen Daten verarbeiten. ²Dazu gehören personenbezogene Daten der Schülerinnen und Schüler und deren Erziehungsberechtigten, der Lehrkräfte und des nicht unterrichtenden Personals. ³Es sind dies bei den Schülerinnen und Schülern insbesondere Name, Adressdaten, Staatsangehörigkeit, Religionszugehörigkeit (soweit für die Schulpraxis erforderlich), Migrationshintergrund (Geburtsland, Jahr des Zuzugs nach Deutschland, Muttersprache deutsch/nicht deutsch), Leistungsdaten, Daten zur schulischen und beruflichen Vorbildung sowie zur Berufsausbildung, bei den Lehrkräften insbesondere Name, Staatsangehörigkeit, Angaben zur Lehrbefähigung und zum Unterrichtseinsatz, bei den Erziehungsberechtigten Name und Adressdaten. ⁴Die betroffenen Personen sind zur Angabe der Daten verpflichtet. ⁵Die Schulen sind verpflichtet,
1. Daten gemäß Art. 85a Abs. 2 und Art. 113a Abs. 2 mittels des vom Staatsministerium bereitgestellten Schulverwaltungsprogramms zu verarbeiten,
2. Daten gemäß Art. 85a Abs. 2 laufend zu aktualisieren und zeitnah sowie plausibel an die gemäß Art. 85a Abs. 1 Satz 1 beauftragte Stelle weiterzugeben,
3. soweit erforderlich, Daten gemäß Art. 113a Abs. 2 zum 1. Oktober betreffend Lehrkräfte an allgemein bildenden Schulen bzw. zum 20. Oktober betreffend Lehrkräfte an beruflichen Schulen plausibel über die gemäß Art. 113a Abs. 1 Satz 1 beauftragte Stelle an die jeweils zuständige Schulaufsichtsbehörde zu übermitteln; staatliche Schulen sind darüber hinaus verpflichtet, im Zeitraum April bis Mai eine Übermittlung vorzunehmen.
⁶§ 50 des Beamtenstatusgesetzes (BeamtStG) und Art. 103 bis 111 des Bayerischen Beamtengesetzes (BayBG) bleiben unberührt.

(1a) ¹Für jede Schülerin und jeden Schüler führen die Schulen die für das Schulverhältnis wesentlichen Unterlagen als Schülerunterlagen. ²Die Schülerunterlagen sind vertraulich zu behandeln und durch geeignete technische und organisatorische Maßnahmen vor unberechtigtem Zugriff zu sichern. ³Das zuständige Staatsministerium regelt durch Rechtsverordnung insbesondere den Inhalt, die Verwendung, vor allem den Zugriff und die Weitergabe, sowie die Art und Dauer der Aufbewahrung der Schülerunterlagen.

(2) ¹Eine Übermittlung der in Abs. 1 genannten Daten über Schülerinnen und Schüler sowie über Erziehungsberechtigte zu anderen Zwecken als zu denjenigen, zu denen die Daten gespeichert wurden, ist nur zulässig, wenn die Voraussetzungen des Art. 6 Abs. 2 Nr. 2 oder Nr. 3 Buchst. a, b, d oder Buchst. e des Bayerischen Datenschutzgesetzes (BayDSG) vorliegen. ²Im Übrigen gilt Art. 5 Abs. 1 Satz 2, Abs. 2 und 4 BayDSG. ³Stellt die Schule bei ausländischen Schulpflichtigen fest, dass sie nicht über hinreichende Deutschkenntnisse für einen erfolgreichen Schulbesuch verfügen, teilt sie dies der zuständigen Ausländerbehörde mit, damit integrationsfördernde Maßnahmen ergriffen werden können.

Art. 85a **BayEUG**

(3) Gibt eine Schule für die Schülerinnen und Schüler und Erziehungsberechtigten einen Jahresbericht heraus, so dürfen darin folgende personenbezogene Daten enthalten sein:
Name, Geburtsdatum, Jahrgangsstufe und Klasse der Schülerinnen und Schüler, Name, Fächerverbindung und Verwendung der einzelnen Lehrkräfte, Angaben über besondere schulische Tätigkeiten und Funktionen einzelner Lehrkräfte, Schülerinnen und Schüler und Erziehungsberechtigter.

Art. 85a Automatisiertes Verfahren zur Unterstützung der Schulen

(1) ¹Das Staatsministerium kann für die Schulen eine öffentliche Stelle als Auftragsverarbeiter gemäß Art. 28 der Verordnung (EU) 2016/679 (Datenschutz-Grundverordnung – DSGVO) beauftragen, personenbezogene Daten von Schülerinnen und Schülern und deren Erziehungsberechtigten zu den in Abs. 2 genannten schulübergreifenden Verwaltungszwecken zu verarbeiten; die Schulen werden von der Auftragserteilung unterrichtet; sie bleiben für diese Daten verantwortlich. ²Die datenschutzrechtliche Gesamtverantwortung liegt beim Staatsministerium.

(2) Bei der gemäß Abs. 1 Satz 1 beauftragten Stelle können zur Unterstützung der Schulanmeldung, des Schulwechsels, der Kooperation von Schulen und zur Überwachung der Schulpflicht folgende personenbezogenen Daten verarbeitet werden:
1. Daten von Schülerinnen und Schülern:
   a) nicht schuljahresbezogene Daten:
      Name, Vornamen, Tag der Geburt, Geburtsort, Geschlecht, Staatsangehörigkeit, Migrationshintergrund (Geburtsland, Jahr des Zuzugs nach Deutschland, Muttersprache deutsch/nicht deutsch), Religionszugehörigkeit (soweit für die Schulpraxis erforderlich), Jahr der Ersteinschulung, erworbene Abschlüsse, Adressdaten;
   b) schuljahresbezogene Daten:
      Daten zur Förderung (sonderpädagogische Förderung, Teilleistungsstörungen, sonstige Fördermaßnahmen), ganztägige Betreuung, Schülerheim, Gastschulverhältnis, übertrittsrelevante Daten zur Schullaufbahn (aktuell besuchte Schule, Schulpflicht, Feststellung zur Übertrittseignung betreffend Mittelschule, Realschule und Gymnasium, Vorbildung, Austrittsdatum, Zielschule), Daten zum aktuellen Unterricht (Jahrgangsstufe, Bildungsgang, Fremdsprachen, Berufsausbildung, Erreichen des Ziels der Jahrgangsstufe [ja/nein], Art der Wiederholung, Art des Vorrückens);
2. Daten der Erziehungsberechtigten (an öffentlichen Schulen und staatlich anerkannten Ersatzschulen mit dem Charakter öffentlicher Schulen auch Daten früherer Erziehungsberechtigter bei volljährigen Schülerinnen und Schülern vor Vollendung des 21. Lebensjahres):
   Name, Adressdaten;
3. die unter Nr. 1 Buchst. a genannten Daten von externen Prüfungsteilnehmerinnen und Prüfungsteilnehmern ausgenommen die Religionszugehörigkeit.

(3) ¹Ausschließlich den Schulen und nur zur Erfüllung der in Abs. 2 genannten Dienstaufgaben dürfen von der gemäß Abs. 1 Satz 1 beauftragten Stelle die in Abs. 2 genannten Daten weitergegeben werden. ²Dies ist durch organisatorische und technische Vorkehrungen dauerhaft zu gewährleisten. ³Datenabrufe sind an den Schulen zu protokollieren. ⁴Soweit zur Herstellung der landesweiten Eindeutigkeit Ordnungsmerkmale technisch erzeugt werden, dürfen diese weder bei der beauftragten Stelle noch bei den Schulen einsehbar sein.

(4) Die in Abs. 2 Nr. 1 Buchst. a und Nr. 2 genannten Daten werden sechs Jahre nach dem Ausscheiden der Schülerin oder des Schülers aus dem bayerischen Schulsystem gelöscht; die übrigen in Abs. 2 genannten Daten werden spätestens ein Jahr nach der Erhebung gelöscht.

BayEUG Art. 86

ABSCHNITT XIV
Erziehungs-, Ordnungs- und Sicherungsmaßnahmen

Art. 86 Erziehungsmaßnahmen, Ordnungsmaßnahmen

(1) ¹Zur Sicherung des Bildungs- und Erziehungsauftrags oder zum Schutz von Personen und Sachen können Erziehungsmaßnahmen gegenüber Schülerinnen und Schülern getroffen werden. ²Dazu zählt bei nicht hinreichender Beteiligung der Schülerin oder des Schülers am Unterricht auch eine Nacharbeit unter Aufsicht einer Lehrkraft. ³Soweit andere Erziehungsmaßnahmen nicht ausreichen, können Ordnungs- und Sicherungsmaßnahmen ergriffen werden. ⁴Maßnahmen des Hausrechts bleiben stets unberührt. ⁵Alle Maßnahmen werden nach dem Grundsatz der Verhältnismäßigkeit ausgewählt.

(2) Ordnungsmaßnahmen sind:
1. der schriftliche Verweis,
2. der verschärfte Verweis,
3. die Versetzung in eine Parallelklasse der gleichen Schule,
4. für die Dauer von bis zu vier Wochen
   a) der Ausschluss vom Unterricht in einem Fach bei schwerer oder wiederholter Störung des Unterrichts in diesem Fach,
   b) der Ausschluss von einer sonstigen Schulveranstaltung,
   c) die Versetzung von einer Ganztags- in eine Halbtagsklasse,
5. der Ausschluss vom Unterricht, bei Ganztagsklassen einschließlich der außerunterrichtlichen Angebote, für bis zu sechs Unterrichtstage, bei Berufsschulen mit Teilzeitunterricht für höchstens zwei Unterrichtstage,
6. bei Gefährdung von Rechten Dritter oder der Aufgabenerfüllung der Schule durch schweres oder wiederholtes Fehlverhalten (schulische Gefährdung)
   a) der Ausschluss vom Unterricht, bei Ganztagsklassen einschließlich der außerunterrichtlichen Angebote, für zwei bis vier Wochen ab dem siebten Schulbesuchsjahr,
   b) der Ausschluss von einer sonstigen Schulveranstaltung für die Dauer von mehr als vier Wochen,
   c) bei Besuch einer Ganztagsklasse die Versetzung in eine Halbtagsklasse für die Dauer von mehr als vier Wochen,
7. der Ausschluss vom Unterricht, bei Ganztagsklassen einschließlich der außerunterrichtlichen Angebote, für mehr als vier Wochen, längstens bis zum Ablauf des laufenden Schuljahres, an Mittelschulen und Mittelschulstufen der Förderschulen ab dem siebten Schulbesuchsjahr bzw. an Berufsschulen sowie Berufsschulen zur sonderpädagogischen Förderung bei einer schulischen Gefährdung,
8. bei Pflichtschulen die Zuweisung an eine andere Schule der gleichen Schulart bei einer schulischen Gefährdung,
9. die Androhung der Entlassung von der Schule bei einer schulischen Gefährdung,
10. die Entlassung von der Schule bei einer schulischen Gefährdung,
11. der Ausschluss von allen Schulen einer Schulart, wenn bei einer Entlassung nach Nr. 10 Tatumstände gegeben sind, die die Ordnung oder die Sicherheit des Schulbetriebs oder die Verwirklichung des Bildungsziels der betreffenden Schulart besonders gefährden sowie
12. der Ausschluss von allen Schulen mehrerer Schularten unbeschadet der Erfüllung der Schulpflicht, wenn eine rechtskräftige Verurteilung wegen einer vorsätzlich begangenen Straftat zu einer Freiheitsstrafe von mindestens einem Jahr erfolgt ist, die Strafe noch der unbeschränkten Auskunft unterliegt und wenn nach der Art der begangenen Straftat die Ordnung oder die Sicherheit des Schulbetriebs oder die Verwirklichung der Bildungsziele der Schule erheblich gefährdet ist.

(3) Unzulässig sind:
1. körperliche Züchtigung,

2. die Verhängung von Ordnungsmaßnahmen gegenüber Klassen oder Gruppen als solche,
3. Ordnungsmaßnahmen nach Abs. 2 Nr. 6 und 7 gegenüber Schulpflichtigen in Berufsschulen und in Berufsschulen zur sonderpädagogischen Förderung, die in einem Ausbildungsverhältnis stehen,
4. Ordnungsmaßnahmen nach Abs. 2 Nr. 9 bis 12 gegenüber Schulpflichtigen in Pflichtschulen; gegenüber Schulpflichtigen in Berufsschulen, die in keinem Ausbildungsverhältnis stehen, sowie gegenüber Schulpflichtigen, die die Mittelschule nach Beendigung der Vollzeitschulpflicht besuchen, sind jedoch Ordnungsmaßnahmen nach Abs. 2 Nr. 9 und 10 zulässig,
5. Ordnungsmaßnahmen auf Grund außerschulischen Verhaltens, soweit es nicht die Verwirklichung der Aufgaben der Schule gefährdet und
6. andere als die in Abs. 2 aufgeführten Ordnungsmaßnahmen.

Art. 87 Sicherungsmaßnahmen

(1) ^{1}Eine Schülerin oder ein Schüler kann auch bei bestehender Schulpflicht vorläufig vom Besuch der Schule bzw. der praktischen Ausbildung ausgeschlossen werden, wenn ihr bzw. sein Verhalten das Leben oder in erheblicher Weise die Gesundheit gefährdet von
1. Schülerinnen bzw. Schülern,
2. Lehrkräften,
3. sonstigem an der Schule tätigem Personal oder
4. anderen Personen im Rahmen ihrer schulischen oder praktischen Ausbildung
und die Gefahr nicht anders abwendbar ist. ^{2}Der vorläufige Ausschluss endet spätestens mit der Vollziehbarkeit der Entscheidung über schulische Ordnungsmaßnahmen, über die Überweisung an eine Förderschule oder über eine Aufnahme in eine Schule für Kranke oder in eine andere Einrichtung, in der die Schulpflicht erfüllt werden kann. ^{3}Der vorläufige Ausschluss soll auf wegen desselben Sachverhalts später gegebenenfalls nach Art. 86 verhängte Ausschlussmaßnahmen angerechnet werden.

(2) Beeinträchtigt das Verhalten der Schülerin bzw. des Schülers den Bildungsanspruch der Mitschülerinnen und Mitschüler schwerwiegend und dauerhaft oder wäre eine solche Beeinträchtigung zu erwarten, kann bei einer Ordnungsmaßnahme nach Art. 86 Abs. 2 Nr. 7 auch entschieden werden, dass
1. die Vollzeitschulpflicht der Schülerin bzw. des Schülers mit Ablauf des achten Schulbesuchsjahres beendet wird,
2. nach Beendigung der Vollzeitschulpflicht nach Nr. 1 auch die Berufsschulpflicht beendet wird, wenn die Schülerin oder der Schüler noch nicht in die Berufsschule oder die Berufsschule zur sonderpädagogischen Förderung aufgenommen ist, oder
3. die Berufsschulpflicht beendet wird, wenn die Schülerin oder der Schüler bereits in die Berufsschule oder die Berufsschule zur sonderpädagogischen Förderung aufgenommen ist.

Art. 88 Zuständigkeit und Verfahren

(1) Über Ordnungsmaßnahmen entscheidet in den Fällen des Art. 86 Abs. 2

1. Nr. 1	die Lehrkraft oder Förderlehrkraft,
2. Nr. 2 bis 5	die Schulleiterin bzw. der Schulleiter,
3. Nr. 6, 7, 9 und 10	die Lehrerkonferenz; im Fall der Nr. 7 im Einvernehmen mit dem örtlichen Träger der öffentlichen Jugendhilfe im Hinblick auf mögliche Leistungen nach Maßgabe des Achten Buches Sozialgesetzbuch; im Fall der Nr. 10 im Einvernehmen mit der zuständigen Schulaufsichtsbehörde sofern sich der Elternbeirat mit einer Zwei-Drittel-Mehrheit gegen die Entlassung ausgesprochen hat,

BayEUG Art. 88

4. Nr. 8 die zuständige Schulaufsichtsbehörde auf Antrag der Lehrerkonferenz und
5. Nr. 11 und 12 das zuständige Staatsministerium; im Fall der Nr. 11 auf unmittelbar nach dem Beschluss über die Entlassung gestellten Antrag der Lehrerkonferenz.

(2) Über Sicherungsmaßnahmen entscheidet in den Fällen des Art. 87

1. Abs. 1 die Schulleiterin bzw. der Schulleiter,
2. Abs. 2 die Schulaufsichtsbehörde im Einvernehmen mit dem örtlichen Träger der öffentlichen Jugendhilfe im Hinblick auf mögliche Leistungen nach Maßgabe des Achten Buches Sozialgesetzbuch; bei Maßnahmen nach Art. 87 Abs. 2 Nr. 1 und 3 ist ein Antrag der Lehrerkonferenz erforderlich.

(3) [1]Vor der jeweiligen Entscheidung sind anzuhören
1. die Schülerin bzw. der Schüler bei Ordnungsmaßnahmen und bei Sicherungsmaßnahmen nach Art. 87 Abs. 2,
2. die Erziehungsberechtigten bei Maßnahmen nach Art. 86 Abs. 2 Nr. 3 bis 12 und Art. 87 Abs. 2 sowie
3. die Beratungslehrkräfte oder Schulpsychologen, soweit es für die Entscheidung über Maßnahmen nach Art. 86 Abs. 2 Nr. 9 bis 12 und Art. 87 Abs. 2 erforderlich erscheint.

[2]Außerdem sind auf Antrag der Schülerin oder des Schülers oder der Erziehungsberechtigten anzuhören
1. Beratungslehrkräfte und Schulpsychologen bei Ordnungsmaßnahmen nach Art. 86 Abs. 2 Nr. 3 bis 8,
2. eine Lehrkraft ihres Vertrauens bei Ordnungsmaßnahmen nach Art. 86 Abs. 2 Nr. 3 bis 12,
3. der Elternbeirat bei Ordnungsmaßnahmen, welche der Entscheidung oder des Antrags der Lehrerkonferenz bedürfen.

[3]Vor jeder Entscheidung oder einem Antrag der Lehrerkonferenz über Ordnungs- und Sicherungsmaßnahmen können die Schülerin bzw. der Schüler sowie die Erziehungsberechtigten auf Antrag in der Konferenz persönlich vortragen. [4]Auf die Rechte nach den Sätzen 2 und 3 sind die Betroffenen rechtzeitig hinzuweisen.

(4) [1]Über getroffene Ordnungs- und Sicherungsmaßnahmen sind zu unterrichten
1. die Schülerin oder der Schüler,
2. die Erziehungsberechtigten,
3. die früheren Erziehungsberechtigten bei Maßnahmen nach Art. 86 Abs. 2 Nr. 3 bis 12 und Art. 87, solange die Schülerin oder der Schüler noch nicht das 21. Lebensjahr vollendet hat,
4. das zuständige staatliche Schulamt bzw. die zuständige oder nächstgelegene Berufsschule bei Ordnungsmaßnahmen nach Art. 86 Abs. 2 Nr. 10, solange die Schulpflicht besteht,
5. die Schulaufsichtsbehörde, die Polizei, der örtliche Träger der Jugendhilfe und die Beratungslehrkräfte bzw. Schulpsychologen bei Sicherungsmaßnahmen nach Art. 87 Abs. 1.

[2]Die Erziehungsberechtigten sind in den Fällen des Art. 86 Abs. 2 Nr. 4 bis 12 vor dem Vollzug rechtzeitig und schriftlich unter Angabe des zugrunde liegenden Sachverhalts zu unterrichten; für Erziehungsmaßnahmen des Art. 86 Abs. 1 Satz 2 gilt dies entsprechend. [3]Im Übrigen kann die Unterrichtung nach Vollzug erfolgen.

(5) Das Einvernehmen des örtlichen Trägers der Jugendhilfe gilt als erteilt, wenn er im Fall des Art. 86 Abs. 2 Nr. 7 nicht binnen zwei, im Fall des Art. 87 Abs. 2 nicht binnen vier Wochen, nach Information über die beabsichtigte Maßnahme schriftlich widerspricht.

Art. 88a, 89 **BayEUG**

(6) ¹Eingeleitete Ausschluss- oder Entlassungsverfahren werden durch einen späteren Schulwechsel nicht berührt. ²Bis zum Abschluss des Verfahrens gilt die Schülerin oder der Schüler in Bezug auf dieses Verfahren auch bei einem Schulwechsel als Angehöriger derjenigen Schule, die das Verfahren eingeleitet hat.

(7) Die Anordnung von Ordnungs- und Sicherungsmaßnahmen in elektronischer Form ist ausgeschlossen.

(8) Widerspruch und Anfechtungsklage gegen Ordnungs- und Sicherungsmaßnahmen nach den Art. 86 Abs. 2 sowie Art. 87 haben keine aufschiebende Wirkung.

Art. 88a   Wiederzulassung

¹Eine entlassene Schülerin oder ein entlassener Schüler kann jederzeit an einer anderen Schule aufgenommen werden. ²In die früher besuchte Schule kann sie bzw. er frühestens ein halbes Jahr nach Entlassung und nur zum Schuljahresbeginn wieder eintreten, wenn sie bzw. er sich inzwischen tadelfrei geführt hat und andere öffentliche Schulen der gleichen Schulart und Ausbildungsrichtung nicht in zumutbarer Entfernung besucht werden können. ³In die zuständige Berufsschule ist sie bzw. er bei Neuaufnahme eines Ausbildungsverhältnisses jederzeit, im Übrigen auf Antrag frühestens drei Monate nach Entlassung wieder aufzunehmen, wenn ein regelmäßiger Schulbesuch zu erwarten ist. ⁴Nach zweimaliger Entlassung bedarf die Wiederaufnahme der Genehmigung des zuständigen Staatsministeriums, welches auch die Schule bestimmt; die Wiederaufnahme kann nur an einer anderen Schule der gleichen Schulart und nur zum Schuljahresbeginn erfolgen.

ABSCHNITT XV
Schulordnung

Art. 89   Verordnungsermächtigung

(1) ¹Das zuständige Staatsministerium kann im Rahmen des in Art. 131 der Verfassung und in Art. 1 bestimmten Bildungs- und Erziehungsauftrags durch Rechtsverordnung Näheres zum Schulbetrieb an öffentlichen Schulen regeln. ²Dabei ist der nötige erzieherische Freiraum für jede Lehrkraft zu gewährleisten. ³Die Schulordnungen können insbesondere regeln:
1. den Aufbau der einzelnen Schularten, Ausbildungs- und Fachrichtungen, soweit dies über die Regelungen dieses Gesetzes hinaus erforderlich ist; zusätzliche Ausbildungs- und Fachrichtungen können aus besonderen pädagogischen, fachlichen oder beruflichen Gründen vorgesehen werden,
2. das Aufnahmeverfahren,
3. die Entscheidung über Durchführung und Verbindlichkeit von sonstigen schulinternen wie schulübergreifenden Schulveranstaltungen,
4. die Unterrichtszeit,
5. den Unterricht und das Vorrücken in der Schule, einschließlich der Wiederholung und des Überspringens einzelner Jahrgangsstufen oder Ausbildungsabschnitte, des Vorrückens auf Probe und der Nachprüfung; dabei sind das Verfahren und die für die Entscheidung maßgeblichen Fächer und Schülerleistungen sowie die hierfür geltenden Bewertungsgrundsätze zu regeln,
6. den Unterricht für Schülerinnen und Schüler mit nicht deutscher Muttersprache, soweit dies über die Regelungen für deutsche Schülerinnen und Schüler hinaus erforderlich ist,
7. die während des Schulbesuchs und, soweit keine besonderen Prüfungen stattfinden, bei dessen Abschluss zu erteilenden Zeugnisse einschließlich der zu bewertenden

BayEUG Art. 89

Fächer, der Bewertungsgrundsätze und der mit einem erfolgreichen Abschluss verbundenen Berechtigungen,
8. Rechte und Pflichten der Schülerinnen und Schüler, insbesondere die Pflicht zur Teilnahme am Unterricht sowie der Vorlage ärztlicher und schulärztlicher Zeugnisse; für einzelne Schularten und Schulveranstaltungen, bei denen ein erhöhtes Haftungsrisiko besteht, kann der Abschluss einer Schülerhaftpflichtversicherung verlangt werden,
9. Rechte und Pflichten der Erziehungsberechtigten und der für die Berufsausbildung der Schülerinnen und Schüler Mitverantwortlichen gegenüber der Schule,
10. die Zulässigkeit von Erhebungen und Sammlungen sowie die Verteilung von Druckschriften in Schulen,
10a. Art und Umfang des Einsatzes von Verfahren zur Verarbeitung personenbezogener Daten,
11. die finanzielle Abwicklung von Veranstaltungen im Rahmen der Schülermitverantwortung sowie von Schulveranstaltungen,
12. die Abschlussprüfungen, insbesondere
   a) Zweck der Prüfung, Prüfungsgegenstände und Prüfungsanforderungen,
   b) das Prüfungsverfahren einschließlich der Zusammensetzung des Prüfungsausschusses, der Zulassungsvoraussetzungen, der Bewertungsgrundsätze und der Voraussetzungen des Bestehens der Prüfung,
   c) die Erteilung von Prüfungszeugnissen und die mit einer erfolgreichen Prüfung verbundenen Berechtigungen sowie die Folgen des Nichtbestehens der Prüfung,
   d) die Teilnahme von Bewerberinnen und Bewerbern, die an der von ihnen besuchten Schule die gewünschte Berechtigung nicht erlangen können; in Prüfungsvorschriften sind die Besonderheiten im Sinn des Art. 90 zu berücksichtigen; es ist sicherzustellen, dass bei den Prüfungen die Schülerinnen und Schüler genehmigter Ersatzschulen gegenüber den Schülerinnen und Schülern der entsprechenden öffentlichen Schulen nicht benachteiligt werden,
   e) die Teilnahme von Bewerberinnen und Bewerbern, die keiner Schule angehören; die Abschlussprüfungen können auch in gesonderten Prüfungsordnungen geregelt werden,
13. die Voraussetzungen für den Erwerb eines qualifizierenden Abschlusses der Mittelschule.

(2) ¹Soweit für kommunale Schulen keine Schulordnungen nach Abs. 1 existieren, können diese vom Schulträger erlassen werden; sie bedürfen der Genehmigung des Staatsministeriums. ²Schulordnungen für Fachakademien außerhalb des Geschäftsbereichs des Staatsministeriums bedürfen dessen Einvernehmens.

(3) In Rechtsverordnungen nach Abs. 1 können Abweichungen vorgesehen werden
1. von den Art. 5, 13, 52 bis 55, 62 und 86 bis 88a für Schulen des Gesundheitswesens, Schulen für sozialpflegerische und sozialpädagogische Berufe und Schulen mit künstlerischer Ausbildungsrichtung, soweit dies im Hinblick auf Bundesrecht über die Zulassung zu nicht ärztlichen Heilberufen oder wegen der Verbindung der Schule mit einer Einrichtung, die anderen als Unterrichtszwecken dient, oder zur Wahrung des Wohls von Patienten und anderen Pflegebefohlenen erforderlich ist,
2. von den Art. 5, 48, 56, 62 bis 69, 86 und 87 für Schulen, die überwiegend von Erwachsenen besucht werden, soweit dies wegen des erwachsenenspezifischen Charakters der Ausbildung erforderlich ist, und
3. von den Art. 49 bis 55, 62, 63 und 69 für Förderschulen und Schulen für Kranke, soweit dies wegen des sonderpädagogischen Förderbedarfs oder der Krankheit der Schülerinnen oder Schüler erforderlich ist.

DRITTER TEIL
Private Unterrichtseinrichtungen

ABSCHNITT I
Private Schulen (Schulen in freier Trägerschaft)

a) Aufgabe

Art. 90 Aufgabe privater Schulen

[1]Private Schulen dienen der Aufgabe, das öffentliche Schulwesen zu vervollständigen und zu bereichern. [2]Sie sind im Rahmen der Gesetze frei in der Entscheidung über eine besondere pädagogische, religiöse oder weltanschauliche Prägung, über Lehr- und Erziehungsmethoden, über Lehrstoff und Formen der Unterrichtsorganisation. [3]Die Bestimmungen über die Schulpflicht gelten auch an Privatschulen. [4]Für die privaten Schulvorbereitenden Einrichtungen (Art. 22 Abs. 1) gelten die Bestimmungen dieses Gesetzes entsprechend.

b) Ersatzschulen

Art. 91 Begriffsbestimmung

Ersatzschulen sind private Schulen, die in ihren Bildungs- und Erziehungszielen öffentlichen im Freistaat Bayern vorhandenen oder vorgesehenen Schulen entsprechen.

Art. 92 Genehmigung

(1) [1]Ersatzschulen dürfen nur mit staatlicher Genehmigung errichtet und betrieben werden. [2]Der Antrag ist mit allen erforderlichen Unterlagen spätestens vier Monate vor Schuljahresbeginn bei der Schulaufsichtsbehörde einzureichen.

(2) Die Genehmigung ist zu erteilen, wenn
1. derjenige, der eine Ersatzschule errichten, betreiben oder leiten will, die Gewähr dafür bietet, dass er nicht gegen die verfassungsmäßige Ordnung verstößt,
2. die Ersatzschule in ihren Lehrzielen und Einrichtungen sowie in der wissenschaftlichen oder künstlerischen Ausbildung ihrer Lehrkräfte hinter den öffentlichen Schulen nicht zurücksteht (Art. 4, 93 und 94), insbesondere muss ein Mitglied der Schulleitung Lehrkraft der Schule sein,
3. eine Sonderung der Schülerinnen und Schüler nach den Besitzverhältnissen der Eltern nicht gefördert wird (Art. 96),
4. die wirtschaftliche und rechtliche Stellung der Lehrkräfte genügend gesichert ist (Art. 97).

(3) Eine Grundschule ist als Ersatzschule nur zuzulassen, wenn die zuständige Regierung als Schulaufsichtsbehörde ein besonderes pädagogisches Interesse anerkennt oder, auf Antrag von Erziehungsberechtigten, wenn sie als Gemeinschaftsschule, als Bekenntnis- oder Weltanschauungsschule errichtet werden soll und eine öffentliche Grundschule dieser Art in der betreffenden Gemeinde nicht besteht.

(4) In der Werkberufsschule übernimmt der Ausbildende sowohl die Berufsausbildung als auch die schulische Bildung der Schülerinnen und Schüler.

(5) [1]Auf staatlich genehmigte Ersatzschulen finden Art. 30 Abs. 2, Art. 31 Abs. 1 Satz 2, Art. 45 Abs. 1 Satz 3, Art. 50, 52 Abs. 2 und 3, Art. 56 Abs. 4, Art. 80, 85, 85a und 113b Anwendung; Art. 90 bleibt unberührt. [2]Staatlich genehmigte Ersatzschulen können die Noten (Art. 52 Abs. 2) durch eine allgemeine Bewertung (z.B. Wortgutachten) ersetzen.

BayEUG Art. 93 bis 95

³Staatlich genehmigten Ersatzschulen, die für Kinder nicht deutscher Staatsangehöriger bestimmt sind, kann ein von Art. 5 Abs. 1 abweichendes Schuljahr genehmigt werden.

(6) ¹Ersatzschulen, die eine nicht nur vorläufige Genehmigung haben (Art. 98 Abs. 1), dürfen die zusätzliche Bezeichnung »staatlich genehmigt« führen. ²Art. 29 findet entsprechende Anwendung.

(7) ¹Private Berufsfachschulen, die am 1. August 1986 als genehmigte Ersatzschulen betrieben wurden, behalten auch dann ihren Status als Ersatzschule, wenn die Voraussetzungen des Art. 91 nicht gegeben sind. ²Bei wesentlichen Änderungen, insbesondere bei einem Schulträgerwechsel, erlischt der Bestandsschutz der Berufsfachschule.

Art. 93 Mindestlehrpläne, Mindeststundentafeln, Prüfungsordnungen

¹Das zuständige Staatsministerium kann Mindestlehrpläne und Mindeststundentafeln erlassen oder genehmigen, den Abschluss der Ausbildung von Prüfungen abhängig machen, Prüfungsordnungen erlassen oder genehmigen und Schulordnungen genehmigen. ²Das zuständige Staatsministerium kann in Einzelfällen Ausnahmen genehmigen.

Art. 94 Voraussetzungen für die Unterrichtsgenehmigung, persönliche Eignung

(1) ¹Die Anforderungen an die Ausbildung der Lehrkräfte sind erfüllt, wenn eine fachliche und pädagogische Ausbildung sowie Prüfungen nachgewiesen werden, die der Ausbildung und den Prüfungen der Lehrkräfte an den entsprechenden öffentlichen Schulen gleichartig sind oder ihnen im Wert gleichkommen. ²Die Anforderungen an die persönliche Eignung der Lehrkraft sind erfüllt, wenn in der Person der Lehrkraft keine schwerwiegenden Tatsachen vorliegen, die einer unterrichtlichen oder erzieherischen Tätigkeit (Art. 59 Abs. 1 Satz 1) entgegenstehen. ³Art. 60a Abs. 2 Satz 2 Nr. 2 und Abs. 3 Satz 1 gilt entsprechend mit der Maßgabe, dass die Vorlage bei der zuständigen Schulaufsichtsbehörde zu erfolgen hat.

(2) Das zuständige Staatsministerium verzichtet auf den Nachweis gemäß Abs. 1 Satz 1, wenn die Eignung der Lehrkraft durch gleichwertige freie Leistungen nachgewiesen wird.

(3) ¹Der Nachweis der pädagogischen Eignung kann im Rahmen der Tätigkeit an der Privatschule innerhalb einer von der Schulaufsichtsbehörde zu bestimmenden Frist erbracht werden. ²Eine Genehmigung ist zunächst unter Vorbehalt des Widerrufs für eine Probezeit zu erteilen, die bis zu drei Jahren dauern darf; nach Ablauf dieser Probezeit ist die Genehmigung entweder endgültig zu versagen oder zu erteilen.

(4) Wird die Verwendung einer Lehrkraft von der zuständigen Schulaufsichtsbehörde nicht genehmigt, so können die betroffenen Schulen eine mündliche Erörterung zwischen Vertretern der Schule und der Schulaufsichtsbehörde verlangen.

(5) Für die Anforderungen an die persönliche Eignung von Personen im Sinn des Art. 60 sowie von Personal nach Art. 60a Abs. 1 Satz 1 gelten Abs. 1 Satz 2 und 3 sowie Art. 60a Abs. 3 Satz 2 bis 4 entsprechend.

Art. 95 Untersagung der Tätigkeit

Die Schulaufsichtsbehörde kann Schulleiterinnen und Schulleitern, Lehrkräften und Beschäftigten oder sonstigen schulischen Mitarbeiterinnen und Mitarbeitern, die mit erzieherischen oder pflegerischen Aufgaben betraut sind, die Ausübung ihrer Tätigkeit untersagen, wenn Tatsachen vorliegen, die die Annahme rechtfertigen, dass sie die für die Tätigkeit erforderliche Eignung nicht besitzen, oder wenn die Schule ohne die erforderliche Genehmigung betrieben wird.

Art. 96 bis 99 **BayEUG**

Art. 96 Keine Sonderung der Schülerinnen und Schüler

¹Um eine Sonderung der Schülerinnen und Schüler nach den Besitzverhältnissen der Eltern zu vermeiden, sind, soweit notwendig, von den Trägern der Privatschulen Erleichterungen bezüglich des Schul- oder Heimgeldes oder Beihilfen in einem Umfang zu gewähren, der es auch einer für die Größe der Schule oder des Schülerheims angemessenen Zahl finanziell bedürftiger Schülerinnen und Schüler ermöglicht, die Schule zu besuchen. ²Erziehung, Unterricht und Heimleben sind so zu gestalten, dass keine Unterscheidungen nach Herkunft, Stand, Einkommen und Vermögen der Eltern gemacht werden.

Art. 97 Wirtschaftliche und rechtliche Stellung der Lehrkräfte

(1) Die wirtschaftliche und rechtliche Stellung der Lehrkräfte an einer Ersatzschule, die nicht einer kirchlichen Genossenschaft angehören, ist dann genügend gesichert, wenn
1. über das Anstellungsverhältnis ein schriftlicher oder (unter Verwendung einer dauerhaft überprüfbaren qualifizierten elektronischen Signatur) elektronischer Vertrag abgeschlossen ist, in dem klare Kündigungsbedingungen, der Anspruch auf Urlaub und die regelmäßige Pflichtstundenzahl festgelegt sind,
2. die Gehälter und Vergütungen bei entsprechenden Anforderungen hinter den Gehältern der Lehrkräfte an vergleichbaren öffentlichen Schulen nicht wesentlich zurückbleiben und in regelmäßigen Zeitabschnitten gezahlt werden,
3. für die Lehrkräfte eine Anwartschaft auf Versorgung erworben wird, die wenigstens den Bestimmungen der Angestelltenversicherung entspricht.

(2) ¹Ersatzschulen, die nicht nur vorläufig genehmigt sind (Art. 98 Abs. 1), können den an ihnen mit mindestens der Hälfte der Unterrichtspflichtzeit tätigen Lehrkräften nach Maßgabe des Arbeitsvertrags auf die Dauer der Verwendung das Recht einräumen, Berufsbezeichnungen zu führen, die das Staatsministerium für bestimmte Gruppen von Lehrkräften allgemein festsetzt. ²Lehrkräfte, die wegen Alters oder Dienstunfähigkeit ausscheiden, sind berechtigt, ihre bisherige Berufsbezeichnung mit dem Zusatz »a.D.« widerruflich weiterzuführen.

Art. 98 Bedingungen und Erlöschen der Genehmigung

(1) ¹Ersatzschulen, bei denen die Voraussetzungen für die Erteilung der Genehmigung noch nicht voll erfüllt sind, kann die Genehmigung nach Anhörung des Trägers unter der Bedingung erteilt werden, dass die noch fehlenden Voraussetzungen innerhalb einer von der Schulaufsichtsbehörde festzusetzenden Frist erfüllt werden. ²Die Erteilung dieser Genehmigung ist nur zulässig, wenn das leibliche oder sittliche Wohl der Schülerinnen und Schüler nicht beeinträchtigt oder gefährdet wird und Erziehung und Ausbildung hinreichend gewährleistet sind.

(2) ¹Die Genehmigung für eine Schule erlischt, wenn die Schule nicht binnen eines Jahres seit Zustellung oder Eröffnung des Genehmigungsbescheids in Betrieb genommen wird oder wenn der Schulbetrieb ein Jahr geruht hat. ²Dies gilt nicht, wenn sich aus dem Genehmigungsbescheid etwas anderes ergibt oder wenn die Frist verlängert worden ist.

Art. 99 Änderungen der Genehmigungsvoraussetzungen, Auflösung einer Schule

(1) ¹Wesentliche Änderungen in den Voraussetzungen für die Genehmigung bedürfen der Genehmigung. ²Bei der Einstellung von Lehrkräften, die für die jeweilige Schulart voll ausgebildet sind (Art. 94 Abs. 1), genügt die Anzeige.

(2) Die Auflösung einer Schule ist nur zum Ende eines Schuljahres zulässig; sie ist spätestens drei Monate vorher der Schulaufsichtsbehörde anzuzeigen.

Art. 100 Staatlich anerkannte Ersatzschulen

(1) ¹Einer Ersatzschule, die die Gewähr dafür bietet, dass sie dauernd die an gleichartige oder verwandte öffentliche Schulen gestellten Anforderungen erfüllt, wird vom zuständigen Staatsministerium auf Antrag die Eigenschaft einer staatlich anerkannten Ersatzschule verliehen; Art. 92 Abs. 1 Satz 2 gilt entsprechend. ²Förderschulen kann die Eigenschaft einer staatlich anerkannten Ersatzschule auch verliehen werden, wenn sie mit Rücksicht auf die aus dem sonderpädagogischen Förderbedarf herrührenden Ziele nicht voll ausgebaut sind.

(2) ¹Staatlich anerkannte Ersatzschulen sind im Rahmen des Art. 90 verpflichtet, bei der Aufnahme, beim Vorrücken und beim Schulwechsel von Schülerinnen und Schülern sowie bei der Abhaltung von Prüfungen die für öffentliche Schulen geltenden Regelungen anzuwenden. ²Mit der Anerkennung erhält die Schule das Recht, Zeugnisse zu erteilen, die die gleiche Berechtigung verleihen wie die der öffentlichen Schulen. ³Die Schülersprecherinnen und Schülersprecher staatlich anerkannter Ersatzschulen sind bei den Wahlen zu den in Art. 62 Abs. 2 Satz 1 Nrn. 5 bis 7 genannten Einrichtungen der Schülermitverantwortung sowohl aktiv als auch passiv wahlberechtigt.

(3) Einer staatlich anerkannten Hauptschule, die selbst nicht alle Voraussetzungen für eine Mittelschule nach Art. 7a Abs. 1 Satz 3 erfüllt, kann auf Antrag die Bezeichnung Mittelschule verliehen werden, wenn durch Zusammenarbeit mit einer staatlichen Mittelschule erreicht wird, dass für die Schülerinnen und Schüler der staatlich anerkannten Schule der Zugang zu den wesentlichen Bildungsangeboten der Mittelschule gewährleistet ist.

Art. 101 Ersatzschulen mit dem Charakter öffentlicher Schulen

(1) Einer staatlich anerkannten Ersatzschule wird vom zuständigen Staatsministerium auf Antrag der Charakter einer öffentlichen Schule verliehen.

(2) Eine Schule mit dem Charakter einer öffentlichen Schule ist verpflichtet, die für entsprechende öffentliche Schulen erlassene Schulordnung anzuwenden.

c) Ergänzungsschulen

Art. 102 Begriffsbestimmung, Anzeigepflicht

(1) Ergänzungsschulen sind private Schulen, die nicht Ersatzschulen im Sinn des Art. 91 sind.

(2) ¹Die Errichtung einer Ergänzungsschule ist der Schulaufsichtsbehörde drei Monate vor Aufnahme des Unterrichts anzuzeigen. ²Der Anzeige sind der Lehrplan sowie Nachweise über den Schulträger, die Schuleinrichtungen und die Vorbildung sowie die persönliche Eignung der Leiterin oder des Leiters und der Lehrkräfte beizufügen.

(3) Nachträgliche wesentliche Änderungen sind unter Beigabe der Nachweise alsbald anzuzeigen.

(4) Auf angezeigte Ergänzungsschulen finden Art. 31 Abs. 1 Satz 2, Art. 85, 85a und 113b Anwendung; Art. 90 bleibt unberührt.

(5) Das Anzeigeverfahren nach Abs. 2 und 3 kann über eine einheitliche Stelle nach den Vorschriften des Bayerischen Verwaltungsverfahrensgesetzes abgewickelt werden.

Art. 103 Untersagung

¹Errichtung und Betrieb einer Ergänzungsschule können von der Schulaufsichtsbehörde untersagt werden, wenn Schulträger, Leiterinnen oder Leiter, Lehrkräfte oder Einrichtungen der Ergänzungsschule den Anforderungen nicht entsprechen, die durch Gesetz oder auf Grund von Gesetzen vorgeschrieben oder die zum Schutz der Schülerinnen und Schüler an sie zu stellen sind, und wenn den Mängeln trotz Aufforderung der Schulaufsichtsbehörde innerhalb einer bestimmten Frist nicht abgeholfen worden ist. ²Art. 95 gilt entsprechend.

Art. 104 Mindestlehrpläne, Prüfungen

Das zuständige Staatsministerium kann für Ergänzungsschulen Mindestlehrpläne genehmigen, den Abschluss der Ausbildungen von Prüfungen abhängig machen und Prüfungsordnungen genehmigen.

ABSCHNITT II
Lehrgänge und Privatunterricht

Art. 105 Lehrgänge und Privatunterricht

¹Private Lehrgänge und Privatunterricht dürfen keine Bezeichnungen führen oder Zeugnisse erteilen, die mit Bezeichnungen oder Zeugnissen öffentlicher oder privater Schulen verwechselt werden können. ²Art. 103 gilt entsprechend.

VIERTER TEIL
Schülerheime

Art. 106 Begriffsbestimmung

¹Schülerheime sind Einrichtungen, deren Aufgabe es ist, Schülerinnen und Schüler erzieherisch zu betreuen sowie ihnen Unterkunft und Verpflegung zu gewähren. ²Verbundene Schülerheime sind Schülerheime, die an einer Schule eingerichtet sind und mit dieser eine pädagogische und organisatorische Einheit bilden; Schulen im Sinn des Halbsatzes 1 sind Heimschulen. ³In Einzelfällen kann die Verbindung auch mit mehreren Schulen bestehen. ⁴Nicht verbundene Schülerheime sind Schülerheime, die ohne Anschluss an eine bestimmte Schule eingerichtet werden.

Art. 107 Errichtung und Änderungen

(1) Die Errichtung eines mit einer Grundschule, einer Mittelschule oder einer Förderschule verbundenen Schülerheims sowie eines nicht verbundenen Schülerheims unterliegt den Bestimmungen des Achten Buches Sozialgesetzbuch.
(2) ¹Für die Errichtung der übrigen verbundenen Schülerheime gelten die Vorschriften über die Errichtung einer Schule entsprechend. ²Wesentliche Änderungen und die Auflösung nichtstaatlicher verbundener Schülerheime gemäß Satz 1 sind der Aufsichtsbehörde anzuzeigen.

Art. 108 Schülerheime bei Förderschulen

¹Um den Besuch öffentlicher Förderschulen sicherzustellen, sind die erforderlichen Schülerheime oder ähnliche Einrichtungen zu schaffen. ²Kommt der Träger des Schulaufwands dieser Verpflichtung nicht oder nicht hinreichend nach, so bestimmt die gemäß Art. 109 zuständige Aufsichtsbehörde nach Anhörung des Trägers die jeweils

notwendige Art und Größe der Einrichtung. ³Die Bestimmungen des Neunten Buches Sozialgesetzbuch und des Achten Buches Sozialgesetzbuch bleiben unberührt. ⁴Für die Errichtung von Schülerheimen bei Förderschulen gilt Art. 33 Abs. 2 entsprechend.

Art. 109 Aufsicht

¹Mit einer Grundschule, einer Mittelschule oder einer Förderschule verbundene Schülerheime sowie nicht verbundene Schülerheime unterstehen der Aufsicht nach den Bestimmungen des Achten Buches Sozialgesetzbuch. ²Die übrigen verbundenen Schülerheime unterstehen der Schulaufsicht. ³Schülerheime, die gemäß Art. 106 Satz 3 mindestens mit einer Grundschule, einer Mittelschule oder einer Förderschule sowie mit einer Schule einer weiteren Schulart verbunden sind, unterstehen der Aufsicht nach den Bestimmungen des Achten Buches Sozialgesetzbuch.

Art. 110 Untersagung

Errichtung und Betrieb eines nichtstaatlichen verbundenen Schülerheims gemäß Art. 107 Abs. 2 können von der Schulaufsichtsbehörde untersagt werden, wenn Tatsachen festgestellt werden, die geeignet sind, das leibliche, geistige und seelische Wohl der in diesem Schülerheim betreuten Schülerinnen und Schüler zu gefährden, und eine unverzügliche Beseitigung der Gefährdung nicht zu erwarten ist.

FÜNFTER TEIL
Schulaufsicht, Schulverwaltung

Art. 111 Allgemeines, Leistungsvergleiche

(1) ¹Zur staatlichen Schulaufsicht gehören
1. die Planung und Ordnung des Unterrichtswesens,
2. die Sicherung der Qualität von Erziehung und Unterricht, insbesondere durch den Abschluss von Zielvereinbarungen mit den Schulen,
3. die Förderung und Beratung der Schulen, auch unter Einbeziehung der staatlichen Schulberatungsstellen,
4. die Aufsicht über die inneren und äußeren Schulverhältnisse sowie über die Schulleitung und das pädagogische Personal und
5. die Förderung der Zusammenarbeit der Schulen mit den Jugendämtern und den Trägern der freien Jugendhilfe sowie anderen Trägern und Einrichtungen der außerschulischen Erziehung und Bildung bei der Erfüllung ihrer gemeinsamen Aufgaben.

²Die Schulaufsichtsbehörden arbeiten schulartübergreifend zusammen.

(2) Die Grenzen der staatlichen Schulaufsicht über die privaten Schulen bestimmen sich nach Art. 7 des Grundgesetzes und Art. 134 der Verfassung.

(3) Bei öffentlichen Schulen und bei Ersatzschulen entscheidet in inneren Schulangelegenheiten das zuständige Organ der Schule, soweit nicht die Schulaufsichtsbehörde zuständig ist.

(4) Das zuständige Staatsministerium kann Schülerinnen, Schüler und Lehrkräfte verpflichten, an Leistungsvergleichen teilzunehmen, die Zwecken der Qualitätssicherung und -steigerung dienen.

Art. 112 Aufsicht über den Religionsunterricht

(1) ¹Die staatliche Schulaufsicht erstreckt sich auch auf den Religionsunterricht; die Kirchen und Religionsgemeinschaften bestimmen jedoch den Lehrinhalt und die Didaktik im Rahmen der geltenden Bestimmungen und kirchenvertraglichen Vereinbarungen.

Art. 113, 113a **BayEUG**

²Sie können durch Beauftragte den Religionsunterricht ihres Bekenntnisses besuchen lassen und sich dadurch von der Übereinstimmung des erteilten Unterrichts mit den Grundsätzen der Religionsgemeinschaft, vom Stand der Kenntnisse in der Religionslehre und von der religiös-sittlichen Erziehung der bekenntniszugehörigen Schülerinnen und Schüler unterrichten.

(2) ¹Die Kirchen und Religionsgemeinschaften und ihre Vertreterinnen oder Vertreter haben gegenüber den Lehrkräften, die Religionsunterricht erteilen, keine dienstaufsichtlichen Befugnisse. ²Jedoch können sich die Beauftragten der Kirchen und Religionsgemeinschaften mit diesen Lehrkräften über die Abstellung wahrgenommener Mängel ins Benehmen setzen. ³Sie können die Schulaufsichtsbehörden anrufen, wenn Beanstandungen zu erheben sind.

Art. 113 Befugnisse der Schulaufsichtsbehörden

(1) ¹Die Schulaufsichtsbehörden haben in Erfüllung ihrer Aufgaben insbesondere das Recht, die Unterrichtseinrichtungen, Schülerheime und Einrichtungen der Mittagsbetreuung zu besichtigen, Einblick in deren Betrieb zu nehmen sowie Berichte und Nachweise zu fordern. ²Für Abschlussprüfungen können sie Prüfungskommissäre und beim Probeunterricht einen Vorsitzenden des Aufnahmeausschusses bestellen.

(2) Schulaufsichtliche Anordnungen können sowohl an den Träger als auch an die Leiterin oder den Leiter einer Unterrichtseinrichtung oder eines Schülerheims gerichtet werden.

Art. 113a Automatisiertes Verfahren zur Unterstützung der Schulverwaltung

(1) ¹Das Staatsministerium kann für die Schulaufsichtsbehörden eine öffentliche Stelle als Auftragsverarbeiter gemäß Art. 28 DSGVO beauftragen, personenbezogene Daten der Lehrkräfte und des nicht unterrichtenden Personals zu den in Abs. 2 genannten schulübergreifenden Verwaltungszwecken zu verarbeiten; die Schulaufsichtsbehörden werden von der Auftragserteilung unterrichtet; sie bleiben für diese Daten verantwortlich. ²Die datenschutzrechtliche Gesamtverantwortung liegt beim Staatsministerium.

(2) Bei der gemäß Abs. 1 Satz 1 beauftragten Stelle können zur Unterstützung von Dienstaufgaben der Schulaufsichtsbehörden (Unterrichtsplanung der staatlichen Schulen, Prüfung der Unterrichtssituation, Bezuschussung nichtstaatlicher Schulen nach dem Bayerischen Schulfinanzierungsgesetz) folgende personenbezogenen Daten verarbeitet werden:
1. Daten des staatlichen und des nichtstaatlichen Personals:
    a) nicht schuljahresbezogene Daten:
       Name, Vornamen, Geschlecht, Geburtsname, akademische Grade, Tag der Geburt, Arbeitgeber bzw. Dienstherr, Besoldungs- bzw. Entgeltgruppe, Rechtsverhältnis, Funktion in der Schulleitung, Beginn/Ende des Dienstverhältnisses, Personenkennzahl, Lehrbefähigung (Lehramt/abgelegte Prüfungen, Fächer der Lehrbefähigung, Unterrichtsgenehmigung);
    b) schuljahresbezogene Daten:
       Daten zur Beschäftigung und zum Einsatz (Schule[-n], Unterrichtspflichtzeit, Teilzeit [Stundenzahl, Grund, Arbeitszeitmodell], Mehrarbeit/Nebentätigkeit, Beschäftigungskategorie, Beurlaubung, außerschulische Abordnung, längerfristige Abwesenheit, Reduktionen [wegen Behinderung, Alter, Anrechnungen], Zugangsart, Abgangsart, erteilter Unterricht [Beziehung zu den Unterrichtseinheiten]);
2. von staatlichem Personal darüber hinaus:
    a) nicht schuljahresbezogene Daten:
    Adressdaten, Geburtsort, Amts- bzw. Dienstbezeichnung;

b) schuljahresbezogene Daten:
Ausbildungsabschnitt bei Lehrkräften im Vorbereitungsdienst, Einsatz als mobile Reserve, Arbeitszeitkonto.

(3) ¹Ausschließlich die jeweils zuständigen Schulaufsichtsbehörden dürfen zur Erfüllung der in Abs. 2 genannten Dienstaufgaben die in Abs. 2 genannten Daten verarbeiten. ²Dies ist durch entsprechende organisatorische und technische Vorkehrungen dauerhaft zu gewährleisten. ³Die Schulaufsichtsbehörden können über die gemäß Abs. 1 Satz 1 beauftragte Stelle
1. den Schulen Daten gemäß Abs. 2 zur Unterstützung der Planung und Durchführung des Unterrichts an der jeweiligen Schule,
2. den Kirchen Daten gemäß Abs. 2 der Religionsunterricht erteilenden oder zur Erteilung befähigten Lehrkräfte (mit Ausnahme der Adressdaten) zur Ausübung der Fachaufsicht im Fach Religionslehre und zur Planung des Unterrichtseinsatzes des kirchlichen Personals
übermitteln.

(4) Die in Abs. 2 genannten Daten werden wie folgt gelöscht:
1. spätestens zum Ende des jeweils nächsten Schuljahres die in Abs. 2 Nr. 1 Buchst. b genannten Daten des nicht staatlichen Personals;
2. zum Ende des jeweils übernächsten Schuljahres die in Abs. 2 Nr. 1 Buchst. b und Nr. 2 Buchst. b genannten Daten des staatlichen Personals;
3. drei Jahre nach dem Ausscheiden aus dem Dienst- bzw. Arbeitsverhältnis die in Abs. 2 Nr. 1 Buchst. a und Nr. 2 Buchst. a genannten Daten.

(5) § 50 BeamtStG und Art. 103 bis 111 BayBG bleiben unberührt.

Art. 113b Statistik

(1) Zu Zwecken der Bildungsplanung und der Organisation des Schulwesens werden die Amtliche Schulstatistik gemäß Abs. 6 und die Ergebnisstatistiken gemäß Abs. 7 als Landesstatistiken gemäß Art. 9 des Bayerischen Statistikgesetzes durchgeführt.

(2) Erhebungseinheiten sind:
1. die Schulen einschließlich der Schulvorbereitenden Einrichtungen,
2. das Telekolleg und die Staatsinstitute für die Ausbildung von Fach- bzw. Förderlehrern.

(3) ¹Bei den in Abs. 2 Nr. 1 genannten Stellen werden für die Amtliche Schulstatistik gemäß Abs. 6 folgende Erhebungsmerkmale erhoben:
1. Daten der Schülerinnen und Schüler und der externen Prüfungsteilnehmerinnen und Prüfungsteilnehmer:
   a) Daten der Schülerinnen und Schüler:
   Geburtsmonat und -jahr, Geschlecht, Wohnort (Gemeindekennzahl), Staatsangehörigkeit, Migrationshintergrund (Geburtsland, Jahr des Zuzugs nach Deutschland, Muttersprache deutsch/nicht deutsch), Religionszugehörigkeit (soweit für die Schulpraxis erforderlich), Jahr der Ersteinschulung, erworbene Abschlüsse, Daten zur Förderung (sonderpädagogische Förderung, Teilleistungsstörungen, sonstige Fördermaßnahmen), ganztägige Betreuung, Schülerheim, Gastschulverhältnis, übertrittsrelevante Daten zur Schullaufbahn (aktuell besuchte Schule, Schulpflicht, Feststellung zur Übertrittseignung betreffend Mittelschule, Realschule und Gymnasium, Vorbildung, Austrittsdatum, Zielschule), Daten zum aktuellen Unterricht (Jahrgangsstufe, Bildungsgang, Fremdsprachen, Berufsausbildung, Erreichen des Ziels der Jahrgangsstufe [ja/nein], Art der Wiederholung, Art des Vorrückens);
   b) Daten der externen Prüfungsteilnehmerinnen und Prüfungsteilnehmer:
   Geburtsmonat und -jahr, Geschlecht, Wohnort (Gemeindekennzahl), Staatsangehörigkeit, Migrationshintergrund (Geburtsland, Jahr des Zuzugs nach

Art. 113b **BayEUG**

Deutschland, Muttersprache deutsch/nicht deutsch), Jahr der Ersteinschulung, erworbene Abschlüsse;
2. Daten der Lehrkräfte und des nicht unterrichtenden Personals:
   a) Daten des staatlichen und des nicht staatlichen Personals: Geschlecht, Geburtsmonat und -jahr, Staatsangehörigkeit, Arbeitgeber bzw. Dienstherr, Besoldungs- bzw. Entgeltgruppe, Rechtsverhältnis, Funktion in der Schulleitung, Beginn/Ende des Dienstverhältnisses, Lehrbefähigung (Lehramt/ abgelegte Prüfungen, Fächer der Lehrbefähigung, Unterrichtsgenehmigung), Daten zur Beschäftigung und zum Einsatz (Schule[-n], Unterrichtspflichtzeit, Teilzeit [Stundenzahl, Grund, Arbeitszeitmodell], Mehrarbeit/Nebentätigkeit, Beschäftigungskategorie, Beurlaubung, außerschulische Abordnung, längerfristige Abwesenheit, Reduktionen [wegen Behinderung, Alter, Anrechnungen], Zugangsart, Abgangsart, erteilter Unterricht 8Beziehung zu den Unterrichtseinheiten]);
   b) von staatlichem Personal darüber hinaus: Amts- bzw. Dienstbezeichnung, Ausbildungsabschnitt bei Lehrkräften im Vorbereitungsdienst, Einsatz als mobile Reserve, Arbeitszeitkonto;
3. die von Schülerinnen und Schülern im laufenden Schuljahr besuchten Unterrichtseinheiten;
4. Daten der Schule (Schulnummer, Schulbezeichnung, Adressdaten, Außenstellen, Ansprechpartner, zuständige Schulaufsicht, Schulträger, Schulaufwandsträger, organisatorische Verkettung mit anderer Schule, Schulart, Bildungsgänge [Ausbildungsrichtung, Fachrichtung, Fremdsprachenprofil], Angebot für ganztägige Betreuung, Unterbringungsangebot, sonstige Zusatzangebote, informationstechnische Ausstattung, sonstige Ausstattung);
5. Daten zum Unterricht und dessen Organisation:
   a) Daten der Klassen (Schule, Bezeichnung, Jahrgangsstufe, Klassenart, Bildungsgang, Fachklassengliederung, Blockunterricht, Förderschwerpunkt, Organisationsform, Auslagerung);
   b) Daten der Unterrichtseinheiten (Klassen/Klassengruppen, Fach, Art des Unterrichts, zeitlicher Umfang, Stundenkürzung/zusätzlicher Lehrerbedarf [Stunden, Grund]).

²Bei den in Abs. 2 Nr. 2 genannten Stellen werden folgende Daten der Absolventen, die schulische Abschlüsse erworben haben, erhoben:

Geburtsmonat und -jahr, Geschlecht, Staatsangehörigkeit, Migrationshintergrund (Geburtsland, Jahr des Zuzugs nach Deutschland, Muttersprache deutsch/nicht deutsch), Religionszugehörigkeit (soweit für die Schulpraxis erforderlich), Jahr der Ersteinschulung, erworbene Abschlüsse.

(4) ¹Hilfsmerkmale der Erhebungen gemäß Abs. 3 sind:
1. Name, Vornamen, Tag der Geburt sowie der Geburtsort der Schülerinnen und Schüler bzw. der externen Prüfungsteilnehmerinnen und Prüfungsteilnehmer sowie das in Art. 85a Abs. 3 Satz 4 genannte Ordnungsmerkmal;
2. Name, Vornamen, Geburtsname, Tag der Geburt, Geburtsort, akademischer Grad und die Personenkennzahl der Lehrkräfte und des nicht unterrichtenden Personals an öffentlichen und privaten Schulen.

²Es ist im Rahmen des für die statistische Auswertung genutzten Datenverarbeitungsvorgangs sicherzustellen, dass die Hilfsmerkmale von den Erhebungsmerkmalen schnellstmöglich, spätestens aber nach Plausibilisierung und Generierung des Pseudonyms (Abs. 9), getrennt und gelöscht werden.

(5) ¹Bei den in Abs. 2 Nr. 1 genannten Stellen werden für die Ergebnisstatistiken gemäß Abs. 7 folgende anonymisierte Leistungsdaten der Schülerinnen und Schüler erhoben:
1. Ergebnisse der Jahrgangsstufentests und der Orientierungsarbeiten (Schule, Klasse, Bildungsgang, Geschlecht, Geburtsmonat und -jahr, Staatsangehörigkeit,

BayEUG Art. 113b

Migrationshintergrund [Geburtsland, Jahr des Zuzugs nach Deutschland, Muttersprache deutsch/nicht deutsch], Grund für Nichtteilnahme [sonderpädagogische Förderung, Lese-Rechtschreibschwäche], erreichte Punkte je Aufgabe);
2. Ergebnisse der zentralen Abschlussprüfungen (Schule, Klasse, Bildungsgang, Geschlecht, Geburtsmonat und -jahr, Staatsangehörigkeit, Migrationshintergrund [Geburtsland, Jahr des Zuzugs nach Deutschland, Muttersprache deutsch/nicht deutsch], Förderschwerpunkt, Prüfungsart, Prüfungsfach, Punkte/Note je Prüfungsfach und Prüfungsteil, Abschlusszeugnisnote, Teilnahme am Nachtermin, Herkunftsschule bei Externen).
²Die in Satz 1 genannten Daten werden ohne Verknüpfung mit personenbezogenen Daten und ohne Verknüpfung mit einem Pseudonym (Abs. 9) in den statistischen Auswertungsprozess eingespeist.

(6) ¹Die Amtliche Schulstatistik wird einmal jährlich durchgeführt. ²Die Erhebungsmerkmale nach Abs. 3 werden für
1. die Beschreibung der Unterrichtssituation an allgemein bildenden Schulen zum 1. Oktober und an beruflichen Schulen zum 20. Oktober,
2. die Darstellung der Absolventen und Abgänger von Schulen sowie Absolventen von außerschulischen Einrichtungen, soweit diese schulische Abschlüsse erwerben, an allgemein bildenden Schulen vom 2. Oktober des Vorjahres bis 1. Oktober des laufenden Jahres und an beruflichen Schulen vom 21. Oktober des Vorjahres bis 20. Oktober des laufenden Jahres (Stichtag: 1. bzw. 20. Oktober)
erfasst.

(7) ¹Die Ergebnisstatistiken werden einmal jährlich auf gesonderte Anweisung des Staatsministeriums durchgeführt. ²Die Erhebungsmerkmale gemäß Abs. 5 werden für
1. die Ergebnisse der Jahrgangsstufentests,
2. die Ergebnisse der Orientierungsarbeiten in der Grundschule,
3. die Ergebnisse der zentralen Abschlussprüfungen

jeweils im Anschluss an die Leistungsfeststellungen erfasst. ³Satz 2 Nrn. 1 und 2 gelten nur für öffentliche Schulen; Satz 2 Nr. 3 gilt für öffentliche Schulen und staatlich anerkannte Ersatzschulen. ⁴Die genauen Berichtszeitpunkte werden jeweils vom Staatsministerium bekannt gegeben.

(8) ¹Für die Erhebungen besteht Auskunftspflicht. ²Auskunftspflichtig sind
1. für die Erhebungseinheiten nach Abs. 2 Nr. 1 die Schulleiterinnen und Schulleiter,
2. für die Erhebungseinheiten nach Abs. 2 Nr. 2 die Kolleggruppenleiter des Telekollegs und die Leitungen der Staatsinstitute für die Ausbildung von Fach- bzw. Förderlehrern.
³Die Auskünfte sind unter Verwendung des vom Staatsministerium bereitgestellten Schulverwaltungsprogramms an die in Abs. 10 genannten Stellen vollständig und rechtzeitig zu erteilen.

(9) ¹Um schuljahresübergreifende statistische Auswertungen zu ermöglichen, wird für jeden Datensatz auf Grundlage von Hilfsmerkmalen nach Abs. 4 ein Pseudonym erzeugt. ²Das Pseudonym ist nach dem jeweils neuesten Stand der Technik so zu gestalten, dass ein Rückschluss auf Einzelpersonen ausgeschlossen ist.

(10) ¹Die Amtliche Schulstatistik gemäß Abs. 6 wird vom Landesamt für Statistik durchgeführt. ²Die Ergebnisstatistiken nach Abs. 7 werden von den Statistikstellen des Staatsministeriums und des Landesamts für Schule durchgeführt.

(11) Schulübergreifende Geschäftsstatistiken werden von den Statistikstellen des Staatsministeriums und des Landesamts für Schule erstellt.

(12) § 50 BeamtStG und Art. 103 bis 111 BayBG bleiben unberührt.

Art. 113c Evaluation

(1) ¹Die Schulen und die Schulaufsichtsbehörden verfolgen das Ziel, die Qualität schulischer Arbeit zu sichern und zu verbessern. ²Zur Bewertung der Schul- und Unterrichtsqualität evaluieren sich die Schulen regelmäßig selbst (interne Evaluation) und evaluieren die Schulaufsichtsbehörden in angemessenen zeitlichen Abständen im Rahmen der verfügbaren Stellen und Mittel die staatlichen Schulen und, soweit dies im Rahmen der Schulaufsicht notwendig ist, die Schulen in kommunaler Trägerschaft (externe Evaluation). ³Die externe Evaluation kann als freiwillige Leistung auf der Grundlage einer Vereinbarung mit dem zuständigen Staatsministerium von den Schulen in kommunaler und freier Trägerschaft in Anspruch genommen werden.

(2) ¹Bei der Planung und Durchführung der externen Evaluation wirken die Schulaufsichtsbehörden mit dem Landesamt für Schule zusammen. ²Die Schulaufsichtsbehörden setzen Evaluationsgruppen ein, die speziell für diese Aufgabe qualifiziert werden. ³An diesen Gruppen können die Schulaufsichtsbehörden private Dritte beteiligen, die über die erforderliche Eignung und Fachkunde verfügen; die Zuerkennung der Eignung setzt voraus, dass die mit der Evaluation betrauten Personen nach dem Verpflichtungsgesetz verpflichtet werden.

(3) ¹Zur internen und externen Evaluation können die Schulen, die Schulaufsichtsbehörden sowie im Rahmen des Abs. 2 das Landesamt für Schule personenbezogene Daten ohne Einwilligung der betroffenen Personen verarbeiten. ²Dabei stellen die in Satz 1 genannten Stellen sicher, dass nur insoweit personenbezogene Daten verarbeitet werden, als das öffentliche Interesse die schutzwürdigen Belange der betroffenen Personen erheblich überwiegt und der Zweck der Evaluation auf andere Weise nicht oder nur mit unverhältnismäßigem Aufwand erreicht werden kann. ³Eine Verarbeitung der personenbezogenen Daten zu anderen Zwecken ist unzulässig. ⁴Die Art. 13 und 14 DSGVO gelten mit der Maßgabe, dass die Information vor der Durchführung einer Evaluation schriftlich erfolgt; die betroffenen Personen sind dabei zusätzlich auch über das Ziel des Vorhabens, die Art ihrer Beteiligung an der Untersuchung, sowie über die zur Einsichtnahme in die personenbezogenen Daten Berechtigten zu informieren. ⁵Die personenbezogenen Daten werden anonymisiert, sobald dies nach dem Zweck der Evaluation möglich ist. ⁶Bis dahin werden die Merkmale, mit denen Einzelangaben über persönliche oder sachliche Verhältnisse einer bestimmten oder bestimmbaren Person zugeordnet werden können, gesondert gespeichert. ⁷Sie werden mit den Einzelangaben nur zusammengeführt, soweit der Zweck der Evaluation es erfordert. ⁸Soweit Ergebnisse der Evaluation veröffentlicht werden, erfolgt dies ausschließlich in nicht personenbezogener Form. ⁹Personenbezogene Daten werden spätestens ein Jahr nach ihrer Erhebung gelöscht, die entsprechenden Unterlagen nach dieser Frist vernichtet.

(4) ¹Auf Grundlage der Ergebnisse der externen Evaluation gemäß Abs. 1 Satz 2 treffen die Schulen und die Schulaufsichtsbehörden Zielvereinbarungen. ²Die Schulaufsichtsbehörden unterstützen ihre Umsetzung und nehmen eine Überprüfung der vereinbarten Ziele vor. ³Abs. 3 bleibt unberührt.

Art. 114 Sachliche Zuständigkeit

(1) Die unmittelbare staatliche Schulaufsicht obliegt
1. dem Staatsministerium bei Gymnasien, Fachoberschulen, Berufsoberschulen, Realschulen einschließlich der entsprechenden Schulen zur sonderpädagogischen Förderung und der Schulen, die ganz oder teilweise die Lernziele der vorgenannten Schulen verfolgen,
2. dem Staatsministerium für Ernährung, Landwirtschaft und Forsten bei Schulen in seinem Geschäftsbereich,

BayEUG Art. 115

3. dem Staatsministerium der Justiz im Einvernehmen mit dem Staatsministerium bei Unterrichtseinrichtungen in Justizvollzugsanstalten sowie in haftersetzenden Maßnahmen nach §§ 71, 72 des Jugendgerichtsgesetzes,
4. den Regierungen
   a) bei öffentlichen Grundschulen und Mittelschulen für die schulaufsichtliche Genehmigung von Neu-, Um- und Erweiterungsbauten,
   b) bei privaten Grundschulen und Mittelschulen,
   c) bei Förderschulen (einschließlich der zugehörigen Einrichtungen der Mittagsbetreuung), soweit die Schulaufsicht nicht durch Nr. 1 oder 4 Buchst. d geregelt ist,
   d) bei Berufsschulen, Berufsfachschulen, Wirtschaftsschulen, Fachschulen und Fachakademien einschließlich der entsprechenden Schulen zur sonderpädagogischen Förderung,
   e) bei Schulen für Kranke,
   f) bei Ergänzungsschulen unbeschadet der Regelung in Nr. 1,
   g) bei Sing- und Musikschulen,
   h) bei Lehrgängen in Verbindung mit dem Bayerischen Rundfunk (Telekolleg),
   i) bei Lehrgängen, wenn diese von kommunalen Trägern oder von staatlich verwalteten Stiftungen errichtet oder betrieben werden,
5. den Schulämtern
   a) bei öffentlichen Grundschulen und Mittelschulen,
   b) bei Einrichtungen der Mittagsbetreuung, soweit nicht in Nummer Nr. 4 Buchst. c geregelt,
6. den Kreisverwaltungsbehörden bei Lehrgängen, soweit sie nicht in Nr. 4 Buchst. g, h und i und Abs. 2 genannt sind.

(2) Wird ein Lehrgang an einer öffentlichen Schule eingerichtet, so obliegt der für die Schule zuständigen Aufsichtsbehörde auch die Aufsicht über den Lehrgang.

(3) Soweit Schulen mit einem Schülerheim gemäß Art. 107 Abs. 2 verbunden sind, erstreckt sich die Zuständigkeit der nach Abs. 1 für die Schule zuständigen Schulaufsichtsbehörde auch auf das Schülerheim.

(4) ¹Im Zweifelsfall entscheidet die höhere der beteiligten Schulaufsichtsbehörden über die sachliche Zuständigkeit. ²Ist die Zuständigkeit bei einer Schulart zweifelhaft, so können die beteiligten Staatsministerien die sachliche Zuständigkeit durch Rechtsverordnung feststellen.

(5) ¹Die beteiligten Staatsministerien können durch Rechtsverordnung Zuständigkeiten auf nachgeordnete Behörden übertragen, wenn dies zur Anpassung an geänderte Verhältnisse oder zum Zweck der Verwaltungsvereinfachung geboten ist. ²Aus den gleichen Gründen kann die Übertragung im Einzelfall erfolgen; dies gilt für die Regierungen entsprechend.

Art. 115 Schulämter

(1) Für jeden Landkreis und für jede kreisfreie Gemeinde besteht ein Schulamt (Staatliches Schulamt).

(2) ¹Das Schulamt wird gemeinsam von der Landrätin oder dem Landrat oder der Oberbürgermeisterin oder dem Oberbürgermeister (rechtlicher Leiter) und einem Schulaufsichtsbeamten für Grundschulen und Mittelschulen (fachlicher Leiter) geleitet. ²Die Vertretung der Landrätin oder des Landrats und der Oberbürgermeisterin oder des Oberbürgermeisters richtet sich nach den Vorschriften der Landkreisordnung und der Gemeindeordnung. ³Die Landrätin oder der Landrat und die Oberbürgermeisterin oder der Oberbürgermeister können sich in der Leitung des Schulamts durch einen Beamten vertreten lassen, der die Befähigung für das Richteramt hat. ⁴Wo es die örtlichen Verhältnisse nahe legen, soll einem fachlichen Leiter die Leitung von zwei, in besonderen Fällen auch mehr als zwei Schulämtern übertragen werden.

(3) ¹Dem Schulamt oder den unter gemeinsamer fachlicher Leitung stehenden Schulämtern können für den fachlichen Aufgabenbereich nach Bedarf weitere Schulaufsichtsbeamte und Mitarbeiter zugeteilt werden. ²Die Landrätin oder der Landrat oder die Oberbürgermeisterin oder der Oberbürgermeister kann den Bediensteten des Landratsamts oder der kreisfreien Gemeinde Aufgabengebiete und Befugnisse aus seinem Aufgabenbereich übertragen und entsprechende Vollmacht erteilen.

(4) ¹Zum Aufgabenbereich der Landrätin oder des Landrats und der Oberbürgermeisterin oder des Oberbürgermeisters gehören die Angelegenheiten vorwiegend rechtlicher Natur, zum Aufgabenbereich des fachlichen Leiters die Angelegenheiten vorwiegend fachlicher Natur. ²Das Staatsministerium regelt im Einvernehmen mit dem Staatsministerium des Innern, für Sport und Integration durch Rechtsverordnung die Aufgabenbereiche im Schulamt, das Zusammenwirken in der Leitung des Schulamts und die Grundsätze für die Vertretungsbefugnis.

Art. 116 Beteiligung an der Schulaufsicht

(1) Das Staatsministerium kann kommunale Schulträger, die eine geeignete hauptamtlich tätige, fachlich vorgebildete Sachbearbeiterin bzw. einen geeigneten hauptamtlich tätigen, fachlich vorgebildeten Sachbearbeiter für eine Schulart haben, insoweit an der Schulaufsicht beteiligen.

(2) Einem berufsmäßigen Gemeinderatsmitglied, dem die Leitung des Schulwesens einer kreisfreien Gemeinde obliegt, kann für die Dauer seiner Amtszeit auf Antrag der kreisfreien Gemeinde in widerruflicher Weise die fachliche Leitung des Schulamts übertragen werden, wenn es die Voraussetzungen für den Erwerb der Qualifikation für den Schulaufsichtsdienst der Grundschulen und Mittelschulen erfüllt.

(3) ¹Die Vorschriften der Gemeindeordnung, der Landkreisordnung, der Bezirksordnung und des Gesetzes über die kommunale Zusammenarbeit hinsichtlich der Rechtsaufsicht bleiben unberührt. ²Die Rechtsaufsicht bezieht sich auch auf die räumlichen Schulverhältnisse sowie auf die wirtschaftliche und rechtliche Stellung der Lehrkräfte.

(4) Die Schulaufsichtsbehörden können zur Ausübung der Aufsicht die ihnen nachgeordneten Behörden und besondere Beauftragte heranziehen.

Art. 117 Bayerisches Landesamt für Schule

(1) ¹Es besteht ein Bayerisches Landesamt für Schule mit Sitz in Gunzenhausen. ²Es ist dem Staatsministerium unmittelbar nachgeordnet.

(2) Nach Maßgabe gesonderter Vorschriften erfüllt es landesweit insbesondere Aufgaben der schulischen Personalverwaltung, Schulfinanzierung, Zeugnisanerkennung, Schulqualität sowie des Schulsports.

SECHSTER TEIL
Maßnahmen zur Durchsetzung der Schulpflicht, Ordnungswidrigkeiten

Art. 118 Schulzwang

(1) Wer ohne berechtigten Grund dem Unterricht oder einer verbindlichen Schulveranstaltung fernbleibt, obwohl er der Schulpflicht unterliegt, kann auf Antrag der Schule von der Kreisverwaltungsbehörde durch ihre Beauftragten zwangsweise der Schule zugeführt werden.

BayEUG Art. 119

(2) ¹Wer der Schulpflicht unterliegt, aber durch sein Verhalten Hinweise auf eine mögliche Erkrankung gibt, die die Schulbesuchsfähigkeit beeinträchtigt, muss sich auf Aufforderung der Schule vom öffentlichen Gesundheitsdienst untersuchen lassen, solange nicht der Nachweis erbracht ist, dass sich die Schülerin oder der Schüler in einer Behandlung eines geeigneten Facharztes hinsichtlich dieser Verhaltensauffälligkeiten befand bzw. befindet. ²Die schulischen Beratungsfachkräfte sind vorab zu hören.

(3) Soweit in diesem Gesetz eine Beteiligung des öffentlichen Gesundheitsdienstes vorgeschrieben ist, gilt Abs. 1 entsprechend.

Art. 119 Ordnungswidrigkeiten

(1) Mit Geldbuße kann belegt werden, wer
1. vorsätzlich oder fahrlässig die ihm obliegende Anmeldung einer oder eines Schulpflichtigen zum Besuch der Grundschule, der Mittelschule, der Berufsschule oder der Förderschule unterlässt (Art. 35 Abs. 4),
2. entgegen Art. 76 Satz 2 nicht dafür sorgt, dass minderjährige Schulpflichtige am Unterricht regelmäßig teilnehmen und die sonstigen verbindlichen Schulveranstaltungen besuchen, oder entgegen einer vollziehbaren Anordnung nach Art. 37 Abs. 4 in Verbindung mit Art. 76 Satz 3 nicht dafür sorgt, dass ein Kind eine Kindertageseinrichtung mit integriertem Vorkurs besucht; das Gleiche gilt für Personen, denen die Erziehung minderjähriger Schulpflichtiger durch Rechtsvorschrift oder Vertrag ganz oder teilweise übertragen ist,
3. entgegen Art. 77 Berufsschulpflichtige nicht zur Teilnahme am Unterricht und zum Besuch der sonstigen verbindlichen Schulveranstaltungen anhält; das Gleiche gilt für Personen, denen die Erziehung minderjähriger Schulpflichtiger durch Rechtsvorschrift oder Vertrag ganz oder teilweise übertragen ist,
4. als Schulpflichtige oder Schulpflichtiger am Unterricht oder an den sonstigen verbindlichen Schulveranstaltungen (Art. 56 Abs. 4 Satz 3) vorsätzlich nicht teilnimmt,
5. eine Schule, ein Schülerheim oder eine Einrichtung der Mittagsbetreuung
   a) ohne die erforderliche Genehmigung oder die vorgeschriebene Anzeige oder
   b) nach vollziehbarer Rücknahme oder vollziehbarem Widerruf der Genehmigung oder nach vollziehbarer Untersagung der Errichtung oder Fortführung errichtet oder leitet,
6. eine mit der Genehmigung verbundene vollziehbare Auflage nicht erfüllt,
7. einer auf Grund von Art. 3 Abs. 2 Satz 2, Art. 95 oder 100 Abs. 2 Satz 1 erlassenen vollziehbaren Anordnung zuwiderhandelt,
8. unbefugt eine nach Art. 97 Abs. 2 festgesetzte Berufsbezeichnung führt,
9. als Schulleiterin oder Schulleiter, Lehrkraft oder Erzieherin oder Erzieher an einer Schule tätig ist, obwohl ihm dies untersagt worden ist,
10. als Unternehmerin, Unternehmer, Leiterin, Leiter oder Lehrkraft den Vorschriften des Art. 105 Satz 1 zuwiderhandelt,
11. entgegen Art. 118 Abs. 3 in Verbindung mit Abs. 2 einen minderjährigen Schulpflichtigen oder eine minderjährige Schulpflichtige nicht dem Gesundheitsdienst zuführt oder sich nicht vom Gesundheitsdienst untersuchen lässt.

(2) ¹Will die Kreisverwaltungsbehörde das Verfahren wegen einer Ordnungswidrigkeit nach Abs. 1 Nrn. 2 bis 4 einstellen, so hat sie vorher die Schule zu hören. ²Der Erlass eines Bußgeldbescheids ist der Schule mitzuteilen.

SIEBTER TEIL
Staatsinstitute und Studienkollegs

Art. 120 Staatsinstitute für die Ausbildung von Fachlehrern und Förderlehrern

(1) Das Staatsinstitut für die Ausbildung von Fachlehrern und die ihm angegliederten Fachausbildungsstätten haben die Aufgabe der fachlichen und pädagogischen Ausbildung zu Fachlehrerinnen und Fachlehrern.

(2) Das Staatsinstitut für die Ausbildung von Förderlehrern hat die Aufgabe der fachlichen und pädagogischen Ausbildung zu Förderlehrerinnen und Förderlehrern.

(3) ¹Der Besuch der Staatsinstitute setzt einen mittleren Schulabschluss voraus. ²Weitere Zulassungsvoraussetzungen hinsichtlich der fachlichen Vorbildung können in den Studienordnungen der Staatsinstitute festgelegt werden. ³Zusammen mit der Abschlussprüfung kann unter besonderen, in den Studienordnungen näher zu bestimmenden Voraussetzungen eine fachgebundene Hochschulreife verliehen werden.

(4) ¹Für die Staatsinstitute und für die Fachausbildungsstätten gelten lediglich die Art. 5, 26 Abs. 1, Art. 30, 44, 45 Abs. 1 und 2 Satz 1, Art. 52, 55, 56, 57, 58, 59, 62 Abs. 1 Satz 1 und Abs. 8, Art. 84, 85, 86 Abs. 1 Satz 1, 3 und 4, Abs. 2 Nr. 4, 6 bis 12, Abs. 3 Nr. 1 und 3, Art. 87 Abs. 2, Art. 88 Abs. 3, Art. 88a, 89 und 113b. ²Die im Rahmen des Art. 86 Abs. 2 zulässigen Ordnungsmaßnahmen werden in den Studien- und Schulordnungen festgesetzt. ³Die Aufsicht obliegt dem Staatsministerium; Art. 114 Abs. 5 gilt entsprechend. ⁴Satz 1 bis 3 findet auf Anwärterinnen und Anwärter im Vorbereitungsdienst keine Anwendung.

Art. 121 Studienkollegs

(1) ¹Es besteht ein Studienkolleg bei den Universitäten des Freistaates Bayern und ein Studienkolleg bei den Fachhochschulen des Freistaates Bayern, die dem Staatsministerium nachgeordnet sind. ²Die Studienkollegs vermitteln Studienbewerbern, deren ausländische Vorbildungsnachweise nur in Verbindung mit einer erfolgreich abgelegten Feststellungsprüfung als Qualifikation für ein Studium an einer staatlichen Universität oder Fachhochschule ausreichen, die dafür fehlenden fachlichen Grundlagen und nehmen die Feststellungsprüfung ab. ³Sie können auch Vorbereitungskurse für die Deutsche Sprachprüfung für den Hochschulzugang anbieten und diese Prüfung abnehmen.

(2) ¹Das Staatsministerium regelt das Nähere durch Rechtsverordnung, insbesondere
1. das Aufnahmeverfahren,
2. die Lehrinhalte,
3. den Studienbetrieb,
4. die Feststellungsprüfung einschließlich der Zulassung von Bewerberinnen und Bewerbern, die nicht zuvor den Unterricht am Studienkolleg besucht haben.
²Für die Studienkollegs gelten die Art. 52, 56 bis 59, 84 bis 88,113a und 116 Abs. 4 entsprechend.

ACHTER TEIL
Übergangs- und Schlussbestimmungen

Art. 122 Übergangsvorschriften

(1) ¹Als Schulen besonderer Art können folgende Schulen geführt werden:
1. die Städtische schulartunabhängige Orientierungsstufe München-Neuperlach in den Jahrgangsstufen 5 und 6, die Städtische Willy-Brandt-Gesamtschule München

BayEUG Art. 122

und die Staatliche Gesamtschule Hollfeld. Die Schülerinnen und Schüler werden entsprechend ihrer Leistungsfähigkeit den gebildeten Klassen und Kursen zugewiesen. Die Schulen führen nach der Jahrgangsstufe 9 zum Haupt- bzw. Mittelschulabschluss und nach der Jahrgangsstufe 10 zum Realschulabschluss oder zur Berechtigung zum Übergang in die Jahrgangsstufe 11 des Gymnasiums. An diesen Schulen kann die Vollzeitschulpflicht erfüllt werden,
2. die Staatliche kooperative Gesamtschule Senefelder-Schule Treuchtlingen und – soweit die Voraussetzungen des folgenden Satzes erfüllt werden – die Evangelische kooperative Gesamtschule Wilhelm-Löhe-Schule Nürnberg. Diese Schulen werden als Zusammenschluss einer Mittelschule, einer Realschule und eines Gymnasiums, bei der Evangelischen kooperativen Gesamtschule Wilhelm-Löhe-Schule Nürnberg zusätzlich einer Fachoberschule, geführt, die unter einer Leitung stehen sollen.
²Das Staatsministerium regelt den Schulbetrieb und die inneren Schulverhältnisse in einer Schulordnung nach Art. 89, vor deren Erlass der Landesschulbeirat zu hören ist. ³In dieser Schulordnung sind insbesondere Umfang und Zeitpunkt der Differenzierung in Leistungsstufen festzulegen; ab Jahrgangsstufe 9 müssen abschlussbezogene Klassen gebildet werden. ⁴Die unmittelbare staatliche Schulaufsicht über die Schulen besonderer Art obliegt dem Staatsministerium. ⁵Dieses kann zur Ausübung der Aufsicht ihm nachgeordnete Behörden und besondere Beauftragte heranziehen.

(2) ¹Eine Ersatzschule, die bis einschließlich 31. Juli 2012 als Hauptschule staatlich genehmigt wurde, kann als private Hauptschule fortgeführt werden. ²Entsprechendes gilt für private Grund- und Hauptschulen und für private Volksschulen. ³Private Hauptschulen, die die Voraussetzungen des Art. 7a Abs. 1 Satz 3 in der ab 1. August 2012 geltenden Fassung erfüllen, erhalten auf Antrag des Schulträgers die Bezeichnung Mittelschule.

(3) ¹Art. 9 in der am 31. Juli 2018 geltenden Fassung findet
1. im Schuljahr 2018/2019 für die Jahrgangsstufen 7 bis 12,
2. im Schuljahr 2019/2020 für die Jahrgangsstufen 8 bis 12,
3. im Schuljahr 2020/2021 für die Jahrgangsstufen 9 bis 12,
4. im Schuljahr 2021/2022 für die Jahrgangsstufen 10 bis 12,
5. im Schuljahr 2022/2023 für die Jahrgangsstufen 11 und 12 und
6. im Schuljahr 2023/2024 für die Jahrgangsstufe 12
weiter Anwendung. ²Das Staatsministerium kann durch Rechtsverordnung für bestimmte Schülergruppen Abweichungen dahingehend zulassen, dass
1. Art. 9 in der am 31. Juli 2018 geltenden Fassung über Satz 1 hinaus oder
2. Art. 9 in der ab 1. August 2018 geltenden Fassung abweichend von Satz 1 bereits vorzeitig
Anwendung findet, wenn dies einer geordneten oder einheitlicheren Schullaufbahn dieser Gruppen dient.

(4) Für Schularten, bei denen die Auskunftserteilung gemäß Art. 113b Abs. 8 Satz 3 noch nicht vollumfänglich umgesetzt ist, gilt bis zu dieser Umsetzung Art. 113 Abs. 1 Satz 1 in der bis zum Ablauf des 31. Mai 2014 geltenden Fassung; das Staatsministerium gibt jedes Schuljahr bekannt, auf welcher Rechtsgrundlage die Erhebungen zu erfolgen haben.

(5) Für bereits genehmigte Angebote, den mittleren Schulabschluss in Kooperation mit einer anderen öffentlichen Schule, insbesondere einer anderen Schulart, zu erwerben, gilt Art. 7a Abs. 4 Satz 3 in der bis zum 31. Juli 2020 geltenden Fassung.

Art. 123 Rechts- und Verwaltungsvorschriften, elektronische Verwaltungsinfrastrukturen

(1) Rechtsverordnungen auf Grund dieses Gesetzes erlässt das zuständige Staatsministerium, soweit nichts anderes bestimmt ist.

(2) [1]Das Staatsministerium kann durch Rechtsverordnung aus Gründen der Sicherheit und Gesundheit für Sportlehrerinnen und Sportlehrer den Nachweis einer staatlichen Fachprüfung verlangen. [2]Das Staatsministerium kann durch Rechtsverordnung regeln, unter welchen fachlichen, personellen und organisatorischen Voraussetzungen ein Lehrgang die Bezeichnung Singschule und Musikschule führen darf; damit soll der besondere Wert dieser Lehrgänge für die musikalische Erziehung der Jugend gesichert werden.

(3) Für die Sonderlehrgänge für Aussiedlerinnen bzw. Aussiedler, Spätaussiedlerinnen bzw. Spätaussiedler zum Erwerb der Hochschulreife kann das Staatsministerium außerdem in entsprechender Anwendung des Art. 89 Studienordnungen erlassen.

(4) Art. 8 Abs. 2 und 3 sowie Art. 19 Abs. 1 des Bayerischen E-Government-Gesetzes finden auf Schulen entsprechende Anwendung.

Art. 124 Einschränkung von Grundrechten

Auf Grund dieses Gesetzes können die Grundrechte auf körperliche Unversehrtheit, Freiheit der Person und Unverletzlichkeit der Wohnung eingeschränkt werden (Art. 102 Abs. 1, Art. 106 Abs. 3 der Verfassung, Art. 2 Abs. 2, Art. 13 Abs. 1 des Grundgesetzes).

Art. 125 Inkrafttreten, Außerkrafttreten

[1]Dieses Gesetz tritt am 1. Januar 1983 in Kraft. [2]Art. 122 Abs. 4 tritt mit Ablauf des 31. Juli 2024 außer Kraft.

BaySchO

Schulordnung für schulartübergreifende Regelungen an Schulen in Bayern (Bayerische Schulordnung – BaySchO)

vom 1. Juli 2016 (GVBl. S. 164, 241), zuletzt geändert durch Verordnung vom 16 August 2022 (GVBl. S. 570)

Auf Grund des Art. 46 Abs. 4 Satz 3, des Art. 52 Abs. 2 Satz 3, Abs. 4 und 5 Satz 5, des Art. 53 Abs. 4 Satz 2 und Abs. 6, des Art. 54 Abs. 1 bis 3, des Art. 56 Abs. 2 Nr. 2, des Art. 58 Abs. 1 und 6, des Art. 62 Abs. 9, des Art. 65 Abs. 1 Satz 4, des Art. 68, des Art. 69 Abs. 8, des Art. 84 Abs. 1, des Art. 85 Abs. 1a Satz 3, des Art. 89 Abs. 1, des Art. 100 Abs. 2, des Art. 116 Abs. 4 und des Art. 122 Abs. 1 des Bayerischen Gesetzes über das Erziehungs- und Unterrichtswesen (BayEUG) in der Fassung der Bekanntmachung vom 31. Mai 2000 (GVBl. S. 414, 632, BayRS 2230-1-1-K), das zuletzt durch § 1 des Gesetzes vom 23. Juni 2016 (GVBl. S. 102) geändert worden ist, verordnet das Bayerische Staatsministerium für Bildung und Kultus, Wissenschaft und Kunst:

Inhaltsübersicht

**TEIL 1
Allgemeines**

§ 1 Geltungsbereich

**TEIL 2
Schulgemeinschaft**

Kapitel 1 Schulleiterin und Schulleiter

§ 2 Schulleiterin und Schulleiter

KAPITEL 2
Lehrkräfte, Lehrerkonferenz, Ausschüsse

§ 3 Aufgaben
§ 4 Sitzungen
§ 5 Einberufung
§ 6 Beschlussfassung
§ 7 Ausschüsse, Klassenkonferenz

Kapitel 3 Schülerinnen und Schüler

§ 8 Klassensprecherinnen und Klassensprecher
§ 9 Schülersprecherinnen und Schülersprecher, Schülerausschuss
§ 10 Verbindungslehrkräfte, Schülermitverantwortung
§ 11 Schülermitverantwortung auf Stadt-, Landkreis-, Bezirks- und Landesebene, schulübergreifende Zusammenarbeit

KAPITEL 4
Erziehungsberechtigte

§ 12 Zusammenarbeit der Schule mit den Erziehungsberechtigten
§ 13 Wahl der Klassenelternsprecherin oder des Klassenelternsprechers
§ 14 Wahl des Elternbeirats und des gemeinsamen Elternbeirats

§ 15 Aufgaben und Geschäftsgang der Elternvertretungen
§ 16 Amtszeit und Mitgliedschaft der Elternvertretungen

KAPITEL 5
Schulforum und Verbundausschuss

§ 17 Schulforum
§ 18 Verbundausschuss

KAPITEL 6
Einsatz digitaler Hilfsmittel durch Gremien

§ 18a Einsatz digitaler Hilfsmittel

**TEIL 3
Allgemeiner Schulbetrieb**

§ 19 Stundenplan, Unterrichtszeit, Unterrichtsform
§ 20 Teilnahme, Befreiung, Beurlaubung
§ 21 Schülerfirmen, Betriebspraktika und sonstige Praxismaßnahmen
§ 22 Beaufsichtigung
§ 23 Verbot von Rauschmitteln, Sicherstellung von Gegenständen
§ 24 Erhebungen (vergleiche Art. 85 BayEUG)
§ 25 Finanzielle Abwicklung sonstiger Schulveranstaltungen
§ 26 Sammlungen und Spenden (vergleiche Art. 84 BayEUG)
§ 27 Religiöse Erziehung, Religions- und Ethikunterricht, Islamischer Unterricht
§ 28 Hausaufgaben
§ 29 Schülerinnen und Schüler ohne ständigen festen Aufenthalt
§ 30 Beendigung des Schulbesuchs

§§ 1, 2 **BaySchO**

TEIL 4
Individuelle Unterstützung, Nachteilsausgleich und Notenschutz

§ 31 Grundsatz
§ 32 Individuelle Unterstützung
§ 33 Nachteilsausgleich
§ 34 Notenschutz
§ 35 Zuständigkeit
§ 36 Verfahren

TEIL 5
Schülerunterlagen

§ 37 Schülerunterlagen
§ 38 Verwendung
§ 39 Weitergabe
§ 40 Aufbewahrung
§ 41 Einsichtnahme
§ 42 Auflösung, Zusammenlegung oder Teilung einer Schule

TEIL 6
Mobile Sonderpädagogische Dienste

§ 43 Mobile Sonderpädagogische Dienste (Art. 2, Art. 21, Art. 30b BayEUG)

TEIL 7
Schulaufsicht

§ 44 Schulaufsicht (vergleiche Art. 111 bis 117 BayEUG)
§ 45 Härtefallklausel

TEIL 8
Datenschutz

§ 46 Verarbeitungsverfahren

TEIL 9
Schlussbestimmungen

§ 46a Übergangsvorschriften
§ 46b Sonderregelungen für die Corona-Pandemie
§ 46c Sonderregelungen bei fortgesetztem Zuzug von Schülerinnen und Schülern aus einem Kriegsgebiet
§ 47 Inkrafttreten, Außerkrafttreten
Anlage 1: Modus-Maßnahmen
Anlage 2: Verarbeitungstätigkeiten
Anlage 3

TEIL 1
Allgemeines

§ 1 Geltungsbereich

¹Diese Schulordnung gilt, soweit sie der Aufsicht des Staatsministeriums für Unterricht und Kultus (Staatsministerium) unterliegen, für alle öffentlichen Schulen und die staatlich anerkannten Ersatzschulen mit dem Charakter einer öffentlichen Schule. ²Für staatlich genehmigte und staatlich anerkannte Ersatzschulen gilt diese Schulordnung im Rahmen der Art. 90, 92 Abs. 2 Nr. 2 und Abs. 5 und Art. 93 des Bayerischen Gesetzes über das Erziehungs- und Unterrichtswesen (BayEUG), für letztere darüber hinaus im Rahmen des Art. 100 Abs. 2 BayEUG.

TEIL 2
Schulgemeinschaft

KAPITEL 1
Schulleiterin und Schulleiter
(vergleiche Art. 57, 84 und 85 BayEUG)

§ 2 Schulleiterin und Schulleiter

(1) Die Schulleiterin oder der Schulleiter trägt die pädagogische, organisatorische und rechtliche Gesamtverantwortung.

(2) ¹Vorbehaltlich anderweitiger Regelungen entscheidet die Schulleiterin oder der Schulleiter insbesondere
1. über die Durchführung und Verbindlichkeit von sonstigen Schulveranstaltungen,
2. über den Erlass einer Hausordnung,

3. über Sammelbestellungen im schulischen Interesse,
4. über die Verbreitung von gedruckten oder digitalen Schriften und Plakaten im schulischen Interesse und
5. im Einvernehmen mit dem Aufwandsträger über die Zulässigkeit von Bild-, Film-, Fernseh- und Tonaufnahmen in der Schule.
²Bei schulübergreifenden sonstigen Schulveranstaltungen treffen die unmittelbar zuständigen Schulaufsichtsbehörden die Entscheidung im Einvernehmen. ³Anderweitige Mitwirkungsrechte, wie etwa nach dem Bayerischen Erziehungs- und Unterrichtsgesetz, dem Bayerischen Personalvertretungsgesetz oder den Schulordnungen, bleiben unberührt.

KAPITEL 2
Lehrkräfte, Lehrerkonferenz, Ausschüsse
(vergleiche Art. 51, 53, 58 und 59 BayEUG)

§ 3 Aufgaben

(1) Die Lehrerkonferenz beschließt im Rahmen ihrer Aufgaben nach Art. 58 Abs. 3 und 4 BayEUG auch über
1. Widersprüche gegen Verwaltungsakte mit Ausnahme von Widersprüchen gegen Verwaltungsakte an Grundschulen, Mittelschulen und Förderschulen,
2. Beschwerden von grundsätzlicher Bedeutung gegen allgemeine Unterrichts- und Erziehungsmaßnahmen der Schule mit Ausnahme von Aufsichtsbeschwerden gegen die Schule und von Dienstaufsichtsbeschwerden,
3. sonstige Schulveranstaltungen, die die gesamte Schule betreffen.

(2) ¹Die Lehrerkonferenz entscheidet über die Durchführung von Modus-Maßnahmen nach der Anlage 1 sowie die hierfür erforderlichenfalls nötigen Abweichungen von den Schulordnungen. ²Die Maßnahmen können an die Besonderheiten der jeweiligen Schulart angepasst werden. ³Die Entscheidung ist zuvor innerhalb der Schulgemeinschaft zu erörtern und das Einvernehmen des Aufwandsträgers oder des Aufgabenträgers im Sinne des § 1 Satz 2 der Schülerbeförderungsverordnung (SchBefV) herzustellen, wenn dessen Belange berührt werden.

§ 4 Sitzungen

(1) ¹Die Sitzungen der Lehrerkonferenz sind nicht öffentlich. ²Sie sind außerhalb der regelmäßigen Unterrichtszeit, in Ausnahmefällen an Nachmittagen mit wenig Unterricht, durchzuführen.

(2) ¹Die Mitglieder der Lehrerkonferenz sind verpflichtet, an den Sitzungen teilzunehmen. ²Das vorsitzende Mitglied kann Lehrkräfte von der Teilnahme an einzelnen Sitzungen ganz oder teilweise befreien, insbesondere wenn diese
1. zur Unterrichtserteilung an mehreren Schulen eingesetzt werden oder
2. mit weniger als der Hälfte der Unterrichtspflichtzeit tätig sind.

(3) ¹Das vorsitzende Mitglied kann Dritte zur Beratung einzelner Tagesordnungspunkte in der Lehrerkonferenz hinzuziehen. ²In Angelegenheiten, die in die Zuständigkeit des Elternbeirats fallen, ist der Elternbeirat anzuhören. ³Auf die Rechte nach Art. 88 Abs. 3 Satz 2 und 3 BayEUG sind die Betroffenen rechtzeitig hinzuweisen.

(4) ¹Über jede Sitzung ist eine Niederschrift zu erstellen. ²Die Mitglieder der Lehrerkonferenz haben das Recht, die Niederschrift einzusehen, die nach Abs. 3 Hinzugezogenen nur hinsichtlich der Tagesordnungspunkte, zu denen sie hinzugezogen wurden. ³Die Niederschrift ist acht Jahre aufzubewahren.

§ 5 Einberufung

(1) ¹Die Lehrerkonferenz wird bei Bedarf, mindestens jedoch zweimal im Schuljahr, einberufen. ²Sie muss innerhalb von 14 Tagen einberufen werden, wenn mindestens ein

Viertel der Mitglieder oder die Schulaufsichtsbehörde unter Angabe der zu beratenden Gegenstände dies verlangt.

(2) ¹Ort, Zeit und Tagesordnung der Sitzung sind den Mitgliedern sowie dem Elternbeirat mindestens eine Woche vor Beginn schriftlich oder durch Aushang in der an der Schule üblichen Weise bekannt zu geben. ²In dringenden Fällen kann die Frist unterschritten werden.

(3) ¹Jedes Mitglied kann die Behandlung zusätzlicher Tagesordnungspunkte beantragen. ²Die zusätzlichen Tagesordnungspunkte werden in die Tagesordnung aufgenommen, wenn das vorsitzende Mitglied oder mindestens ein Viertel der Mitglieder der Lehrerkonferenz dem zustimmen.

§ 6 Beschlussfassung

(1) ¹Die Lehrerkonferenz ist beschlussfähig, wenn sämtliche Mitglieder ordnungsgemäß geladen sind und die Mehrheit der zur Teilnahme verpflichteten Mitglieder anwesend ist. ²Wird die Lehrerkonferenz zum zweiten Mal zur Behandlung desselben Gegenstands zusammengerufen, so ist sie insoweit ohne Rücksicht auf die Zahl der Anwesenden beschlussfähig.

(2) ¹Stimmberechtigt sind alle Mitglieder der Lehrerkonferenz. ²Bei Besorgnis der Befangenheit gilt Art. 21 des Bayerischen Verwaltungsverfahrensgesetzes entsprechend.

(3) ¹Die anwesenden stimmberechtigten Mitglieder sind mit Ausnahme der nach Art. 88 Abs. 3 Satz 2 Nr. 2 BayEUG eingeschalteten Mitglieder bei den Abstimmungen zur Stimmabgabe verpflichtet. ²Beschlüsse werden in offener Abstimmung mit einfacher Mehrheit der abgegebenen Stimmen gefasst. ³Bei Stimmengleichheit gibt die Stimme des vorsitzenden Mitglieds den Ausschlag. ⁴Besteht an beruflichen Schulen mehr als die Hälfte der Mitglieder der Lehrerkonferenz aus nebenamtlich tätigen oder mit weniger als der Hälfte der regelmäßigen Unterrichtspflichtzeit beschäftigten Lehrkräften, sind Beschlüsse nur wirksam, wenn sie auch von der Mehrheit der abgegebenen Stimmen der hauptamtlich tätigen oder der mit mindestens der Hälfte der regelmäßigen Unterrichtspflichtzeit beschäftigten Lehrkräfte unterstützt werden.

§ 7 Ausschüsse, Klassenkonferenz
(vergleiche Art. 53 Abs. 4 und Art. 58 Abs. 1 Satz 3 BayEUG)

(1) ¹Die Lehrerkonferenz kann Ausschüsse bilden. ²Stets gebildet werden die Ausschüsse nach den Abs. 2 und 3, unter den Voraussetzungen des Art. 58 Abs. 1 Satz 3 BayEUG auch nach den Abs. 4 und 5.

(2) ¹Die Klassenkonferenz hat auch über die pädagogische Situation der Klasse und einzelner Schülerinnen und Schüler sowie über größere Veranstaltungen und Projekte der jeweiligen Klasse zu beraten. ²An Abendgymnasien, Kollegs und Abendrealschulen nimmt die Lehrerkonferenz die Aufgaben der Klassenkonferenz wahr.

(3) Dem Kassenprüfungsausschuss gehören drei Mitglieder der Lehrerkonferenz an.

(4) Dem Lehr- und Lernmittelausschuss gehören die Schulleiterin oder der Schulleiter als vorsitzendes Mitglied sowie für jedes an der Schule erteilte Fach die Fachbetreuerin oder der Fachbetreuer oder eine von der Lehrerkonferenz gewählte Lehrkraft an.

(5) Dem Disziplinarausschuss gehören neben der Schulleiterin oder dem Schulleiter als vorsitzendem Mitglied und dem ständigen Vertreter sieben weitere Mitglieder an, die zusammen mit einer ausreichenden Zahl von Ersatzmitgliedern von der Lehrerkonferenz gewählt werden.

(6) ¹Für das Verfahren gelten die Bestimmungen für die Lehrerkonferenz entsprechend. ²Der Disziplinarausschuss berät und entscheidet stets mit der vollen Zahl seiner Mitglieder.

KAPITEL 3
Schülerinnen und Schüler
(vergleiche Art. 62 und 63 BayEUG)

§ 8 Klassensprecherinnen und Klassensprecher

(1) [1]Über das Wahlverfahren von Klassensprecherinnen und Klassensprechern entscheidet der Schülerausschuss im Einvernehmen mit der Schulleiterin oder dem Schulleiter. [2]In den Jahrgangsstufen 1 bis 4 entscheidet abweichend von Satz 1 die Schulleiterin oder der Schulleiter. [3]Die Wahl findet innerhalb von vier Wochen nach Unterrichtsbeginn statt.

(2) [1]Ein Mitglied der Schülervertretung scheidet bei Verlust der Wählbarkeitsvoraussetzungen, bei schriftlichem Verlangen seiner Erziehungsberechtigten oder bei Rücktritt aus seinem Amt aus. [2]In diesem Fall findet für den Rest des Schuljahres eine Neuwahl statt.

(3) Für Jahrgangsstufensprecherinnen und Jahrgangsstufensprecher an Gymnasien sowie an Berufsfachschulen für Musik gelten die Abs. 1 und 2 entsprechend.

(4) [1]Soweit der sonderpädagogische Förderbedarf der Schülerinnen und Schüler dies erfordert, sind diese bei der Festlegung der Verfahrensfragen durch die Schule zu unterstützen. [2]An Förderschulen für den Förderschwerpunkt geistige Entwicklung kann die Lehrerkonferenz mit Zustimmung des Elternbeirats beschließen, dass auf Grund der Schwere des sonderpädagogischen Förderbedarfs der Schülerinnen und Schüler auf die Wahl von Klassensprecherinnen und Klassensprechern verzichtet wird.

(5) [1]An Berufsschulen und diesen entsprechenden Schulen zur sonderpädagogischen Förderung bilden die Klassensprecherinnen und Klassensprecher der an den einzelnen Tagen anwesenden Klassen eine Klassensprecherversammlung. [2]Die Klassensprecherinnen und Klassensprecher von Klassen, die an mehreren Tagen in der Woche anwesend sind, gehören der Klassensprecherversammlung des Wochentags an, den die Schulleiterin oder der Schulleiter unter Berücksichtigung einer gleichmäßigen Aufteilung bestimmt.

(6) An beruflichen Schulen sind die Klassensprecherversammlungen so zu legen, dass alle Klassensprecherinnen und Klassensprecher teilnehmen können, ohne dass der praktische Teil der Ausbildung mehr als notwendig unterbrochen werden muss.

§ 9 Schülersprecherinnen und Schülersprecher, Schülerausschuss

(1) [1]Die Schülersprecherinnen und Schülersprecher werden jeweils für ein Schuljahr gewählt. [2]Die Wahl findet innerhalb von zwei Wochen nach der Wahl der Klassensprecherinnen und Klassensprecher statt. [3]Die Schülersprecherinnen und Schülersprecher führen die Geschäfte bis zur Wahl der neuen Schülersprecherinnen und Schülersprecher weiter.

(2) [1]An zweijährigen Fachschulen und den Berufsfachschulen für Fremdsprachenberufe werden die Schülersprecherin oder der Schülersprecher, an Fachakademien die Sprecherin oder der Sprecher der Studierenden und jeweils ein Stellvertreter gewählt. [2]Sie nehmen die Aufgaben des Schülerausschusses wahr. [3]Abs. 1 gilt entsprechend.

(3) [1]An Berufsschulen und diesen entsprechenden Schulen zur sonderpädagogischen Förderung wählt die Klassensprecherversammlung für jeden Schultag die Tagessprecherinnen oder Tagessprecher. [2]Diese bilden den Tagessprecherausschuss. [3]An Außenstellen werden eigene Einrichtungen der Schülervertretung eingerichtet. [4]§ 8 Abs. 1 gilt entsprechend. [5]Die Tagessprecherausschüsse können einen Schülerausschuss bilden; Abs. 1 gilt entsprechend. [6]Wird ein solcher nicht gebildet, nimmt der Tagessprecherausschuss die Aufgaben und Rechte des Schülerausschusses wahr.

(4) § 8 Abs. 1 Satz 1 und Abs. 2 bis 4 gilt entsprechend.

§ 10 Verbindungslehrkräfte, Schülermitverantwortung

(1) ¹Über das Wahlverfahren von Verbindungslehrkräften entscheidet der Schülerausschuss im Einvernehmen mit der Schulleiterin oder dem Schulleiter. ²Im Fall des § 8 Abs. 4 erfolgt die Wahl durch die Lehrerkonferenz.

(2) ¹Die Durchführung von sonstigen Schulveranstaltungen und die Bildung von Arbeitsgruppen im Rahmen der Schülermitverantwortung sind der Schulleiterin oder dem Schulleiter unter Angabe des Zwecks, der Beteiligten und der Leitung rechtzeitig anzuzeigen. ²Sie unterliegen der Aufsicht der Schule.

(3) Die Verbreitung schriftlicher Mitteilungen im Rahmen der Schülermitverantwortung an die Schülerinnen und Schüler ist nach Genehmigung nur dem Schülerausschuss gestattet.

(4) ¹Aufwendungen der Schülermitverantwortung können durch Zuwendungen Dritter oder durch Einnahmen aus sonstigen Schulveranstaltungen finanziert werden, sofern sie nicht mit Bedingungen verknüpft sind, die der Aufgabe der Schülermitverantwortung widersprechen. ²Die Schülerzeitung wird aus dem Verkaufserlös, aus Anzeigenwerbung und aus Zuwendungen Dritter finanziert. ³Über die Zuwendungen und Einnahmen sowie deren Verwendung ist ein geeigneter Nachweis zu führen.

(5) Die Aufgaben und Rechte der Schülermitverantwortung erstrecken sich auf Angelegenheiten der Schülerinnen und Schüler in der praktischen Ausbildung nur insoweit, als die Schule dafür Verantwortung trägt und § 21 Abs. 2 Satz 1 und 2 nicht entgegensteht.

§ 11 Schülermitverantwortung auf Stadt-, Landkreis-, Bezirks- und Landesebene, schulübergreifende Zusammenarbeit

(1) ¹Die Schülersprecherinnen und Schülersprecher an Mittelschulen wählen spätestens drei Wochen nach ihrer Wahl aus ihrer Mitte für die jeweilige Stadt bzw. den jeweiligen Landkreis je eine Stadt- bzw. Landkreisschülersprecherin oder einen Stadt- bzw. Landkreisschülersprecher und jeweils einen Stellvertreter. ²Die Amtszeit beträgt jeweils ein Jahr. ³Über das Wahlverfahren entscheiden die jeweiligen Schülersprecherinnen und Schülersprecher im Einvernehmen mit der Schulaufsichtsbehörde.

(2) ¹Die Wahl der Bezirksschülersprecherinnen und Bezirksschülersprecher nach Art. 62 Abs. 6 BayEUG findet statt
1. im Bereich der Mittelschulen spätestens drei Wochen nach der Wahl der Stadt- und Landkreisschülersprecherinnen und der Stadt- und Landkreisschülersprecher nach Abs. 1,
2. im Bereich der Gymnasien, Realschulen, Förderschulen und beruflichen Schulen spätestens einen Monat nach der Wahl der Schülersprecherinnen und Schülersprecher oder der Sprecherinnen und Sprecher der Studierenden.
²Abs. 1 Satz 2 und 3, Abs. 4 sowie § 8 Abs. 4 Satz 1 gelten entsprechend.

(3) ¹Für die Durchführung der Wahlen, den Erfahrungsaustausch und die Erörterung von Wünschen und Anregungen richten die Schulaufsichtsbehörden für ihren jeweiligen Zuständigkeitsbereich – mit Ausnahme auf Schulamtsebene im Bereich der Förderschulen – jeweils Aussprachetagungen für die jeweiligen Schülervertretungen nach den Abs. 1 und 2 ein, an welchen die Verbindungslehrkräfte teilnehmen sollen, soweit dies erforderlich ist. ²Die jeweiligen Schülervertretungen nach den Abs. 1 und 2 übernehmen unbeschadet der Gesamtleitung durch die Schulaufsichtsbehörde den Vorsitz und geben Informationen an die nachgeordneten Schülervertretungen mit Zustimmung der Schulaufsichtsbehörde weiter. ³Aussprachetagungen können auch zum Erfahrungsaustausch für Mitglieder von Schülerzeitungen durchgeführt werden.

(4) ¹Im Fall eines vorzeitigen Ausscheidens einer Landesschülersprecherin oder eines Landesschülersprechers übernimmt die entsprechende Stellvertretung für die restliche Dauer der Amtszeit das Amt. ²Im Fall des Satzes 1 sowie bei vorzeitigem Ausscheiden der Stellvertretung rücken die Ersatzpersonen in der Reihenfolge ihrer Stimmenzahlen

BaySchO §§ 12, 13

nach. ³Die ausgeschiedenen Landesschülersprecherinnen oder Landesschülersprecher sowie Stellvertretungen können den Landesschülerrat weiterhin beraten.

(5) ¹Die Schülervertretungen oder die Studierendenvertretungen mehrerer Schulen können gemeinsame sonstige Schulveranstaltungen durchführen oder auf andere Weise zusammenarbeiten. ²Soweit Berufsfachschulen für Ernährung und Versorgung oder für Kinderpflege und Sozialpflege organisatorisch und räumlich miteinander verbunden sind, kann auf Antrag der Schule mit Genehmigung der Schulaufsichtsbehörde eine gemeinsame Schülermitverantwortung gebildet werden. ³Im Übrigen sind Zusammenschlüsse von Schülervertretungen mehrerer Schulen unzulässig.

KAPITEL 4
Erziehungsberechtigte
(vergleiche Art. 64 bis 68, 74 und 76 BayEUG)

§ 12 Zusammenarbeit der Schule mit den Erziehungsberechtigten

(1) ¹Der Zusammenarbeit der Schule mit den Erziehungsberechtigten dienen insbesondere Elternsprechstunden, Elternsprechtage, Klassenelternversammlungen und Elternversammlungen. ²Die Durchführung von allgemeinen Veranstaltungen, die die Zusammenarbeit von Schule und Erziehungsberechtigten betreffen, bedarf des Einvernehmens des Elternbeirats.

(2) ¹Die Erziehungsberechtigten haben das Recht auf eine angemessene Beratung in Elternsprechstunden und mindestens einen Elternsprechtag, an dem alle Lehrkräfte den Erziehungsberechtigten zur Verfügung stehen. ²Elternsprechtage und Elternversammlungen sind außerhalb der regelmäßigen Unterrichtszeit so anzusetzen, dass berufstätigen Erziehungsberechtigten der Besuch in der Regel möglich ist.

(3) Eine Klassenelternversammlung ist einzuberufen, wenn dies ein Viertel der Erziehungsberechtigten einer Klasse beantragt.

§ 13 Wahl der Klassenelternsprecherin oder des Klassenelternsprechers

(1) Wenn nach Art. 64 Abs. 2 Satz 1 BayEUG Klassenelternsprecher gewählt werden, dann wählen die Erziehungsberechtigten der Schülerinnen und Schüler einer Klasse aus ihrer Mitte die Klassenelternsprecherin oder den Klassenelternsprecher sowie einen Stellvertreter.

(2) ¹Über Ort, Zeit und Verfahren der Wahl entscheidet der Elternbeirat. ²Die Entscheidung nach Satz 1 erfolgt im Einvernehmen mit der Schulleiterin oder dem Schulleiter. ³Besteht an der Schule kein Elternbeirat, entscheidet die Schulleiterin oder der Schulleiter. ⁴Das Wahlverfahren wird in einer Wahlordnung geregelt, die den allgemeinen demokratischen Grundsätzen entsprechen muss. ⁵Die Wahlen sollen innerhalb von zwei Wochen nach Unterrichtsbeginn durchgeführt werden.

(3) ¹Wahlberechtigt sind alle Erziehungsberechtigten. ²Für jedes Kind der Klasse kann nur eine Stimme abgegeben werden. ³Dies kann durch jeden der Erziehungsberechtigten erfolgen. ⁴Wählbar sind die Wahlberechtigten mit Ausnahme der Mitglieder der Lehrerkonferenz.

(4) ¹Die Erziehungsberechtigten einer Schülerin oder eines Schülers können eine andere volljährige Person, die die Schülerin oder den Schüler tatsächlich erzieht, ermächtigen, an der Wahl teilzunehmen. ²In diesem Fall steht diese für die Dauer der Ermächtigung einer oder einem Erziehungsberechtigten gleich. ³Die Ermächtigung muss der Schule vor der Wahl in schriftlicher Form vorliegen. ⁴Diese gilt für die Dauer einer Amtszeit.

(5) ¹Über die Wahl wird eine Niederschrift angefertigt. ²Diese enthält den wesentlichen Gang der Wahl und die Feststellung des Wahlergebnisses.

(6) ¹An Gymnasien, Realschulen und Wirtschaftsschulen kann von Abs. 1 abgewichen werden. ²Abs. 2 Satz 2, 3 und 5 findet keine Anwendung.

§ 14 Wahl des Elternbeirats und des gemeinsamen Elternbeirats

(1) ¹Wahlberechtigt für die Wahl zum Elternbeirat sind alle Erziehungsberechtigten, die wenigstens ein Kind haben, das die betreffende Schule besucht, die früheren Erziehungsberechtigten volljähriger Schülerinnen und Schüler sowie die in Art. 66 Abs. 2 Satz 3 BayEUG genannten Leitung eines Schülerheims oder einer ähnlichen Einrichtung. ²An Förderschulen sind auch die Erziehungsberechtigten von Kindern, die die Schulvorbereitende Einrichtung der Schule besuchen, wahlberechtigt. ³§ 13 Abs. 3 Satz 2 bis 4 sowie Abs. 4 gilt entsprechend.

(2) ¹Für die Wahlen zum Elternbeirat gilt § 13 Abs. 2 Satz 1 bis 4 sowie Abs. 5 entsprechend. ²Diese sollen spätestens sechs Wochen nach Unterrichtsbeginn durchgeführt werden.

(3) Für die Wahl zum gemeinsamen Elternbeirat gilt § 13 Abs. 2 Satz 1 bis 4 sowie Abs. 5 mit der Maßgabe, dass das Einvernehmen mit der zuständigen Schulaufsichtsbehörde nötig ist.

§ 15 Aufgaben und Geschäftsgang der Elternvertretungen

(1) ¹Unbeschadet der weiteren durch Gesetz und Schulordnungen zugewiesenen Aufgaben ist die Zustimmung des Elternbeirats auch erforderlich für
1. die Zusammenstellung der Schülerfahrten sowie die Durchführung der Fahrten im Rahmen des internationalen Schüleraustauschs,
2. die Festlegung der Grundsätze zur Durchführung von sonstigen Schulveranstaltungen der ganzen Schule, von Unterrichtszeiten oder zur Durchführung von Veranstaltungen in der unterrichtsfreien Zeit; § 19 Abs. 2 bleibt unberührt,
3. die Durchführung der Maßnahmen in Anlage 1 Nr. 1, 2, 5, 9, 12, 15 bis 17, 20 bis 23, 25, 33, 35, 44, 48, 50, 55, 56 und 58.

²Die Aufgaben der Klassenelternsprecherinnen und -sprecher an Realschulen, Wirtschaftsschulen und Gymnasien legt der Elternbeirat fest. ³Bei den Grundschulen übernimmt der Elternbeirat die Aufgaben des Schulforums, soweit nach den Schulordnungen das Schulforum zu beschließen hat oder zu beteiligen ist.

(2) Die Sitzungen der Elternvertretungen sind nicht öffentlich.

(3) In der ersten Sitzung wählt der Elternbeirat bzw. der gemeinsame Elternbeirat aus seiner Mitte ein vorsitzendes Mitglied sowie einen Stellvertreter.

(4) ¹Der Aufwandsträger und die Schulleiterin oder der Schulleiter müssen zu den von ihnen genannten Angelegenheiten in der Sitzung des Elternbeirats bzw. des gemeinsamen Elternbeirats gehört werden. ²Auf Verlangen der Mehrheit sind sie zum Erscheinen verpflichtet. ³Zur Beratung einzelner Angelegenheiten können weitere Personen eingeladen werden.

(5) ¹Über die bei der Tätigkeit als Elternvertreter bekannt gewordenen Angelegenheiten ist während und auch nach Beendigung der Mitgliedschaft Verschwiegenheit zu bewahren. ²Dies gilt nicht für Tatsachen, die offenkundig sind oder ihrer Natur nach keiner Geheimhaltung bedürfen.

§ 16 Amtszeit und Mitgliedschaft der Elternvertretungen

(1) ¹Der Elternbeirat legt die Amtszeit der Klassenelternsprecherinnen und Klassenelternsprecher fest.

(2) ¹Die Amtszeit des Elternbeirats sowie des gemeinsamen Elternbeirats beträgt zwei Jahre. ²Sie beginnt mit der Feststellung des Wahlergebnisses und endet mit der Wahl des neuen Elternbeirats.

(3) ¹Das Amt und die Mitgliedschaft enden mit dem Ablauf der Amtszeit, dem Ausscheiden des Kindes aus der Schule, der Niederlegung des Amtes oder dem Verlust der Wählbarkeit. ²An die Stelle ausgeschiedener Klassenelternsprecherinnen oder -sprecher an Grundschulen und Mittelschulen bzw. Elternbeiratsmitglieder rücken für die restliche Dauer der Amtszeit die Ersatzpersonen in der Reihenfolge ihrer Stimmenzahlen nach.

(4) ¹Unmittelbar nach Eintreten einer der folgenden Gründe soll eine Nachwahl für die restliche Amtszeit stattfinden, wenn
1. keine Klassenelternsprecherin oder kein Klassenelternsprecher gemäß Art. 64 Abs. 2 Satz 1 Halbsatz 1 BayEUG und keine Stellvertretung mehr vorhanden ist,
2. nach dem Nachrücken der Ersatzpersonen gemäß Abs. 3 Satz 2 die Zahl der Mitglieder eines Elternbeirats unter fünf gesunken ist,
3. beim gemeinsamen Elternbeirat gemäß Art. 66 Abs. 3 Satz 1 Halbsatz 2 BayEUG Mitglieder ausscheiden und die Mitgliederzahl damit unter sieben gesunken ist

und noch mindestens drei Monate bis zum Schuljahresende im jeweils letzten Amtsjahr verbleiben. ²Die Regelungen zum Wahlverfahren und zur Wahlberechtigung der jeweiligen Elternvertretungen sowie zur Niederschrift der Wahl gelten entsprechend.

(5) Die Tätigkeiten als Elternvertretung sind ehrenamtlich.

KAPITEL 5
Schulforum und Verbundausschuss
(vergleiche Art. 69 und 32a BayEUG)

§ 17 Schulforum

(1) ¹Die Sitzungen des Schulforums sind nicht öffentlich. ²Sie sind außerhalb der regelmäßigen Unterrichtszeit durchzuführen. ³Für die Pflicht zur Verschwiegenheit gilt § 15 Abs. 5 entsprechend. ⁴Das Schulforum kann zur Behandlung einzelner Tagesordnungspunkte Dritte hinzuziehen.

(2) ¹Das Schulforum wird von der Schulleiterin oder vom Schulleiter mindestens einmal in jedem Halbjahr, spätestens bis zum 30. November der jeweiligen Kalenderjahres, einberufen. ²Es entscheidet über den Sitzungsturnus. ³Es ist einzuberufen, wenn mindestens vier Mitglieder dies verlangen. ⁴Es ist beschlussfähig, wenn alle Mitglieder ordnungsgemäß geladen sind und mindestens die Hälfte der Mitglieder anwesend ist. ⁵Die Beschlüsse werden in offener Abstimmung mit einfacher Mehrheit gefasst. ⁶Wird einem Beschluss des Schulforums von der für die Entscheidung zuständigen Stelle nicht entsprochen, so ist dies gegenüber dem Schulforum – auf dessen Antrag schriftlich – zu begründen. ⁷Über jede Sitzung ist eine Niederschrift zu erstellen.

(3) Jedes Mitglied hat das Recht, einen Antrag einzubringen, über den zu beraten und zu entscheiden ist.

(4) ¹Die Lehrerkonferenz bestimmt die Amtsdauer der in das Schulforum gewählten Lehrkräfte. ²Elternbeirat, Lehrerkonferenz und Klassensprecherversammlung können für den Fall der Verhinderung eine Regelung zur Vertretung der von ihnen gewählten Mitglieder des Schulforums bzw. der Mitglieder des Schülerausschusses treffen.

(5) ¹Ein Schulforum wird an Förderschulen ab Jahrgangsstufe 5 eingerichtet, in den Fällen des § 8 Abs. 4 Satz 2 allerdings nur, soweit Schülersprecherinnen und -sprecher gewählt wurden. ²An Förderschulen soll bei der Behandlung einzelner Tagesordnungspunkte auch Personal für heilpädagogische Unterrichtshilfe hinzugezogen werden. ³Zur Teilnahme berechtigt sind zudem die ausschließlich an einer allgemeinen Schule mit dem Schulprofil »Inklusion« eingesetzten Lehrkräfte der Förderschule.

§ 18 Verbundausschuss

¹Der Verbundausschuss an Grundschulen und Mittelschulen wird von der Verbundkoordinatorin oder dem Verbundkoordinator einberufen und geleitet. ²Der Verbundausschuss ist vor der Klassenbildung im Schulverbund zu beteiligen. ³Die Verbundkoordinatorin oder der Verbundkoordinator strebt bei der Klassenbildung das Benehmen mit dem Verbundausschuss an.

KAPITEL 6
Einsatz digitaler Hilfsmittel durch Gremien

§ 18a Einsatz digitaler Hilfsmittel

Die Beratung und die Beschlussfassungen schulischer Gremien können durch Einbeziehung digitaler oder fernmündlicher Hilfsmittel organisiert werden, wenn
1. die Wahrnehmung der Rechte aller stimmberechtigter oder beratender Mitglieder gewährleistet ist,
2. sichergestellt ist, dass Dritte vom Inhalt der Sitzung keine Kenntnis nehmen können und
3. das eingesetzte elektronische Verfahren nach Zweck, Umfang und Art den in Anlage 2 Abschnitt 7 geregelten Vorgaben entspricht.

TEIL 3
Allgemeiner Schulbetrieb

§ 19 Stundenplan, Unterrichtszeit, Unterrichtsform

(1) ¹An Grundschulen und Mittelschulen wird der Hauptstundenplan von der Schulleiterin oder vom Schulleiter, der Klassenstundenplan von der Klassenleiterin oder vom Klassenleiter im Einvernehmen mit der Schulleiterin oder dem Schulleiter festgesetzt und der Schulaufsichtsbehörde vorgelegt. ²An den übrigen Schularten wird der Stundenplan von der Schulleiterin oder dem Schulleiter festgesetzt. ³Die Stundenpläne werden den jeweils betroffenen Schülerinnen und Schülern zur Unterrichtung der Erziehungsberechtigten rechtzeitig bekannt gegeben.

(2) ¹Der Unterricht wird in der Regel von Montag bis Freitag erteilt. ²Die Unterrichtszeit wird im Benehmen mit dem Aufgabenträger im Sinne des § 1 Satz 2 SchBefV und dem Schulforum festgesetzt. ³Aus besonderen Gründen und im Einvernehmen mit dem Elternbeirat, dem Schulaufwandsträger sowie dem Aufgabenträger im Sinne des § 1 Satz 2 SchBefV kann bis zu ein Tag im Schuljahr, an dem ein geregelter Unterrichtsbetrieb nicht mehr gesichert ist, für unterrichtsfrei erklärt werden, wenn gleichzeitig festlegt wird, wann der entfallene Unterricht zeitnah nachzuholen ist.

(3) ¹Eine Unterrichtsstunde dauert 45 Minuten. ²Im Rahmen der praktischen und fachpraktischen Ausbildung an beruflichen Schulen kann sie 60 Minuten dauern. ³Ausreichende Pausen sind vorzusehen, über welche die Lehrerkonferenz nach Anhörung des Schulforums entscheidet. ⁴An Förderschulen können im Rahmen der Gesamtunterrichtszeit Abweichungen vorgenommen werden.

(4) ¹Die Durchführung von Distanzunterricht an einer Schule oder in einzelnen Klassen oder Kursen der Schule ist nur zulässig,
1. wenn die zuständigen Behörden zum Schutz von Leben oder Gesundheit
   a) die Schulschließung oder den Ausschluss einzelner Klassen oder Kurse anordnen oder
   b) den Ausschluss einzelner Personen anordnen oder genehmigen,
2. soweit der Präsenzunterricht an Schulen
   a) aufgrund außergewöhnlicher witterungsbedingter Ereignisse ausfällt oder
   b) im Einvernehmen mit der Schulaufsicht wegen sonstiger außergewöhnlicher Ereignisse von vergleichbar schwerem Gewicht ausfällt,
3. sofern einzelne Schulordnungen dies vorsehen.

²Bei Distanzunterricht ist sicherzustellen, dass eine gleichwertige Teilnahmemöglichkeit aller Schülerinnen und Schüler besteht. ³Die Schule legt die im Rahmen des Distanzunterrichts eingesetzten elektronischen Verfahren fest, die nach Zweck, Umfang und Art den in Anlage 2 Abschnitt 4 und 7 geregelten Vorgaben entsprechen müssen.

§ 20 Teilnahme, Befreiung, Beurlaubung

(1) ¹Ist eine Schülerin oder ein Schüler aus zwingenden Gründen verhindert am Unterricht oder an einer sonstigen verbindlichen Schulveranstaltung teilzunehmen, so ist die Schule unverzüglich unter Angabe des Grundes zu verständigen. ²Im Fall fernmündlicher Verständigung ist eine schriftliche Mitteilung innerhalb von zwei Tagen nachzureichen. ³Außerschulische Einrichtungen der praktischen bzw. fachpraktischen Ausbildung sind darüber hinaus in der von der Schule festgelegten Weise zu unterrichten.

(2) ¹Die Schule kann die Vorlage eines ärztlichen Zeugnisses verlangen
1. bei Erkrankung von mehr als drei Unterrichtstagen oder am Tag eines angekündigten Leistungsnachweises oder
2. wenn sich krankheitsbedingte Schulversäumnisse einer Schülerin oder eines Schülers häufen oder Zweifel an der Erkrankung bestehen.

²In den Fällen von Satz 1 Nr. 2 kann die Schule auch die Vorlage eines schulärztlichen Zeugnisses verlangen. ³Ein Zeugnis nach den Sätzen 1 und 2 ist der Schule innerhalb von zehn Tagen, nachdem es verlangt wurde, vorzulegen; wird es nicht oder nicht rechtzeitig vorgelegt, gilt das Fernbleiben als unentschuldigt. ⁴Ein Zeugnis kann in der Regel nur dann als genügender Nachweis für die geltend gemachte Erkrankung anerkannt werden, wenn es auf Feststellungen beruht, die die Ärztin oder der Arzt während der Zeit der Erkrankung getroffen hat.

(3) ¹Schülerinnen und Schüler können auf schriftlichen Antrag in begründeten Ausnahmefällen vom Unterricht in einzelnen Fächern befreit oder vom Schulbesuch beurlaubt werden. ²Es ist ihnen ausreichende Gelegenheit zur Erfüllung ihrer religiösen Pflichten und zur Wahrnehmung religiöser Veranstaltungen auch außerhalb der Schule zu geben.

(4) ¹Beschäftigungsverbote nach dem Mutterschutzgesetz stellen einen zwingenden Beurlaubungsgrund dar, es sei denn, dies widerspricht dem ausdrücklichen Wunsch der volljährigen Schülerin oder der Erziehungsberechtigten und das Beschäftigungsverbot ist verzichtbar. ²Satz 1 gilt entsprechend für die Befreiung vom Unterricht in einzelnen Fächern und für die Teilnahme an Prüfungen. ³Die Sätze 1 und 2 gelten entsprechend für den schulischen Teil der Ausbildung im Rahmen des Berufspraktikums und des sozialpädagogischen Seminars.

§ 21 Schülerfirmen, Betriebspraktika und sonstige Praxismaßnahmen

(1) ¹Minderjährige Schülerinnen und Schüler dürfen nur mit dem schriftlichen Einverständnis ihrer Erziehungsberechtigten an einer Schülerfirma, einem verpflichtenden Betriebspraktikum, der praktischen oder fachpraktischen Ausbildung in außerschulischen Einrichtungen oder sonstigen Praxismaßnahmen teilnehmen. ²Für die Zeit der Teilnahme ist eine Schülerhaftpflichtversicherung abzuschließen, soweit nicht bereits eine mindestens gleichwertige Versicherung besteht. ³Die Schulleiterin oder der Schulleiter oder die von ihnen damit beauftragten Bediensteten schließen die Versicherung im Namen der Erziehungsberechtigten bzw. bei volljährigen Schülerinnen und Schülern in deren Namen ab, welche die Beiträge für die Versicherung zu entrichten haben.

(2) ¹Die Schülerinnen und Schüler haben im Rahmen der praktischen bzw. fachpraktischen Ausbildung das Wohl der zu pflegenden, zu betreuenden oder zu behandelnden Personen besonders zu beachten. ²Die Schülerinnen und Schüler haben Stillschweigen über alle ihnen im Rahmen der Ausbildung zur Kenntnis gelangenden Tatsachen zu wahren, die der Geheimhaltung unterliegen. ³An Beruflichen Oberschulen dürfen sie für die fachpraktische Ausbildung kein Entgelt fordern oder entgegennehmen.

§ 22 Beaufsichtigung

(1) ¹Die Aufsichtspflicht der Schule erstreckt sich auf die Zeit, in der die Schülerinnen und Schüler am Unterricht oder an sonstigen Schulveranstaltungen teilnehmen, einschließlich einer angemessenen Zeit vor Beginn und nach Beendigung des Unterrichts oder der Schulveranstaltungen. ²An Grundschulen sowie Grundschulstufen an Förderschulen gelten als angemessene Zeit vor Beginn des Unterrichts 15 Minuten, als angemessene Zeit nach Beendigung des Unterrichts gilt die Zeit bis zum Verlassen des Schulgeländes. ³Bei Bedarf erfolgt eine Beaufsichtigung an diesen Schulen eine halbe Stunde vor dem regelmäßigen Unterrichtsbeginn.

(2) ¹Der Umfang der Aufsichtspflicht richtet sich nach der geistigen und charakterlichen Reife der zu beaufsichtigenden Schülerinnen und Schüler. ²Schülerinnen und Schülern kann gestattet werden, während der unterrichtsfreien Zeit die Schulanlage zu verlassen, ausgenommen an Grundschulen und Grundschulstufen an Förderschulen. ³Die Grundsätze werden mit dem Schulforum abgestimmt.

(3) ¹Während der Teilnahme an der praktischen und fachpraktischen Ausbildung an beruflichen Schulen obliegt die Aufsicht den Praxisanleiterinnen und -anleitern bzw. den Ausbilderinnen und Ausbildern. ²Deren Anordnungen ist Folge zu leisten. ³Während der Teilnahme am Distanzunterricht außerhalb der Schule verbleibt die Aufsicht bei den Erziehungsberechtigten.

§ 23 Verbot von Rauschmitteln, Sicherstellung von Gegenständen

(1) ¹Der Konsum alkoholischer Getränke und sonstiger Rauschmittel ist Schülerinnen und Schülern innerhalb der Schulanlage sowie bei schulischen Veranstaltungen untersagt. ²Über Ausnahmen vom Verbot des Konsums alkoholischer Getränke ist im Einvernehmen mit dem Schulforum zu entscheiden.

(2) ¹Das Mitbringen und Mitführen von gefährlichen Gegenständen sowie von sonstigen Gegenständen, die den Unterricht oder die Ordnung der Schule stören, ist den Schülerinnen und Schülern untersagt. ²Derartige Gegenstände können weggenommen und sichergestellt werden. ³Die Rückgabe gefährlicher Gegenstände darf bei minderjährigen Schülerinnen und Schülern nur an die Erziehungsberechtigten erfolgen.

§ 24 Erhebungen (vergleiche Art. 85 BayEUG)

(1) ¹Erhebungen einschließlich Umfragen und wissenschaftlichen Untersuchungen sind nur nach Genehmigung der zuständigen Schulaufsichtsbehörde zulässig. ²Die Genehmigung kann erteilt werden, wenn an der Erhebung ein erhebliches pädagogisch-wissenschaftliches Interesse anzuerkennen ist und sich die Belastung der Schulen in zumutbarem Rahmen hält. ³Sind mehrere Schulaufsichtsbehörden betroffen, obliegt die Entscheidung der niedrigsten gemeinsamen Schulaufsichtsbehörde. ⁴Über die Durchführung einer genehmigten Erhebung entscheidet die Schulleiterin oder der Schulleiter im Einvernehmen mit dem Elternbeirat oder – sofern an Schulen ein solcher nicht eingerichtet ist – dem Schülerausschuss, es sei denn, die Schülerinnen und Schüler bzw. die Erziehungsberechtigten sind zur Angabe der Daten verpflichtet. ⁵Über schulinterne Erhebungen entscheidet die Schulleiterin oder der Schulleiter.

(2) Keiner Genehmigung bedürfen Erhebungen der Schulaufsichtsbehörden, des Landesamts für Statistik und des jeweiligen Sachaufwandsträgers im Rahmen seiner schulbezogenen Aufgaben.

(3) Datenschutzrechtliche Bestimmungen bleiben unberührt.

§ 25 Finanzielle Abwicklung sonstiger Schulveranstaltungen

(1) ¹Fallen für die Durchführung von Schulveranstaltungen der Schule Kosten an, die von den Erziehungsberechtigten oder volljährigen Schülerinnen und Schülern zu tragen sind, so können diese Kostenbeiträge auf ein Konto der Schule eingezahlt werden. ²In besonderen Fällen kann eine Zahlung an die Schule auch in bar erfolgen. ³Die Schule hat den Erziehungsberechtigten bzw. volljährigen Schülerinnen und Schülern auf Wunsch des Elternbeirats oder an Schulen, an denen ein solcher nicht eingerichtet ist, des Schülerausschusses über die Verwendung ihrer Kostenbeiträge zu berichten. ⁴Haushaltsmittel dürfen über das Konto nach Satz 1 nicht abgewickelt werden. ⁵Die Verwaltung des Kontos oder der Barbeträge obliegt der Schulleiterin oder dem Schulleiter oder den von ihr bzw. ihm damit beauftragten Bediensteten. ⁶Im Schuljahr findet mindestens eine Kassenprüfung durch einen Kassenprüfungsausschuss statt. ⁷Die Kontounterlagen sind sechs Jahre lang aufzubewahren.

(2) ¹Auch für Schülerfirmen kann ein Konto der Schule eingerichtet werden. ²Hierfür gilt Abs. 1 Satz 4 bis 7 mit der Maßgabe entsprechend, dass die Verwaltung gemeinsam mit einer an der Schülerfirma mitwirkenden Schülerin oder einem an der Schülerfirma mitwirkenden Schüler erfolgt.

(3) ¹Für Gelder im Rahmen der Schülermitverantwortung nach § 10 Abs. 4 Satz 1 sowie für Gelder einer Schülerzeitung nach § 10 Abs. 4 Satz 2, die als Einrichtung der Schule im Rahmen der Schülermitverantwortung erscheint, kann ein Konto der Schule eingerichtet werden. ²Für die Verwaltung und die Führung des Nachweises nach § 10 Abs. 4 Satz 3 gilt Abs. 1 Satz 4 bis 7 mit der Maßgabe entsprechend, dass die Verwaltung gemeinsam mit einer aus der Mitte des Schülerausschusses gewählten Schülersprecherin bzw. einem aus der Mitte des Schülerausschusses gewählten Schülersprecher und die Kassenprüfung gemeinsam mit einem Mitglied der Klassensprecherversammlung erfolgt. ³Im Fall des § 8 Abs. 4 Satz 2 gilt Abs. 1 Satz 5 entsprechend. ⁴Bei getrennter Verwaltung der Gelder der Schülerzeitung tritt an die Stelle der Schülersprecherin bzw. des Schülersprechers ein von der Redaktion der Schülerzeitung gewähltes Mitglied.

§ 26 Sammlungen und Spenden (vergleiche Art. 84 BayEUG)

(1) ¹In der Schule sind Sammlungen für außerschulische Zwecke und die Aufforderung an die Schülerinnen und Schüler, sich an Sammlungen in der Öffentlichkeit zu beteiligen, unzulässig. ²Ausnahmen können im Einvernehmen mit dem Schulforum genehmigt werden. ³Unterrichtszeit darf für Sammlungstätigkeiten nicht verwendet werden.

(2) Spenden der Erziehungsberechtigten sowie der Schülerinnen und Schüler für schulische Zwecke dürfen von der Schulleiterin oder dem Schulleiter und von Lehrkräften und Förderlehrerinnen und Förderlehrern nicht angeregt oder beeinflusst werden.

(3) ¹Wird durch erhebliche Zuwendungen Dritter die Schule bei der Erfüllung ihrer Aufgaben unterstützt oder die Herstellung oder Anschaffung für Erziehung und Unterricht förderlicher Gegenstände ermöglicht, kann auf Antrag der oder des Dritten hierauf in geeigneter Weise hingewiesen werden. ²Unzulässig ist eine über die Nennung der zuwendenden Person oder Einrichtung, der Art und des Umfangs der Zuwendung hinausgehende Produktwerbung. ³Die Entscheidung wird nach Anhörung des Schulforums getroffen.

§ 27 Religiöse Erziehung, Religions- und Ethikunterricht, Islamischer Unterricht

(1) ¹Die Schule unterstützt die Erziehungsberechtigten bei der religiösen Erziehung der Kinder. ²Schulgebet, Schulgottesdienst und Schulandacht sind Möglichkeiten dieser Unterstützung. ³Die Teilnahme der Schülerinnen und Schüler ist zu ermöglichen und zu

§ 27 **BaySchO**

fördern. [4]Die Mitglieder der Schulgemeinschaft sind verpflichtet, die religiösen Empfindungen aller zu achten.

(2) [1]Religionsunterricht ist auch an Berufsfachschulen für Ernährung und Versorgung, für Sozialpflege, für technische Assistenten für Informatik, für Assistenten für Hotel- und Tourismusmanagement sowie für Musik ordentliches Lehrfach. [2]Für den Religionsunterricht ist eine Mindestteilnehmerzahl von fünf Schülerinnen und Schülern erforderlich.

(3) [1]Die Abmeldung vom Religionsunterricht bedarf der Schriftform. [2]Sie muss
1. an allgemein bildenden Schulen, diesen entsprechenden Förderschulen und Wirtschaftsschulen spätestens am letzten Unterrichtstag des Schuljahres mit Wirkung ab dem folgenden Schuljahr und
2. im Übrigen innerhalb der ersten zwei Wochen nach Unterrichtsbeginn ab dem laufenden Schuljahr

erfolgen. [3]Eine spätere Abmeldung ist nur aus wichtigem Grund zulässig. [4]Vom Religionsunterricht abgemeldete Schülerinnen und Schüler nehmen am Ethikunterricht teil, es sei denn, sie sind zum Islamischen Unterricht angemeldet.

(4) [1]Auf schriftlichen Antrag der Erziehungsberechtigten bzw. der volljährigen Schülerinnen und Schüler lässt die Schule Schülerinnen und Schüler, die keiner Religionsgemeinschaft angehören, zur Teilnahme am Religionsunterricht eines Bekenntnisses als Pflichtfach zu, wenn die Religionsgemeinschaft, für deren Bekenntnis der betreffende Religionsunterricht eingerichtet ist, zustimmt und zwingende schulorganisatorische Gründe nicht entgegenstehen. [2]Dies gilt entsprechend für Schülerinnen und Schüler, für deren Religionsgemeinschaft Religionsunterricht als ordentliches Lehrfach für die betreffende Schulart an öffentlichen Schulen in Bayern nicht eingerichtet ist; in diesem Fall ist dem Antrag die Zustimmung dieser Religionsgemeinschaft beizufügen. [3]Für den Zeitpunkt des Antrags und für die Abmeldung gilt Abs. 3 entsprechend.

(5) [1]Treten Schülerinnen und Schüler während des Schuljahres aus dem Religionsunterricht aus, so haben sie binnen angemessener Frist eine Prüfung über den bis zum Zeitpunkt des Austritts im Unterrichtsfach Ethik behandelten Stoff des Schuljahres abzulegen. [2]Erfolgt der Austritt während der letzten drei Monate des Schuljahres, so ist die Prüfung spätestens in der ersten Unterrichtswoche des folgenden Schuljahres abzulegen. [3]Ihr Ergebnis gilt als Jahresfortgangsnote im Fach Ethik.

(6) [1]In den Jahrgangsstufen 12 und 13 an Gymnasien sowie in den Jahrgangsstufen 12 und 13 der Beruflichen Oberschule gilt Abs. 5 mit der Maßgabe, dass an die Stelle des Schuljahres der Ausbildungsabschnitt tritt. [2]Die Prüfung ist innerhalb von sechs Wochen abzulegen. [3]Bei Austritt während der letzten vier Wochen des Ausbildungsabschnitts 12/2 ist die Prüfung spätestens in der ersten Unterrichtswoche des folgenden Ausbildungsabschnitts abzulegen.

(7) Für den Ethikunterricht gilt Abs. 2 Satz 2, bei Wiedereintritt in den Religionsunterricht gelten darüber hinaus die Abs. 5 und 6 entsprechend.

(8) [1]Für die Anmeldung zum Fach Islamischer Unterricht gelten die Abs. 3 und 5 entsprechend. [2]Die Mindestteilnehmerzahlen hierfür legt das Staatsministerium fest. [3]Islamischer Unterricht kann nur eingerichtet werden, wo auch Ethikunterricht eingerichtet ist.

(9) Die Abs. 2 bis 5, 7 und 8 gelten an Berufsfachschulen für Kinderpflege für das Fach Religionslehre und Religionspädagogik und, soweit es sich um öffentliche Schulen handelt, darüber hinaus für die Fächer Ethik und ethische Erziehung sowie Islamischer Unterricht und Religionspädagogik entsprechend.

BaySchO §§ 28 bis 31

§ 28 Hausaufgaben

(1) ¹Um den Lehrstoff einzuüben und die Schülerinnen und Schüler zu eigener Tätigkeit anzuregen, werden Hausaufgaben gestellt, die bei durchschnittlichem Leistungsvermögen in angemessener Zeit unter Berücksichtigung der Anforderungen des Nachmittagsunterrichts sowie der Inanspruchnahme durch die praktische Ausbildung an beruflichen Schulen bearbeitet werden können. ²Die Lehrerkonferenz legt vor Unterrichtsbeginn des Schuljahres die Grundsätze für die Hausaufgaben fest. ³Sonntage, Feiertage und Ferien sind von Hausaufgaben freizuhalten.

(2) ¹An Grundschulen und Grundschulstufen der Förderschulen gilt eine Zeit von bis zu einer Stunde als angemessen. ²An Förderschulen ist auch die individuelle Leistungsfähigkeit der einzelnen Schülerin oder des einzelnen Schülers zu berücksichtigen. ³An Tagen mit verpflichtendem Nachmittagsunterricht werden an Grundschulen und Förderschulen keine schriftlichen Hausaufgaben für den nächsten Tag gestellt; hiervon kann im Einvernehmen mit dem Elternbeirat abgewichen werden.

§ 29 Schülerinnen und Schüler ohne ständigen festen Aufenthalt

Vollzeitschulpflichtige Kinder von beruflich Reisenden und von Personen ohne ständigen festen Aufenthalt führen ein Schultagebuch mit sich, in das die Zeit des Schulbesuchs und die behandelten Lernziele und Lerninhalte von der jeweils besuchten Schule eingetragen werden.

§ 30 Beendigung des Schulbesuchs

(1) ¹Die Erklärung über den Schulaustritt nach Art. 55 BayEUG bedarf der Schriftform. ²Sie erfolgt nach Eintritt der Volljährigkeit durch die Schülerin oder den Schüler selbst, im Übrigen durch einen Erziehungsberechtigten.

(2) ¹Der Austritt lässt das einmal erworbene Recht zum Vorrücken unberührt. ²Ein späterer Eintritt in die nächsthöhere Jahrgangsstufe ist nur unter entsprechender Beachtung der Bestimmungen über die Altersgrenze möglich. ³Dies gilt mit Ausnahme der Wirtschaftsschulen nicht für berufliche Schulen.

(3) Bei den Schülerinnen und Schülern öffentlicher Heimschulen, die nicht als Externe aufgenommen sind, endet der Schulbesuch unbeschadet des Art. 55 BayEUG mit der Beendigung ihrer Zugehörigkeit zum Heim, es sei denn, die Schulleiterin oder der Schulleiter gestattet die Fortsetzung des Schulverhältnisses.

(4) Die Leitung der zuletzt besuchten Schule hat die Erfüllung der Schulpflicht zu überprüfen und bei Vorliegen der Vollzeitschulpflicht das zuständige Staatliche Schulamt, bei Vorliegen der Berufsschulpflicht die zuständige oder nächstgelegene Berufsschule zu verständigen.

TEIL 4
Individuelle Unterstützung, Nachteilsausgleich und Notenschutz

§ 31 Grundsatz

¹Individuelle Unterstützung, Nachteilsausgleich und Notenschutz dienen dazu, die Schülerinnen und Schüler mit Beeinträchtigungen in ihrer schulischen Entwicklung zu fördern, und sollen diese darin unterstützen, allgemein bildende und berufsbildende Abschlüsse zu erreichen. ²Die konkreten Maßnahmen im Einzelfall richten sich nach der Eigenart und Schwere der jeweiligen Beeinträchtigung.

§ 32 Individuelle Unterstützung

(1) ¹Individuelle Unterstützung wird durch pädagogische, didaktisch-methodische und schulorganisatorische Maßnahmen sowie die Verwendung technischer Hilfen gewährt, soweit nicht die Leistungsfeststellung berührt wird. ²Sie ist insbesondere bei Entwicklungsstörungen in Bezug auf schulische Fertigkeiten, Behinderungen sowie in allen sonderpädagogischen Förderschwerpunkten und bei chronischer und anderer schwerer Erkrankung möglich.

(2) Zulässig ist es insbesondere
1. besondere Arbeitsmittel zuzulassen oder bereitzustellen,
2. geeignete Räumlichkeiten auszuwählen und auszustatten,
3. Pausenregelungen individuell für die Betroffenen zu gestalten,
4. Hand- und Lautzeichen sowie feste Symbole einzusetzen,
5. Arbeitsanweisungen den Betroffenen individuell zu erläutern,
6. bei den Hausaufgaben unter Berücksichtigung der schulartspezifischen Anforderung zu differenzieren und
7. verstärkt Formen der Visualisierung und Verbalisierung zu nutzen.

§ 33 Nachteilsausgleich

(1) ¹Nachteilsausgleich im Sinne des Art. 52 Abs. 5 Satz 1 BayEUG muss die für alle Prüflinge geltenden wesentlichen Leistungsanforderungen wahren, die sich aus den allgemeinen Lernzielen und zu erwerbenden Kompetenzen der jeweils besuchten Schulart und Jahrgangsstufe ergeben, und ist auf die Leistungsfeststellung begrenzt. ²An beruflichen Schulen kann ein Nachteilsausgleich nicht gewährt werden, soweit ein Leistungsnachweis in einem sachlichen Zusammenhang mit der durch die Prüfung zu ermittelnden Eignung für einen bestimmten Beruf oder eine bestimmte Ausbildung steht.

(2) ¹Nachteilsausgleich kann nur Schülerinnen oder Schülern gewährt werden, die nach den lehrplanmäßigen Anforderungen einer allgemein bildenden oder beruflichen Schule unterrichtet werden. ²Bei nicht dauernd vorliegenden Beeinträchtigungen, insbesondere vorübergehender Krankheit, sind Schülerinnen und Schüler regelmäßig auf einen Nachtermin zu verweisen.

(3) ¹Zulässig ist es insbesondere
1. die Arbeitszeit um bis zu ein Viertel, in Ausnahmefällen bis zur Hälfte der normalen Arbeitszeit zu verlängern,
2. methodisch-didaktische Hilfen einschließlich Strukturierungshilfen einzusetzen, einzelne schriftliche Aufgabenstellungen zusätzlich vorzulesen und die Aufgaben differenziert zu stellen und zu gestalten,
3. einzelne mündliche durch schriftliche Leistungsfeststellungen und umgekehrt zu ersetzen, mündliche Prüfungsteile durch schriftliche Ausarbeitungen zu ergänzen sowie mündliche und schriftliche Arbeitsformen individuell zu gewichten, sofern keine bestimmte Form der Leistungserhebung und Gewichtung in den Schulordnungen vorgegeben ist,
4. praktische Leistungsnachweise entsprechend der Beeinträchtigung auszuwählen,
5. spezielle Arbeitsmittel zuzulassen,
6. Leistungsnachweise und Prüfungen in gesonderten Räumen abzuhalten,
7. zusätzliche Pausen zu gewähren,
8. größere Exaktheitstoleranz, beispielsweise in Geometrie, beim Schriftbild oder in zeichnerischen Aufgabenstellungen, zu gewähren,
9. in Fällen besonders schwerer Beeinträchtigung eine Schreibkraft zuzulassen sowie
10. bestimmte Formen der Unterstützung, die der Schülerin oder dem Schüler durch eine Begleitperson gewährt werden, zuzulassen.

²In den Fällen der Nrn. 9 und 10 gilt eine inhaltliche Unterstützung als Unterschleif.

(4) *(aufgehoben)*

§ 34 Notenschutz

(1) ¹Notenschutz wird ausschließlich bei den in den Abs. 2 bis 7 genannten Beeinträchtigungen und Formen und nur unter den weiteren Voraussetzungen des Art. 52 Abs. 5 Satz 2 bis 4 BayEUG gewährt. ²Er erstreckt sich auf die Bewertung von einzelnen Leistungsnachweisen, die Bildung von Noten in Zeugnissen, die Bewertung der Leistungen in Abschlussprüfungen und die Festsetzung der Gesamtnote. ³§ 33 Abs. 2 gilt entsprechend.

(2) Bei körperlich-motorischer Beeinträchtigung ist es zulässig,
1. in allen Fächern auf Prüfungsteile, die auf Grund der Beeinträchtigung nicht erbracht werden können, und
2. an beruflichen Schulen auf die Bewertung der Anschlag- und Schreibgeschwindigkeit
zu verzichten.

(3) Bei Mutismus und vergleichbarer Sprachbehinderung sowie Autismus mit kommunikativer Sprachstörung ist es zulässig, in allen Fächern auf mündliche Leistungen oder Prüfungsteile, die ein Sprechen voraussetzen, zu verzichten.

(4) ¹Bei Hörschädigung ist es zulässig,
1. auf mündliche Präsentationen zu verzichten oder diese geringer zu gewichten,
2. auf die Bewertung des Diktats sowie der Rechtschreibung und der Grammatik zu verzichten, soweit sie bei Leistungsnachweisen Bewertungsgegenstand sind,
3. bei Fremdsprachen auf Prüfungen zum Hörverstehen und zur Sprechfertigkeit zu verzichten und
4. in musischen Fächern auf Prüfungsteile, die ein Hören voraussetzen, zu verzichten.
²Sofern Lehrkräfte mit Gebärdensprachkompetenz oder Gebärdensprachdolmetscher einbezogen sind, ist es außerdem zulässig,
1. dass sie bei schriftlichen Arbeiten Aufgabentexte gebärden und
2. dass die Betroffenen vollständig oder überwiegend mündlichen Beitrag durch Gebärdensprache erbringen.
³Abs. 3 bleibt unberührt.

(5) Bei Blindheit oder sonstiger Sehschädigung ist es zulässig, in allen Fächern auf Prüfungsteile, die ein Sehen voraussetzen, zu verzichten.

(6) Bei Lesestörung ist es zulässig, in den Fächern Deutsch, Deutsch als Zweitsprache und in Fremdsprachen auf die Bewertung des Vorlesens zu verzichten.

(7) Bei Rechtschreibstörung ist es zulässig,
1. auf die Bewertung der Rechtschreibleistung zu verzichten und
2. in den Fremdsprachen mit Ausnahme der Abschlussprüfungen abweichend von den Schulordnungen mündliche Leistungen stärker zu gewichten.

§ 35 Zuständigkeit

(1) Individuelle Unterstützung gewährt die Lehrkraft.

(2) ¹Nachteilsausgleich oder Notenschutz bei Lese-Rechtschreib-Störung gewähren die Schulleiterinnen und Schulleiter. ²In den übrigen Fällen sind zuständig:
1. bei Grundschulen und Mittelschulen, Förderzentren sowie Berufsschulen zur sonderpädagogischen Förderung und Schulen für Kranke, die Schülerinnen und Schüler der genannten Schularten unterrichten, die Schulleiterin oder der Schulleiter bzw. die für die Prüfung eingesetzte Kommission,
2. bei Realschulen und Gymnasien, sonstigen beruflichen Schulen sowie den entsprechenden Schulen zur sonderpädagogischen Förderung und Schulen für Kranke, die Schülerinnen und Schüler der genannten Schularten unterrichten, die Schulaufsicht für die jeweilige Schulart.

§ 36 Verfahren

(1) ¹Individuelle Unterstützung wird im Rahmen des pädagogischen und organisatorischen Ermessens gewährt. ²Die Erziehungsberechtigten sind angemessen einzubinden.

(2) ¹Nachteilsausgleich und Notenschutz setzen einen schriftlichen Antrag und die Vorlage eines fachärztlichen Zeugnisses bei der Schule über Art, Umfang und Dauer der Beeinträchtigung oder der chronischen Erkrankung durch die Erziehungsberechtigten bzw. volljährigen Schülerinnen und Schüler voraus. ²Wenn begründete Zweifel an der Beeinträchtigung bestehen, kann zusätzlich die Vorlage eines amtsärztlichen Zeugnisses verlangt werden. ³Abweichend von Satz 1 ist die Vorlage eines Schwerbehindertenausweises einschließlich der zugrunde liegenden Bescheide, von Bescheiden der Eingliederungshilfe, förderdiagnostischen Berichten oder sonderpädagogischen Gutachten ausreichend, wenn aus ihnen Art, Umfang und Dauer der Beeinträchtigung hervorgehen. ⁴Für den Nachweis einer Lese-Rechtschreib-Störung ist abweichend von Satz 1 die Vorlage einer schulpsychologischen Stellungnahme stets erforderlich und ausreichend.

(3) ¹Nachteilsausgleich kann bei offensichtlichen Beeinträchtigungen auch ohne Antrag oder Vorlage eines ärztlichen Zeugnisses gewährt werden. ²Die Erziehungsberechtigten bzw. die volljährige Schülerin oder der volljährige Schüler werden über die beabsichtigte Maßnahme informiert und können widersprechen.

(4) ¹Die Erziehungsberechtigten oder volljährigen Schülerinnen und Schüler können schriftlich beantragen, dass ein bewilligter Nachteilsausgleich oder Notenschutz nicht mehr gewährt wird. ²Ein Verzicht auf Notenschutz ist spätestens innerhalb der ersten Woche nach Unterrichtsbeginn zu erklären.

(5) Bei der Prüfung der Erforderlichkeit, des Umfangs, der Dauer und der Form des Nachteilsausgleichs oder eines etwaigen Notenschutzes können je nach Einschränkung und bei Bedarf die unterrichtenden Lehrkräfte, die Lehrkräfte der Mobilen Sonderpädagogischen Dienste oder Lehrkräfte für Sonderpädagogik nach Art. 30b Abs. 4 Satz 3 BayEUG, Beratungslehrkräfte, Schulpsychologinnen bzw. Schulpsychologen oder Lehrkräfte der zuvor besuchten Schule für Kranke sowie ärztliche Stellungnahmen oder solche der Jugendhilfe einbezogen werden.

(6) Nach einem Schulwechsel prüft die aufnehmende Schule in eigener Verantwortung, welche Formen der individuellen Unterstützung, des Nachteilsausgleichs oder Notenschutzes zu gewähren sind.

(7) ¹Der Nachteilsausgleich wird nicht im Zeugnis aufgeführt. ²Bei einem auch nur für Teile des Zeugniszeitraums gewährten Notenschutz ist ein Hinweis in die Zeugnisbemerkung aufzunehmen, der die nicht erbrachte oder nicht bewertete fachliche Leistung benennt. ³Dies gilt auch für Zeugnisse, in denen Leistungen von Fächern aus früheren Jahrgangsstufen einbezogen werden. ⁴Ein Hinweis auf die Beeinträchtigung, die chronische Erkrankung oder den sonderpädagogischen Förderbedarf unterbleibt.

TEIL 5
Schülerunterlagen
(vergleiche Art. 85 Abs. 1a BayEUG)

§ 37 Schülerunterlagen

¹Die Schülerunterlagen umfassen die für das Schulverhältnis jeder Schülerin und jedes Schülers wesentlichen Unterlagen. ²Zu den Schülerunterlagen gehören
1. die in Papierform zu führende Schülerakte, welche je nach Schulart folgende Unterlagen enthält:
   a) das Schülerstammblatt, welches Angaben über die Schülerin oder den Schüler, die Erziehungsberechtigten, die Personen, welchen die Erziehung anvertraut ist,

BaySchO § 38

die Berufsausbildung und die Schullaufbahn enthält, nach dem vom Staatsministerium herausgegebenen Muster,
b) die Abschlusszeugnisse oder – soweit kein Abschluss erzielt wurde – die diese ersetzenden Zeugnisse in Abschrift,
c) die Zeugnisse, die wichtige schulische Berechtigungen verleihen, in Abschrift,
d) die Urkunden, die zum Führen einer Berufsbezeichnung berechtigen, in Abschrift,
e) die sonstigen Zeugnisse in Abschrift und Übertrittszeugnisse in Abschrift oder im Original,
f) den Schullaufbahnbogen, in welchen die für den schulischen Bildungsweg wesentlichen Feststellungen, Beobachtungen und Empfehlungen aufgenommen werden, einschließlich einer Übersicht über die ausgesprochenen Ordnungsmaßnahmen nach Art. 86 Abs. 2 Nr. 6 bis 12 BayEUG, nach dem vom Staatsministerium herausgegebenen Muster,
g) die Notenbögen, in welche insbesondere die Ergebnisse der schriftlichen, mündlichen und praktischen Leistungsnachweise der einzelnen Schülerin oder des einzelnen Schülers sowie damit zusammenhängende Bemerkungen aufgenommen werden,
h) die Zwischenberichte, soweit diese nach den Vorschriften der Schulordnungen die Halbjahreszeugnisse ersetzen,
i) die schriftlichen Angaben über bereits erfolgte Maßnahmen und diagnostische Grundlagen bei Schülerinnen und Schülern mit besonderem Förderbedarf sowie Unterlagen zum Nachteilsausgleich und Notenschutz,
k) die schriftlichen Stellungnahmen zum sonderpädagogischen Förderbedarf, insbesondere das sonderpädagogische Gutachten und den förderdiagnostischen Bericht,
l) die Förderpläne,
m) die schriftlichen Äußerungen der beruflichen Ausbildungseinrichtungen über Leistung und Verhalten der Schülerin oder des Schülers in Form eines Abschlussberichts,
n) die Schülerlisten an Grundschulen und Mittelschulen,
o) Unterlagen, die die Schulgesundheitspflege gemäß Art. 80 BayEUG betreffen,
p) alle sonstigen schriftlichen, die einzelne Schülerin oder den einzelnen Schüler betreffenden wesentlichen Vorgänge, die zur nachvollziehbaren und transparenten Dokumentation der Schullaufbahn zwingend notwendig sind, und
2. die Leistungsnachweise, welche sich zusammensetzen aus
a) den schriftlichen Leistungsnachweisen einschließlich der Abschlussprüfungen, der besonderen Leistungsfeststellung an der Mittelschule, Orientierungsarbeiten, Vergleichsarbeiten, Seminararbeiten, Praktikumsberichte und Grundwissens- und Jahrgangsstufentests und
b) den praktischen Leistungsnachweisen, insbesondere Werkstücken und Zeichnungen.
³Schülerunterlagen, welche der Schweigepflicht unterliegen, verbleiben bei den jeweiligen Schweigeverpflichteten; die Verpflichtung zur Wahrung der in § 203 Abs. 1 des Strafgesetzbuchs genannten Geheimnisse bleibt unberührt.

§ 38 Verwendung

(1) Die Schülerunterlagen dürfen ohne Einwilligung nur verwendet werden, soweit dies zur Erfüllung der den Schulen durch Rechtsvorschriften zugewiesenen Aufgaben erforderlich ist.

(2) ¹Der Zugriff auf die Schülerunterlagen ist jeweils auf den konkreten Einzelfall zu beschränken. ²Zugriff dürfen insbesondere erhalten:

1. Lehrkräfte für die jeweils von ihnen unterrichteten Schülerinnen und Schüler, soweit dies zur Erfüllung ihrer Aufgaben erforderlich ist,
2. die Schulleitung, soweit dies zur Erfüllung ihrer pädagogischen, organisatorischen und rechtlichen Aufgaben erforderlich ist,
3. Beratungslehrkräfte und Schulpsychologen, soweit dies zur Erfüllung ihrer pädagogisch-psychologischen und rechtlichen Aufgaben im Rahmen der Schulberatung erforderlich ist.

³Nach Beendigung des Schulbesuchs darf Zugriff auf die Schülerunterlagen nur die Schulleitung im konkreten Einzelfall erhalten, soweit dies zur Erfüllung ihrer rechtlichen Aufgaben erforderlich ist oder die Betroffenen eingewilligt haben.

(3) Die Einwilligung ist von der volljährigen Schülerin oder dem volljährigen Schüler, bei minderjährigen Schülerinnen und Schülern von deren Erziehungsberechtigten sowie – ab Vollendung des 14. Lebensjahres – zusätzlich von der Schülerin oder dem Schüler schriftlich zu erteilen und muss sich auf einen konkret benannten Zweck, wie etwa den Nachweis beruflicher Qualifikationen oder die Belegung sozialversicherungsrechtlicher Ansprüche, beziehen.

§ 39 Weitergabe

(1) ¹Bei einem Schulwechsel zwischen öffentlichen Schulen sind das Schülerstammblatt sowie der Schullaufbahnbogen im Original weiterzugeben. ²Bei dem Übertritt von der Grundschule an die weiterführende Schule ist das Jahreszeugnis der Jahrgangsstufe 4 weiterzugeben. ³Weitere Schülerunterlagen sind im Original oder – soweit nicht mehr im Original vorhanden – als Abschrift weiterzugeben, soweit diese für die weitere Schulausbildung erforderlich sind. ⁴Ein sonderpädagogisches Gutachten der Förderschule oder ein förderdiagnostischer Bericht wird nur mit Einwilligung weitergegeben oder sofern eine erhebliche Beeinträchtigung von Mitgliedern der Schulgemeinschaft (Art. 41 Abs. 5 Nr. 2 BayEUG) zu besorgen ist. ⁵An der abgebenden Schule verbleiben Abschriften der Schülerunterlagen nach Satz 1.

(2) ¹Bei einem Schulwechsel an eine staatlich anerkannte Ersatzschule sind das Schülerstammblatt und der Schullaufbahnbogen als Abschrift weiterzugeben, andere Schülerunterlagen dürfen nur mit Einwilligung in Abschrift weitergegeben werden. ²Bei einem Schulwechsel an andere Schulen dürfen Schülerunterlagen nur mit Einwilligung in Abschrift weitergegeben werden.

(3) Eine Weitergabe von Schülerunterlagen an andere Stellen ist nicht ohne Einwilligung zulässig; Art. 85 BayEUG bleibt unberührt.

(4) § 38 Abs. 3 gilt entsprechend.

§ 40 Aufbewahrung

¹Die Aufbewahrungsfrist beträgt für Schülerunterlagen nach
1. § 37 Satz 2 Nr. 1 Buchst. a bis d 50 Jahre,
2. § 37 Satz 2 Nr. 1 Buchst. e bis p ein Jahr und
3. § 37 Satz 2 Nr. 2 zwei Jahre.

²Die Fristen des Satzes 1 Nr. 1 und 2 beginnen mit Ablauf desjenigen Schuljahres, in dem die Schülerin oder der Schüler die Schule verlässt, die Frist des Satzes 1 Nr. 3 beginnt mit Ablauf des Schuljahres, in dem die Leistungsnachweise angefertigt wurden. ³Schülerunterlagen nach § 37 Satz 2 Nr. 2 Buchst. b sollen abweichend von Satz 1 Nr. 3 nach der Bewertung an die Schülerinnen und Schüler zurückgegeben werden, Schülerunterlagen im Rahmen von Abschlussprüfungen oder vergleichbaren Prüfungen nicht vor deren Rechts- oder Bestandskraft. ⁴Abweichend von Satz 1 können die Unterlagen länger aufbewahrt werden, sofern dies im Einzelfall erforderlich ist,
1. um die den Schulen durch Rechtsvorschriften zugewiesenen Aufgaben zu erfüllen,

2. bei staatlichen Schulen außerdem zum Zweck der vollständigen Übergabe der Schülerunterlagen an das Staatsarchiv.
⁵Die Gründe gemäß Satz 4 sind nachvollziehbar zu dokumentieren.

§ 41 Einsichtnahme

(1) Ein Recht auf Einsicht in die eigene Schülerakte nach § 37 Satz 2 Nr. 1 sowie – nach Abschluss des Aufnahmeverfahrens, der Abschlussprüfung oder anderer schulischer Leistungsfeststellungen – in die Leistungsnachweise nach § 37 Satz 2 Nr. 2 haben
1. die jeweiligen Schülerinnen und Schüler ab Vollendung des 14. Lebensjahres, auch wenn sie die Schule verlassen haben,
2. die Erziehungsberechtigten der jeweiligen Schülerinnen und Schüler und
3. die früheren Erziehungsberechtigten bei Schülerinnen und Schülern bis zur Vollendung des 21. Lebensjahres, soweit Vorschriften des Bayerischen Gesetzes über das Erziehungs- und Unterrichtswesen oder der Schulordnungen ihre Unterrichtung vorschreiben.

(2) ¹Die Einsichtnahme ist unzulässig, soweit Daten der betreffenden Schülerinnen und Schüler mit Daten Dritter derart verbunden sind, dass eine Trennung nicht oder nur mit unverhältnismäßig hohem Aufwand möglich ist. ²Insoweit ist den Berechtigten über die zu den betreffenden Schülerinnen und Schülern vorhandenen Daten Auskunft zu erteilen. ³Die Einsichtnahme und die Auskunft können eingeschränkt oder versagt werden, wenn dies zum Schutz der betreffenden aktuellen bzw. ehemaligen Schülerinnen und Schüler oder der aktuellen bzw. früheren Erziehungsberechtigten erforderlich ist.

(3) Andere ein Recht auf Einsicht oder Auskunft gewährende Vorschriften bleiben unberührt.

§ 42 Auflösung, Zusammenlegung oder Teilung einer Schule

Im Fall der Auflösung, Zusammenlegung oder Teilung einer Schule bestimmt die Schulaufsichtsbehörde den Ort der weiteren Aufbewahrung der Schülerunterlagen nach Maßgabe des § 40.

TEIL 6
Mobile Sonderpädagogische Dienste

§ 43 Mobile Sonderpädagogische Dienste
(Art. 2, Art. 21, Art. 30b BayEUG)

(1) ¹Mobile Sonderpädagogische Dienste in den verschiedenen Fachrichtungen unterstützen die Schulen auf deren Anforderung. ²Sie haben insbesondere folgende Aufgaben:
1. Beratung und Unterstützung von Lehrkräften und Schulleitung der allgemeinen Schulen in Fragen der Unterrichtung von Schülerinnen und Schülern mit sonderpädagogischem Förderbedarf sowie der inklusiven Schulentwicklung
2. Feststellung des sonderpädagogischen Förderbedarfs
3. Erstellung des Förderdiagnostischen Berichts
4. Unterstützung, Förderung und Begleitung von Schülerinnen und Schüler mit sonderpädagogischem Förderbedarf, auch im Wechsel zwischen Schularten und Förderschwerpunkten
5. Mitwirkung
   a) bei der Förderplanung,
   b) bei der Entscheidung über die Zurückstellung (Art. 41 Abs. 7 BayEUG) und

c) an Mittelschulen und Berufsschulen bei individuellen Abschlusszeugnissen und Empfehlungen zum Übergang von der Schule in den Beruf.

(2) ¹Der Förderdiagnostische Bericht enthält eine Aussage zum sonderpädagogischen Förderbedarf und benennt im Einvernehmen mit der Schulleiterin o-der dem Schulleiter der allgemeinen Schule entsprechende Fördermaßnahmen unter Berücksichtigung der Möglichkeiten vor Ort. ²Lehrkräfte und Erziehungsberechtigte oder volljährige Schülerinnen und Schüler werden bei der Erstellung mit einbezogen.

(3) ¹Über den Einsatz von standardisierten, diagnostischen Testverfahren sollen die Erziehungsberechtigten im Rahmen einer vertrauensvollen Zusammenarbeit mit dem Mobilen Sonderpädagogischen Dienst vorab informiert werden; Intelligenztests bedürfen der Zustimmung der volljährigen Schülerinnen oder Schüler oder der Erziehungsberechtigten. ²Diese erhalten Gelegenheit zur Information und Erörterung der Ergebnisse der Testverfahren, der sonstigen Beobachtungen des Mobilen Sonderpädagogischen Dienstes sowie des Förderdiagnostischen Berichts.

(4) ¹Im Rahmen der Berufsorientierung an allgemeinbildenden Schulen kann bei Bedarf auf Anforderung der allgemeinen Schule mit Zustimmung der Erziehungsberechtigten oder der volljährigen Schülerinnen oder Schüler ein Förderdiagnostischer Bericht zum Übergang Schule – Beruf erstellt werden. ²Der Förderdiagnostische Bericht wird den Erziehungsberechtigten oder der volljährigen Schülerin oder dem volljährigen Schüler zur weiteren Verwendung übergeben.

(5) ¹Für die an allgemeinen Schulen gemäß Art. 30b Abs. 4 Satz 1 BayEUG abgeordneten Lehrkräfte gelten Abs. 1 Satz 2 Nr. 2 und 3 und Abs. 2 bis 4 entsprechend. ²Der Förderdiagnostische Bericht wird in diesem Fall von diesen Lehrkräften zusätzlich im Einvernehmen mit der Schulleiterin oder dem Schulleiter der Stammschule erstellt.

TEIL 7
Schulaufsicht

§ 44 Schulaufsicht
(vergleiche Art. 111 bis 117 BayEUG)

(1) ¹Im Bereich der Grundschulen und Mittelschulen ist die rechtliche Leitung des Staatlichen Schulamts zuständig für Angelegenheiten vorwiegend rechtlicher Natur, bei deren Erledigung der Hauptzweck in der Gestaltung oder Feststellung von Rechtsbeziehungen besteht, wie etwa Rechtsbehelfsverfahren, Verwaltungszwangs- und Ordnungswidrigkeitsverfahren oder dem Vollzug sicherheits- und gesundheitsrechtlicher Vorschriften. ²Die fachliche Leitung ist zuständig für Angelegenheiten vorwiegend fachlicher Natur, welche nicht unter Satz 1 fallen. ³Jede Leitung erledigt die zu dem Aufgabenbereich gehörenden Angelegenheiten grundsätzlich in eigener Verantwortung und ist befugt, im Rahmen des Aufgabenbereichs das Staatliche Schulamt nach außen zu vertreten. ⁴Die Leitungen sind zur vertrauensvollen Zusammenarbeit verpflichtet und unterstützen sich bei der Erfüllung ihrer Aufgaben. ⁵Betrifft eine Angelegenheit beide Aufgabenbereiche, sollen Entscheidungen einvernehmlich getroffen werden. ⁶Kommt eine Einigung nicht zustande, ist die Angelegenheit der Regierung vorzulegen. ⁷Als Stellvertreter der fachlichen Leitung bestellt die Regierung eine Schulrätin oder einen Schulrat des betroffenen Staatlichen Schulamts.

(2) ¹Im Bereich der Realschulen, Gymnasien und der beruflichen Oberschulen einschließlich der entsprechenden Schulen zur sonderpädagogischen Förderung, der Abendrealschulen, Abendgymnasien sowie Kollegs werden nach Maßgabe der Schulordnungen und besonderer Dienstanweisungen besondere Beauftragte (Ministerialbeauftragte) mit der Wahrnehmung bestimmter Aufgaben im Namen des

BaySchO §§ 45 bis 46a

Staatsministeriums betraut. ²Zu den Aufgaben der Ministerialbeauftragten zählt es insbesondere
1. die Schule bei der Erfüllung ihrer Aufgaben zu beraten und zu unterstützen, deren Eigenverantwortung zu stärken und in Konfliktfällen angerufen werden zu können,
2. über Aufsichtsbeschwerden zu entscheiden, soweit ihnen die Schule nicht abgeholfen hat, und
3. die Aufgaben der Schulaufsichtsbehörde nach Art. 58 Abs. 5 BayEUG sowie nach § 11 Abs. 1 bis 3 wahrzunehmen.

§ 45 Härtefallklausel

Das Staatsministerium oder die vom ihm beauftragte Stelle kann von einzelnen Bestimmungen der Schulordnungen Ausnahmen gewähren, wenn die Anwendung der Bestimmung im Einzelfall zu einer unbilligen Härte führen würde und die Abweichung auch unter dem Gesichtspunkt der Gleichbehandlung unbedenklich erscheint.

Teil 8 Datenschutz

§ 46 Verarbeitungsverfahren
(vergleiche Art. 85 und 89 BayEUG)

(1) ¹Schulen dürfen personenbezogene Daten in Verfahren verarbeiten, die nach Zweck, Umfang und Art den in Anlage 2 geregelten Vorgaben entsprechen. ²Davon unberührt bleiben die Anforderungen aus anderen Gesetzen wie insbesondere der Datenschutz-Grundverordnung und dem Bayerischen Datenschutzgesetz.

(2) Abs. 1 gilt auch für Verfahren, die sich aus mehreren der in Anlage 2 genannten Verfahren zusammensetzen oder sich auf Teile dieser Verfahren beschränken, sofern die für den jeweiligen Verarbeitungszweck vorgesehenen Regelungen der einzelnen Verfahren eingehalten werden.

(3) Für die Verarbeitung von Daten, die in der Schülerakte zu führen sind, oder Daten über Leistungsnachweise gilt § 38 entsprechend.

Teil 9 Schlussbestimmungen

§ 46a Übergangsvorschriften

(1) ¹Schülerunterlagen, welche bis einschließlich zum Schuljahr 2015/16 angelegt wurden, können fortgeführt werden. ²Für diese gelten die §§ 37 bis 42 mit der Maßgabe, dass der Schülerbogen nach der Bekanntmachung des Bayerischen Staatsministeriums für Unterricht und Kultus über den Schülerbogen (§ 24 Allgemeine Schulordnung) das Schülerstammblatt und den Schullaufbahnbogen ersetzt und sich die Aufbewahrung des Schülerbogens nach der des Schülerstammblattes bestimmt.

(2) Abweichend von § 1 gilt diese Verordnung mit Ausnahme von Abs. 1, § 6 Abs. 3 Satz 1, § 17 Abs. 2 Satz 1, 2 und 6 und Abs. 3, § 18a, § 19 Abs. 2 Satz 3 und Abs. 4, § 20 Abs. 4, § 22 Abs. 3 Satz 3, den Teilen 4 bis 6 und 8, § 46a Abs. 4 und § 46b bis 31. Juli 2023 nur für die Schularten nach Art. 6 Abs. 2 Nr. 1 und 2 Buchst. a und c bis f BayEUG sowie für die Berufsfachschulen für Krankenpflege, Kinderkrankenpflege, Krankenpflegehilfe, Altenpflege, Altenpflegehilfe, Hebammen, Notfallsanitäter und Pflege, Anästhesietechnische Assistentinnen und Assistenten, Operationstechnische Assistentinnen und Assistenten, Ergotherapie, Physiotherapie, Logopädie, Massage, Orthoptik, Podologie, Technische Assistentinnen und Assistenten in der Medizin, Diätassistentinnen und Diätassistenten und Pharmazeutisch-technische Assistentinnen und Assistenten.

(3) Auf Schülerinnen und Schüler des achtjährigen Gymnasiums findet § 27 Abs. 6 in der am 31. Juli 2018 geltenden Fassung weiter Anwendung.
(4) Eine Wiederholung der Schuljahre 2019/2020, 2020/2021 und 2021/2022 wird nicht auf die Höchstausbildungsdauer angerechnet.

§ 46b Sonderregelungen für die Corona-Pandemie

(1) ¹Solange nach § 5 des Infektionsschutzgesetzes (IfSG) eine epidemische Lage von nationaler Tragweite festgestellt ist, in Bayern der coronabedingte Katastrophenfall besteht oder auf Grundlage des Infektionsschutzgesetzes zur Verhinderung der Verbreitung des Coronavirus SARS-CoV-2 infektionsschutzrechtliche Maßnahmen mit Auswirkungen auf Schulen allgemein angeordnet sind, kann das zuständige Staatsministerium Abweichungen von den Bestimmungen dieser Verordnung oder anderer Schulordnungen nach dem Bayerischen Gesetz über das Erziehungs- und Unterrichtswesen insbesondere in folgenden Bereichen festlegen, soweit das zur Minderung von Infektionsgefahren oder zum Ausgleich coronabedingter Unterrichts- oder Prüfungserschwernisse erforderlich ist:
1. Schulanmeldung,
2. Lernentwicklungsgespräche,
3. Stundentafeln,
4. Dauer der Schulhalbjahre und Ausbildungsabschnitte,
5. Unterrichts- und Ferienzeiten,
6. Zahl, Inhalt, Umfang und Dauer der Leistungsnachweise, die Art und Weise ihrer Erhebung, Ausschlussfristen für ihre Abgabe und sonstige Termine, Nachholung, Ersetzung durch Ersatzprüfungen sowie die Zurechnung von Leistungsnachweisen und Stoffgebieten zu Ausbildungsabschnitten,
7. Art und Umfang der fachpraktischen Ausbildung, der Ferien-, Betriebs- und Berufspraktika,
8. Bestehen der Probezeit,
9. Festsetzung der Jahresfortgangs- und Zeugnisnoten einschließlich der Gewichtung der Leistungsnachweise,
10. Vorrücken und Wiederholen,
11. Zwischen- und Abschlussprüfungen einschließlich der Termine, der Teilnahme und der Berechnung der Prüfungsgesamtnoten,
12. Ausweisung von Noten in Zeugnissen der Grundschule und
13. Ausstellung und Ausgabe der Zeugnisse und der Übertrittszeugnisse.
²Wenn und soweit eine Abweichung nur sinnvoll für ein ganzes Schuljahr gestaltet werden kann, kann sich die Anordnung auf das gesamte Schuljahr beziehen. ³Die Anordnung ergeht als Allgemeinverfügung und kann landes-, bezirks- oder landkreisscharf ergehen. ⁴Sie ist im Bayerischen Ministerialblatt zu veröffentlichen.

(2) ¹An Berufsfachschulen, Fachschulen und Fachakademien gelten fehlende Anteile der praktischen, fachpraktischen Ausbildung, des Praktikums oder des Berufspraktikums, die aufgrund der Corona-Pandemie nicht erbracht werden konnten, sofern das Ausbildungsziel erreicht wird, als erbracht. ²Die Nachweispflicht darüber, dass die Fehlzeiten pandemiebedingt waren, liegt bei der Schülerin oder demSchüler. ³Als Nachweise können insbesondere Bestätigungen der betroffenen Praxiseinrichtung, Bescheide über Quarantäne- oder Isolationsanordnungen sowie ärztliche Atteste dienen. ⁴Die in den jeweiligen Schulordnungen vorgesehene Anzahl der schriftlichen und praktischen Leistungsnachweise kann durch die Schulleitung im Benehmen mit der Klassenkonferenz reduziert werden.

(3) Abs. 2 gilt für die entsprechenden Schulen zur sonderpädagogischen Förderung entsprechend.

§ 46c Sonderregelungen bei fortgesetztem Zuzug von Schülerinnen und Schülern aus einem Kriegsgebiet

(1) [1]Kinder und Jugendliche, die aus einem Kriegsgebiet fliehen und in Bayern schulpflichtig werden, aber dem Unterricht in den jeweiligen Regelklassen wegen mangelnder Kenntnis der deutschen Sprache nicht folgen können, sollen in den Jahrgangsstufen 5 bis 9 schulartunabhängige Brückenklassen besuchen, sofern keine Zuweisung in andere besondere Klassen oder Unterrichtsgruppen nach Art. 36 Abs. 3 Satz 5 BayEUG erfolgt. [2]Brückenklassen gemäß Satz 1 können an Mittelschulen, Realschulen, Wirtschaftsschulen oder Gymnasien eingerichtet werden. [3]Ziel der Brückenklassen ist, die Schülerinnen und Schüler so vorzubereiten, dass sie spätestens zum Schuljahr 2023/2024 an der Schulart, für die sie eine Schullaufbahnempfehlung erhalten haben, den Unterricht in einer Regelklasse der Jahrgangsstufe besuchen, in die Schulpflichtige gleichen Alters eingestuft sind.

(2) [1]Die zuständigen Schulaufsichtsbehörden wirken unter Federführung des jeweiligen Staatlichen Schulamts im Rahmen einer Steuerungsgruppe zusammen. [2]Sie bestimmen im Benehmen mit den Schulaufwandsträgern die Schulen, an denen Brückenklassen gebildet werden, und ordnen die betroffenen Schülerinnen und Schüler aufgrund schulorganisatorischer Aspekte unter Berücksichtigung des gewöhnlichen Aufenthalts den Schulen zu. [3]Die jeweilige Schule richtet die Brückenklasse ein und informiert die Erziehungsberechtigten.

(3) [1]Es gilt die als Anlage 3 angefügte Stundentafel einschließlich der Bestimmungen zu dieser Stundentafel. [2]Das Staatsministerium kann bei Vorliegen besonderer Umstände Abweichungen von der Stundentafel anordnen.

§ 47 Inkrafttreten, Außerkrafttreten

(1) Diese Verordnung tritt am 1. August 2016 in Kraft.

(2) Es treten außer Kraft:
1. die §§ 46b und 46c mit Ablauf des 31. Juli 2023,
2. § 46a mit Ablauf des 31. Juli 2023,
3. § 18a mit Ablauf des 31. Juli 2025,
4. § 46a Abs. 4 mit Ablauf des 31. Juli 2031.

Anlage 1 **BaySchO**

Anlage 1
(zu § 3)

Modus-Maßnahmen

1. Teil: Maßnahmen Nrn. 1 bis 30:

a) Schulorganisation

Nr.	Titel	Kurzerläuterung
1	Flexibilisierung der Stundentafel	Die Schule weicht zeitlich begrenzt von der Stundentafel ab, um Defizite in der Klasse auszugleichen; zusätzliche Stunden werden durch vorübergehende Reduzierung in anderen Fächern gewonnen.
2	Jahrgangs- und klassenübergreifender Unterricht	Das Unterrichtsangebot wird erweitert; durch eine an der Leistungsfähigkeit orientierte Gruppenzusammenstellung kann die einzelne Schülerin oder der einzelne Schüler gezielter gefördert werden.
3	Organisation des Unterrichts in Doppelstunden	Schule gewinnt Zeit und Ruhe im Unterrichtstag.
4	Themenbezogene Projektwochen	Schülerinnen und Schüler gewinnen Einblick in übergeordnete Zusammenhänge; Schlüsselqualifikationen werden gefördert.
5	Einbeziehung externer Partner	Praxisbezug wird verstärkt durch Partner aus dem Kreis der Erziehungsberechtigten, der Hochschule, der Kirchen und der Wirtschaft.
6	Pädagogischer Tag statt Wandertag	Wandertage haben ihre ursprüngliche Zielsetzung weitgehend verloren; die Schule setzt selbst das Thema eines Pädagogischen Tags fest.
7	Jahrgangsstufenversammlungen	Durch themen- oder anlassbezogene Versammlungen der Klassen eines Jahrgangs wird der Zusammenhalt der gesamten Altersgruppe gestärkt; der Informationsfluss in der Schule wird verbessert.
8	Jahrgangsstufensprecherinnen und -sprecher	Alle Klassen eines Jahrgangs wählen eine Sprecherin oder einen Sprecher; die Identifikation mit schulischen Entscheidungen wird gestärkt.
9	Einrichtung einer »Klassenstunde«	Schule verkürzt rollierend an einem Tag in der Woche alle Stunden um fünf Minuten: Gewinn einer Klassleiterstunde zur Besprechung klasseninterner Probleme, Vorbereitung von Klassenfahrten, Einsammeln von Geldern etc.
10	Schülerinnen und Schüler gestalten eigenverantwortlich Unterricht	Schülerinnen und Schüler dürfen in festgelegten Abständen eine Stunde zu selbst gewählten Themen gestalten; sie trainieren Präsentation und Moderation.

103

BaySchO Anlage 1

b) Förderung jeder einzelnen Schülerin oder jedes einzelnen Schülers (Individualförderung)

Nr.	Titel	Kurzerläuterung
11	Förderunterricht nach dem Zwischenzeugnis	Durch gezielten Förderunterricht kann die Wiederholerquote gesenkt werden. Die Schule gewinnt die erforderlichen Stunden durch geeignete andere Modus-Maßnahmen wie zum Beispiel Vorlesungsunterricht.
12	Vorlesungsbetrieb	Die Lehrkräfte arbeiten verstärkt in Teams, entwickeln gemeinsam die Grundlagen für die Vorlesungen und vermitteln ausgewählte Inhalte einer Gruppe aus mehreren Klassen im Vorlesungsbetrieb. Die Schule gewinnt Stunden für zusätzliche pädagogische Maßnahmen.
13	Schülerinnen und Schüler lehren Schülerinnen und Schüler	Leistungsstarke Schülerinnen und Schüler fördern während der Unterrichtszeit in kleinen Gruppen außerhalb des Klassenverbandes leistungsschwächere Schülerinnen und Schüler.
14	Selbsteinschätzung der Schülerinnen und Schüler	Die Schülerinnen und Schüler bearbeiten Auswertungsbogen, mit denen sie die eigene Vorbereitung und Leistung einschätzen können, und übernehmen Verantwortung für ihre Leistung.

c) Leistungserhebungen

Nr.	Titel	Kurzerläuterung
15	Schulaufgabe mit Gruppenarbeitsphase	Die Schülerinnen und Schüler erarbeiten zum Beispiel in Deutsch im Team eine Rahmengeschichte, die die oder der Einzelne anschließend ausgestaltet; die individuelle Leistung der Teammitglieder in der Gruppenarbeitsphase wird erfasst und geht in die Note ein.
16	Angesagte »Tests« im Turnus von sechs Wochen statt Schulaufgaben	Gleichmäßige Verteilung angesagter Leistungserhebungen über das Schuljahr gewährleistet gleich bleibend hohes Leistungsniveau, reduziert Wissenslücken und Prüfungsangst.
17	Debatte ersetzt je eine Schulaufgabe (Aufsatz) in Deutsch und bzw. oder Fremdsprachen	Die Schülerinnen und Schüler müssen ihren Standpunkt zu einem vorgegebenen Thema vorbereiten, überzeugend vertreten, Toleranz gegenüber anderen Meinungen üben; sprachliche und argumentative Kompetenzen werden gestärkt.
18	Präsentation ersetzt eine Aufsatzschulaufgabe	Durch die Erarbeitung und Darstellung eines komplexen Themas werden eigenständiges Arbeiten, Umgang mit neuen Medien und mündliche Sprachkompetenz gefördert.
19	Test aus formalsprachlichen und Sprachverständnisanteilen in Deutsch ersetzt eine Aufsatzschulaufgabe	Klassen mit Schwächen in der formalen Sprachbeherrschung werden gezielt gefördert.

Anlage 1 **BaySchO**

20	Schwerpunkte des Jahresstoffs in letzter schriftlicher Leistungserhebung	Vor den Sommerferien wird der Jahresstoff in seinen Schwerpunkten abgesichert; die Nachhaltigkeit des Lernens wird gefördert.
21	Leistungserhebungen (auch nicht angekündigte) über die Lerninhalte mehrerer Unterrichtsstunden	Das Grundwissen wird gesichert, kleinschrittiges Lernen wird verhindert, Nachhaltigkeit des Lernens wird gefördert.
22	Schulinterne Jahrgangsstufentests zum Grundwissen	Die Nachhaltigkeit des Lernens wird gefördert; die Klassen einer Jahrgangsstufe können verglichen werden.
23	Neugewichtung schriftlicher und mündlicher Leistungen in den Fremdsprachen	Durch andere Gewichtung (zum Beispiel 1:1 statt 2:1) wird bei Bedarf die mündliche Sprachkompetenz gefördert.
24	Verstärkte Einbeziehung von Grundwissen in schriftliche Leistungserhebungen	Schriftliche Leistungserhebungen prüfen immer auch die Verfügbarkeit von Grundwissen und Kernkompetenzen; die Nachhaltigkeit des Lernens wird gefördert.
25	Trennung von Unterrichts- und Prüfungsphasen	Zum Beispiel angekündigte Prüfungsphasen statt permanenten Abfragens; die Klasse gewinnt Ruhe im Unterrichtsalltag.
26	Ganz- und Halbjahresprojekte in der Klasse	Die Schülerinnen und Schüler arbeiten über einen längeren Zeitraum fächerübergreifend und eigenverantwortlich an ausgewählten Themen; Ausdauer, Teamfähigkeit und Kreativität werden gestärkt.

d) Personalmanagement und Personalführung

Nr.	Titel	Kurzerläuterung
27	Bildung von jahrgangs- und stufenbezogenen pädagogischen Lehrkräfteteams	Lehrkräfte arbeiten im Team; pädagogische Beobachtungen und Maßnahmen werden zielführender abgestimmt.
28	Unterrichtsplanung im Lehrkräfteteam	Lehrkräfte arbeiten im Team; der Gesamtaufwand für die Unterrichtsvorbereitung wird verringert.
29	Planung und Durchführung von schriftlichen Leistungserhebungen im Lehrkräfteteam	Lehrkräfte arbeiten im Team; der Gesamtaufwand wird verringert; die Ergebnisse dienen der internen Evaluation.
30	»Mitarbeitergespräche« mit Zielvereinbarungen der Lehrkraft mit allen Schülerinnen und Schülern	Lehrkräfte leisten gezielte Hilfestellung; Schülerinnen und Schüler übernehmen Verantwortung für ihre Leistungsentwicklung; Schülerinnen und Schüler erfahren individuelle Unterstützung bei persönlichen Problemen.

BaySchO Anlage 1

2. Teil: Maßnahmen Nrn. 31 bis 60:

a) Schulorganisation

Nr.	Titel	Kurzerläuterung
31	Innerschulischer Praxistag	Die Schule führt an einem Tag fächer- und klassenübergreifenden Kursunterricht als Orientierungshilfe für die Schülerinnen und Schüler bei der Berufsfindung durch.
32	Pflichtwahlfach »Business English« an der Hauptschule	Die Schülerinnen und Schüler der Regelklasse 9 nehmen fakultativ, die Schülerinnen und Schüler der M-Zweige obligatorisch am Wahlfach »Business English« teil, das nach zwei Jahren zum Erwerb eines Zusatzzertifikates führt.
33	Rhythmisierung des Schultags	Durch Neustrukturierung und Rhythmisierung des Schulvormittags mit integrierter Mittagsbetreuung wird der Schultag dem Biorhythmus der Kinder entsprechend entzerrt. Ein Schultag dauert bis 15.30 Uhr, Hausaufgaben werden durch individuelles Üben ersetzt.
34	Zeitungslektüre zur Förderung der Allgemeinbildung	Die Maßnahme, die auf der regelmäßigen Lektüre von Tageszeitungen beruht, wird den Fächern Deutsch und GSE (Geschichte/Sozialkunde/Erdkunde) zugeordnet und in den Jahrgangsstufen 7 und 8 durchgeführt.
35	Zwischenberichte statt Halbjahreszeugnisse	Die Eltern erhalten zu zwei Zeitpunkten innerhalb des Schuljahres (Dezember und April) einen detaillierten schriftlichen Überblick über die Leistungen ihres Kindes.
36	Neues Lernkonzept in der Berufsfachschule für Kinderpflege	Der Lehrstoff der Jahrgangsstufe 11 wird in Modulen (»Lernbausteinen«) aufbereitet und von den Schülerinnen und Schülern selbstständig und eigenverantwortlich an verschiedenen Lernorten erarbeitet. Der Abschluss eines Lernbausteins erfolgt in Form eines schriftlichen Tests, einer Einzel- oder einer Gruppenpräsentation.

b) Individualförderung

Nr.	Titel	Kurzerläuterung
37	Einrichtung von Partnerklassen zwischen Unter- und Oberstufe	Die Schülerinnen und Schüler der 5. bis 9. Jahrgangsstufe der Förderschule unterstützen die Schülerinnen und Schüler der ersten und zweiten Klasse. Je nach Klassengröße sind die Patinnen und Paten ca. alle drei Wochen für eine Stunde im Einsatz.
38	Erweitertes Screening zur Einschulung	Die Schule erweitert das bestehende Screeningverfahren. Sprachstandserhebungen werden bei allen Schülerinnen und Schülern durchgeführt und um den mathematischen Bereich erweitert.

Anlage 1 **BaySchO**

39	Förderung besonders begabter Grundschülerinnen und Grundschüler	Die Schule bietet in Kooperation mit Erziehungsberechtigten und externen Partnern ein qualitativ hochwertiges Zusatzangebot, das begabte Schülerinnen und Schüler besonders fördert.
40	Förderung von Vorschulkindern mit Entwicklungsverzögerung	Vorschulkinder mit Entwicklungsverzögerungen werden auf den Unterricht der Regelklasse vorbereitet. Durch die intensive Zusammenarbeit der Schule mit verschiedenen Einrichtungen werden die Kinder im Bereich Sprach-, Merk- und Denkfähigkeit, aber auch in ihrem Spiel- und Sozialverhalten gefördert.
41	»Freiwilliges Soziales Jahr« an der Schule	An der Schule leistet ein Freiwilliger oder eine Freiwillige das »Freiwillige Soziale Jahr« ab. Der oder die Freiwillige unterstützt die Lehrkräfte im Unterricht (zum Beispiel bei Differenzierungsmaßnahmen und bei der Planung und Organisation des Schulalltags).
42	Zeugnisergänzung basierend auf einer Schülerberatungsstunde	Mehrmals im Schuljahr findet eine Schülerberatungsstunde als Einzelgespräch statt, in der individuelle Probleme der Schülerin oder des Schülers besprochen und Ziele für die nächste Lern- und Entwicklungsphase formuliert werden.
43	»Unterricht Plus«	In den Nachmittagsstunden werden semesterweise in den Fächern Deutsch, Mathematik und Englisch (Grund- und Hauptschule) projektorientierte Kurse angeboten. In leistungsheterogenen Gruppen werden Unterrichtsinhalte thematisiert, vertieft und geübt.
44	Lernen in Kleingruppen	Einmal wöchentlich werden in den Fächern Deutsch, Englisch und Mathematik die Klassen gedrittelt; die Schülerinnen und Schüler arbeiten in Kleingruppen. Begleitet werden sie dabei durch Erziehungsberechtigte, Praktikantinnen und Praktikanten (Exercitium Paedagogicum) oder in Seminarschulen durch Referendarinnen und Referendare.
45	Module zur Stärkung der Selbst- und Sozialkompetenz	Auf der Grundlage eines Curriculums, das aus sechs aufeinander aufbauenden Modulen besteht (zum Beispiel Kommunikations- und Kooperationsbereitschaft, Verantwortungsfähigkeit, Problemlösungs- und Konfliktfähigkeit), wird Selbst- und Sozialkompetenz vermittelt.
46	Teamtraining im Schullandheim	Der fünftägige Aufenthalt in einem speziell ausgestatteten Schullandheim wird für ein ca. 25-stündiges Trainingsprogramm kooperativer Kompetenzen genutzt.
47	Erstellung einer Referenzmappe für Schülerinnen und Schüler	Alle sozialen und fachlichen Kompetenzen, die eine Schülerin oder ein Schüler im Laufe seiner Gymnasiallaufbahn erwirbt, werden in einer Mappe dokumentiert. Die Schülerinnen und Schüler erhalten dadurch die Möglichkeit, ihren eigenen Lernprozess zu reflektieren.

BaySchO Anlage 1

48	Unterricht in Notebookklassen	Das mobile Lernen in der Schule, im Betrieb und zu Hause und die hochindividuelle Förderung durch interaktive Unterrichtsprogramme qualifizieren die Schülerinnen und Schüler, um so ihre Chancen im Berufsleben zu erhöhen.
49	Ausbildungsvereinbarung mit Schülerinnen und Schülern und Erziehungsberechtigten	Die Schule vereinbart gemeinsam mit Eltern und Schülerinnen und Schülern individuelle Ziele der Ausbildung. Stärken und Schwächen der Schülerinnen und Schüler können frühzeitig diagnostiziert, entsprechende Maßnahmen ergriffen werden.

c) Leistungserhebungen

Nr.	Titel	Kurzerläuterung
50	Besondere mündliche Prüfung in den Grund- und Leistungskursen Englisch	Zusätzlich zu den herkömmlichen mündlichen Noten wird am Ende des Semesters eine »Besondere mündliche Prüfung« durchgeführt. Sie gibt den Schülerinnen und Schülern Gelegenheit, in einem längeren Prüfungsgespräch ihr sprachliches Können unter Beweis zu stellen.

d) Personalmanagement und Personalführung

Nr.	Titel	Kurzerläuterung
51	Methoden- und Teamtraining	Das gesamte Kollegium wird nach dem Methodentraining von Klippert geschult und das Methodenrepertoire aufbauend in allen Jahrgangsstufen umgesetzt.
52	Begleitung neuer Lehrkräfte im ersten Jahr	Den neuen Lehrkräften werden durch Fachkollegen und Schulleiterin bzw. Schulleiter, Unterrichtsbesuche, Feedback und Beratung konkrete Hilfestellungen gegeben.
53	»Runder Tisch« für Lehrkräfte einer Schule	Zu vom Kollegium gewünschten Themen wird ein offenes Fortbildungsangebot erarbeitet, zum Beispiel Handhabung des mobilen Laptopklassenzimmers, Prävention und Krisenintervention, Schulung im EFQM-Modell und Zeitmanagement.

e) Inner- und außerschulische Partnerschaften

Nr.	Titel	Kurzerläuterung
54	Lehrkräftepraktikum	Die Lehrkräfte leisten an zwei bis drei Tagen pro Jahr ein Praktikum in einem Unternehmen vor Ort ab. Sie gewinnen dadurch fundierte Einblicke in die Berufsanforderungen und knüpfen intensive Kontakte zu den Betrieben der Region.
55	Neigungsorientiertes Lernen mit externen Fachleuten	Angeleitet durch externe Fachkräfte lernen die Schülerinnen und Schüler der zweiten und dritten Klassen einmal im Monat in interessensgeleiteten und jahrgangsübergreifenden Lerngruppen. Externe Kräfte arbeiten ehrenamtlich.

Anlage 1 **BaySchO**

56	Berufsorientierung »Brückenschlag«	Unternehmerinnen und Unternehmer aus der Region, die Ausbildungsplätze anbieten, begleiten Schülerinnen und Schüler von der 7. bis zur 9. Jahrgangsstufe. Ein Expertenteam von Pädagoginnen und Pädagogen, Psychologinnen und Psychologen sowie Unternehmerinnen und Unternehmern bereitet die Schülerinnen und Schüler drei Jahre lang auf den Sprung ins Berufsleben vor.
57	»Economy Tutorial«	Das »Economy Tutorial« ist ein Forum für den Ideenaustausch zwischen Schule und Wirtschaft. Dazu gehört die direkte Umsetzung eines gemeinsam erarbeiteten Maßnahmenkatalogs mit jährlichem Feedback der Schule an die Unternehmen.
58	Arbeit im Alten- und Pflegeheim als Praxismodul des Unterrichts	Die Schülerinnen und Schüler besuchen in einem Zeitraum von drei Monaten wöchentlich die Bewohnerinnen und Bewohner eines Pflegeheims und leisten Hilfestellung im Alltag der pflegebedürftigen Menschen. Die Erfahrungen werden mit Lehrplanthemen verknüpft.
59	Integration des Programms »Erwachsen werden« in die Erziehungs- und Unterrichtsarbeit	Die Schülerinnen und Schüler absolvieren das Programm »Erwachsen werden« von Lions Quest nicht wie üblich als Zusatzangebot, sondern es findet Eingang in die verschiedenen Fächer. So wird es unmittelbar im sozialen Gefüge des Unterrichtsalltags wirksam.

f) Sachmittelverantwortung

Nr.	Titel	Kurzerläuterung
60	Eigenverantwortliche Sachmittelbeschaffung und -verwaltung	Die Schule und der Aufwandsträger beschließen einvernehmlich ein Budget im Rahmen der Haushaltssatzungen. Die Finanzverantwortung über die Ausschreibung, die Beschaffung, die Verwaltung und die Verwendung der Sachmittel geht auf die Schulleiterin oder den Schulleiter über.

BaySchO Anlage 2

Verarbeitungsverfahren

Anlage 2
(zu § 46)

Abschnitt 1: Schulverwaltungsprogramm

1 **Zwecke der Verarbeitung:**
In Umsetzung des Bildungs- und Erziehungsauftrags der Bayerischen Verfassung werden die Schulen bei der Erfüllung der schulorganisatorischen Aufgaben und Erfordernisse und der Gestaltung der notwendigen Verwaltungsabläufe unterstützt (z.b. bei der Anmeldung der Schülerinnen und Schüler, der Klassenbildung, der Erfassung der Leistungs- und Zeugnisdaten, der Erstellung der (Abschluss-)Zeugnisse, der Planung des Unterrichtseinsatzes der Lehrkräfte und der Organisation des Unterrichts, zur Abwicklung des Schulwechsels und Mehrarbeitsabrechnung). Neben den schulischen Verwaltungsprozessen wird auch der zur Schulaufsicht nötige Datentransfer zwischen der Schule und den jeweils zuständigen Stellen der Schulaufsicht (Schulämter, Regierungen, Ministerialbeauftragte, Staatsministerium für Unterricht und Kultus), sowie die Datenübermittlung an das Bayerische Landesamt für Statistik und Datenverarbeitung zu statistischen Zwecken unterstützt.

2 **Kategorien der betroffenen Personen**
 - Lehrkräfte der Schule
 - nicht unterrichtendes Personal der Schule
 - Schülerinnen und Schüler der Schule
 - Erziehungsberechtigte und frühere Erziehungsberechtigte gemäß Art. 88 Abs. 4 Satz 1 Nr. 3 BayEUG
 - externe Prüfungsteilnehmerinnen und Prüfungsteilnehmer
 - Verwaltungspersonal der Schule
 - externes Betreuungspersonal
 - Ansprechpartner in Ausbildungsbetrieben
 - Nutzungsberechtigte des Verfahrens

3 **Kategorien der gespeicherten Daten**
3.1 Daten der Lehrkräfte und des nicht unterrichtenden Personals
3.1.1 Stammdaten
 - Name(n)
 - Vornamen(n)
 - Anrede
 - Namenskürzel
 - Geschlecht
 - Geburtsname
 - Geburtsort
 - akademische Grade
 - Tag der Geburt
 - Staatsangehörigkeit
 - Personenkennzahlen (Personalnummer aus VIVA, Personalverwaltungssysteme/Bezüge/nichtstaatlicher Dienstherr)
 - Zugang zum päd. Netz, Zugang zum Verwaltungsnetz
 - Adressdaten
 - Telefonnummer
 - Weitere Kontaktdaten (E-Mail, Telefaxnummer, URL [Webkommunikation])
3.1.2 Angaben zur Behinderung
 - Behindertengruppe
 - Grad der Behinderung

Anlage 2 **BaySchO**

- Anrechnungsfaktor
- Folgen der Behinderung (optional, wenn fachlicher Nachweis vorhanden)
- Art des Nachweises
- Ausstellende Behörde
- Ausstellungsdatum
- Geschäftszeichen
- Enddatum des Ausweises
- Ausstellende Behörde (zweite Behörde)
- Ausstellungsdatum (zweite Behörde)

3.1.3 Angaben zum Dienstverhältnis
- Amts-/Dienstbezeichnung
- Rechtsverhältnis
- Beginn/Ende des Dienstverhältnisses
- Besoldungs-/Entgeltgruppe
- ggf. Lehramt
- ggf. Art der Unterrichtsgenehmigung
- ggf. Ablauf der Unterrichtsgenehmigung
- ggf. Art des nicht unterrichtenden Personals
- Arbeitgeber/Dienstherr
- Stammschule
- maximale Unterrichtspflichtzeit/Arbeitszeit
- reduzierende Stunden
- Mehrarbeit
- Unterrichtsmehrung/-minderung (Art und Umfang)
- Nebentätigkeitsstunden
- Ermäßigung (Grund, Umfang, Dauer)
- Teilzeit (Umfang, Grund)
- Freistellung/Altersteilzeit
- Beurlaubung
- Abwesenheit
- Längerfristiger Ausfall (Umfang; Grund)
- Abordnung an nichtschulische Dienststelle
- staatlich geförderte Wochenstunden
- Sprechstundendaten
- Postfach
- Raum in der Schule
- Einsatz als mobile Reserve

3.1.4 Lehrbefähigung
- Lehramt
- abgelegte Prüfungen
- Fächer der Lehrbefähigung
- Unterrichtsgenehmigung

3.1.5 Lehrerlaubnis
- Lehramt
- zugeordnete Schulart
- kirchliche Lehrerlaubnis
- Unterrichtsgenehmigung (Schulart, Fach, Begründung)

3.1.6 unterrichtete Fächer
- Stundenzahl
- unterrichtete Fächer
- Summe wissenschaftlicher/nichtwissenschaftlicher Unterricht

3.1.7 Anrechnungsstunden (Daten zur Beschäftigung und zum Einsatz)
- Art der Anrechnung
- Stundenzahl

BaySchO Anlage 2

- Funktion/Tätigkeit
- Schule
- Erläuterungen
3.1.8 Einsatz an anderer Schule
- Schulnummer
- Summe der wissenschaftlichen/nichtwissenschaftlichen Stunden
- Zuweisungsart
3.1.9 Beschäftigungsverhältnis
- Schule
- Schuljahr
- Beschäftigungsverhältnis
- Zugang
- Abgang
- Abordnung an nichtschulische Dienststelle
- Nebentätigkeit
- Ausbildungsabschnitt bei Lehrkräften im Vorbereitungsdienst
3.1.10 Einsatzbeschränkung

Klassengruppen, in denen die Lehrkraft nicht eingesetzt werden kann.

3.1.11 Klassenleitung/Gruppenleitung
- Klassen/Gruppen, in denen die Lehrkraft (stellvertretende) Klassen- oder Gruppenleitung ist.
3.1.12 Lehrerbezogene Stundenplandaten
- Welche Klassen in welchen Fächern wie viele Stunden unterrichtet werden sollen
- Stundenplanvorgaben (z.B. Minimal- und Maximalzahl der Unterrichtsstunden pro Tag oder Woche, minimale und maximale Stundenzahl in der Mittagspause, Maximalzahl von Stunden hintereinander, Stundenpräferenzen, Halbtage oder Tage)
- Raum und Zeit des Unterrichts
- Kennung, welche Zeit-, Klasse-, Fach-Koppeln welche Lehrkräfte betreffen
- Kennzeichen für besonderen Einsatz (z.B. Teilnehmer, Fachbetreuer, 14-tägiger Wechsel)
3.1.13 Lehrerbezogene Vertretungsplandaten
- Präsenzstunden, nicht verfügbare Stunden
- Dauer der Absenz, benötigte Zusatzstunden für Lehrkräfte
- Absenzgrund (fester Schlüssel: dienstlich außer Haus, dienstlich im Haus, Klassenfahrt, Studienfahrt, Unterrichtsgang, Krankheit, Freistellung, Sonstiges)
- Bemerkungen zur Vertretung
3.1.14 Historie über gehaltene Vertretungsstunden
- Anzahl
- Art
- Datum
3.1.15 Arbeitszeitkonto
- Haben
- Soll
3.1.16 Teilzeitantrag
- Teilzeit (Grund)
- Ermäßigungen
3.1.17 Versetzungsantrag
- Umfang
- Unterrichtsfächer
- Zielschule(n)
- Art

Anlage 2 **BaySchO**

3.1.18 Angaben mit Bezug zur Erstellung von Zeugnissen
- Zeugnisunterzeichner
- Vorsitzende des Prüfungsausschusses zentraler Abschlussprüfungen
3.1.19 Buchausleihdaten
- ausgeliehene Bücher zusammen mit Ausleihdatum und Rückgabedatum
3.2 Daten der Schülerinnen und Schüler
3.2.1 Stammdaten
- Name(n)
- Vorname(n)
- Anrede
- Geschlecht
- Tag der Geburt
- Gültigkeit des Geburtsdatums (wenn amtliches Geburtsdatum unbekannt oder nur zum Teil bekannt)
- Geburtsort
- Geburtsland
- Staatsangehörigkeit
- Jahr des Zuzugs nach Deutschland
- Straße
- Wohnort
- Telefon
- Art der Anschrift (Erziehungsberechtigte/Wohnheim/Sonstiges)
- Religionszugehörigkeit
- Muttersprache
- Sportbefreiung
- Optionale Kontaktdaten (Telefax, E-Mail-Adresse, URL [Webkommunikation])
- Bankverbindung
- Zahlungsangaben
- Ordnungsnummer (nicht einsehbar, rein technische Speicherung)
3.2.2 Gastschülereigenschaft
- Gastschülerstatus
- Gemeindekennzahl des Wohnorts und ggf. Ausbildungsbetriebs
- Ortsteil/Sprengel
- Umschüler/Selbstzahler
- Kostenträger
- Förderungsnummer
3.2.3 Schulweg
- Länge des Schulwegs
- benutzte Verkehrsmittel mit Abfahrtszeit und Wochentagen
- Gewährung der Kostenfreiheit des Schulwegs
- Haltestellen
- Befreiung vom Nachmittagsunterricht
3.2.4 Aktuelle Unterrichtsdaten
- Schule
- Schulart
- Klasse/Gruppe
- Jahrgangsstufe
- Art der Klassen/Gruppe
- Unterrichtsart
- Ausbildungsrichtung
- Fachgruppe/Wahlpflichtfächergruppe
- besuchter Religions-/Ethikunterricht
- Datum der Abmeldung vom Religionsunterricht

BaySchO Anlage 2

- Fremdsprachen
- Wahlpflichtfächer
- Wahlunterricht/Förderunterricht/Pluskurse/Arbeitsgemeinschaften
- differenzierter Sport incl. Sportart
- Erfüllung der Schulpflicht
- gleichzeitiger Berufsschulbesuch
- Ganztagesunterricht/Tagesheim
- Merker für Bearbeitungsvermerke
- Stunden an anderer Schule
- Klassengruppe
- Daten zu Nachholfristen
- Lehrkraft, Zeit, Raum des besuchten Unterrichts

3.2.5 Ausbildungsdaten/Praktikumsdaten
- Ausbildungsbeginn/-ende
- Ausbildungsart
- Ausbildungsdauer
- Ausbildungsberuf
- zeitliche Organisation
- Praktika
- Kammernummer (z. B. der IHK, der HWK)

3.2.6 Unterrichtsdaten zum kommenden Schuljahr
- neue Ausbildungsrichtung/Wahlpflichtfächergruppe
- neue Fremdsprache
- neue Wahlpflichtfächer
- neue Wahlfächer
- Wechsel Religion/Ethik
- neue Klasse
- voraussichtliche Wiederholung

3.2.7 Unterrichtsdaten des Vorjahres
- Klasse
- Klassenart
- Unterrichtsart
- Jahrgangsstufe
- Ausbildungsrichtung

3.2.8 Eintritt
- Anmeldedatum
- Eintrittsdatum
- Eintrittsjahrgangsstufe
- fehlende Unterlagen (Art, Erläuterung, Termin)
- von Schule
- von Schulart
- von Jahrgangsstufe
- Daten zu Probezeit/Nachfristen
- Jahr und Art des mittleren Schulabschlusses
- schulische Vorbildung
- berufliche Vorbildung
- Eignung lt. Übertrittszeugnis
- Daten zur Aufnahmeberechtigung

3.2.9 Schullaufbahn
- Für jedes Schuljahr: Schule, Jahrgangsstufe, Schulbesuchsjahr, Klassengruppe, Bildungsgang, ggf. Grund für Änderung/Wechsel, Zusatzinfo für Änderung/Wechsel (regulär/freiwillig/Pflicht/geeignet/erfasst/gelöscht/geändert), Feststellung der Übertrittseignung;

Anlage 2 **BaySchO**

- Jahre Frühförderung (nur bei Förderschulen)
- Jahre schulvorbereitende Einrichtung
- Einschulung
- Wiederholungen
- übersprungene Jahrgangsstufe
- Notenausgleich im vergangenen Schuljahr
- Nachprüfung
- Besuch der Jahrgangsstufe 1A
- Fremdsprachenfolge (Fach, von Jahrgangsstufe, bis Jahrgangsstufe, Feststellungsprüfung, Bemerkung zur Feststellungsprüfung)

3.2.10 Austritt
- Ergänzungsprüfung
- Prüfungsende
- Eignung weiterführende Schule
- beabsichtigter Wechsel
- Austrittsdatum
- Abschluss
- Austritt wohin (bei Mittel- und Förderschulabgängerinnen und -abgängern oder Mittel- und Förderschulabsolventinnen/-absolventen [ohne Schülerinnen/Schüler des M-Zugs] voraussichtlicher schulischer oder beruflicher Verbleib im kommenden Schuljahr);
- bei Mittel- und Förderschulabgängerinnen und -abgängern oder Mittel- und Förderschulabsolventinnen und -absolventen (ohne Schülerinnen/Schüler des M-Zugs): Art des voraussichtlichen Abschlusses der Mittelschule, voraussichtliche Note im Fach Deutsch, beruflicher Interessenschwerpunkt

3.2.11 Gesundheitsdaten
- Lese-Rechtschreib-Störung/LRS-Attest

3.2.12 Gesundheitsdaten bei Schülerinnen/Schülern mit sonderpädagogischen Förderbedarf
- Dauernde Behinderungen (Art)
- Pflegeaufwand
- Schulbegleiter
- Kostenträger
- Ende der Kostenübernahme (Jahr)
- sonderpädagogischer Förderbedarf
- letztes sonderpädagogisches/sonstiges Gutachten (Jahr)
- letzter förderdiagnostischer Bericht (Jahr)

3.2.13 Besondere pädagogische Maßnahmen
- Sonderpädagogische Förderung
- Förderplan
- Ergänzungsunterricht
- Förderunterricht
- Förderkurs für Lese-Rechtschreib-Störung
- Verzicht auf Ziffernnoten (Verbalbeurteilung)
- Intensivkurs oder Förderunterricht in deutscher Sprache
- muttersprachlicher Unterricht für Ausländer (Sprache)
- Eingliederungsförderung für Aussiedler

3.2.14 Zeugnisdaten (ohne Abschlussprüfung))
- Noten/Verbalbeurteilungen
- Zeugnisbemerkungen
- Klassenziel
- Gefährdung des Vorrückens

BaySchO Anlage 2

3.2.15 Daten zur Abschlussprüfung
- Jahrgang
- Schülerstatus
- Stammschule
- bisherige Ausbildungsrichtung
- Daten zur bisherigen Schullaufbahn
- Daten für besondere Form der Abschlussprüfung
- ggf. abweichender Rechtsstand
- Wiederholungen in vorausgehenden Jahrgangsstufen
- Thema und Note der Seminararbeit
- Bemerkungen zum Ausbildungsabschnitts-/Abschlussprüfungszeugnis
- Gefährdung
- Zulassung zur Abschlussprüfung
- Kursbelegung
- Daten der abgeschlossenen Fächer (Fach, Abschlussjahrgangsstufe, Noten/Verbalbeurteilungen, ggf. erworbene Qualifikation)

3.2.16 Leistungsdaten
- Note/Verbalbeurteilung
- Art
- Gewichtung
- Datum der Leistungsbewertung
- Gegenstand der Leistungsbewertung (schriftliche, mündliche, praktische Leistungen)
- Zeugnisbemerkungen
- Daten zum Erreichen des Klassenziels (aktuelles Schuljahr, Vorjahr)
- ggf. besondere Gewichtung (insbesondere wegen Lese-Rechtschreib-Störung)
- Art der Wiederholung

3.2.17 Ergebnisse der Jahrgangsstufentests und der Orientierungsarbeiten
- erreichte Punkte je Aufgabe
- Grund für Nichtteilnahme (sonderpädagogische Förderung, Lese-Rechtschreib-Störung)

3.2.18 Ergebnis der Abschlussprüfung
- schriftliche/mündliche/Gesamt-Noten oder Verbalbeurteilungen der Prüfungsfächer
- Bestehen der Abschlussprüfung
- Bemerkungen über eventuellen Notenausgleich und eventuelles Überwiegen der Jahresnote
- Zeugnisbemerkungen

3.2.19 Buchausleihdaten
- ausgeliehene Bücher
- Ausleihdatum
- Rückgabedatum

3.2.20 Fehltage
- Dauer (von, bis)
- Kalendertage
- Schultage
- Art
- Grund
- Übermittlungsweg

3.2.21 Unterbringung/Betreuung
Art und Umfang der Unterbringung/Betreuung/ganztägigen Förderung

3.2.22 Funktion im Schulleben
z.B. Schülersprecherin oder Schülersprecher, Klassensprecherin oder Klassensprecher

Anlage 2 **BaySchO**

3.2.23 Geschwister
  Geschwister an derselben Schule
3.3 Daten der Erziehungsberechtigten
  – Name(n)
  – Vorname(n)
  – Anrede
  – Art des Erziehungsberechtigten
  – Straße
  – Wohnort
  – Telefon
  – Optionale Kontaktdaten (Telefax, E-Mail-Adresse, URL [Webkommunikation])
  – Funktion als Elternvertreter;
3.4 Daten zusätzlicher Ansprechpartner (optional)
  – Name(n)
  – Vorname(n)
  – Straße
  – Wohnort
  – Telefon
  – Weitere Kontaktdaten (Telefax, E-Mail-Adresse, URL [Webkommunikation])
3.5 Daten externer Prüfungsteilnehmerinnen und Prüfungsteilnehmer
3.5.1 Stammdaten
  – Name(n)
  – Vorname(n)
  – Geburtsmonat und –jahr
  – Tag der Geburt
  – Geburtsort
  – Geschlecht
  – Staatsangehörigkeit
  – Migrationshintergrund (Geburtsland, Jahr des Zuzugs nach Deutschland, Muttersprache deutsch/nicht deutsch)
  – Jahr der Ersteinschulung
  – erworbene Abschlüsse
  – Ordnungsnummer (nicht einsehbar, rein technische Speicherung)
3.5.2 Ergebnis der Abschlussprüfung
  – schriftliche/mündliche/Gesamt-Noten oder Verbalbeurteilungen der Prüfungsfächer
  – Bestehen der Abschlussprüfung
  – Bemerkungen über eventuellen Notenausgleich und eventuelles Überwiegen der Jahresnote
  – Zeugnisbemerkungen.
3.5.3 Leistungsdaten an der Herkunftsschule in den schriftlichen Fächern der Abschlussprüfung
  – Noten
  – Verbalbeurteilungen.
3.6 Daten der Programmnutzerinnen und -nutzer
3.6.1 Stammdaten
  – Name(n)
  – Vorname(n)
  – Kennung
  – Kontaktdaten (Telefon, Telefax, E-Mail, URL [Webkommunikation])
3.6.2 Berechtigungen
  – Berechtigungen
  – Rollen
  – Begründung/Zweck

BaySchO Anlage 2

| 3.6.3 Nutzungsbezogene Daten
- Datum der letzten Passwortänderung
- Datum der letzten Anmeldung
- Fehlversuche bei der Anmeldung
3.6.4 Protokollinformationen
- Information über angelegte/geänderte/gelöschte Datensätze (Historisierung)
- Protokoll über den Abruf von Schülerdaten aus ASD (Benutzer, Zeitstempel, abgerufene Daten, Abrufart)
3.7 Daten des Verwaltungspersonals und des externen Betreuungspersonals
3.7.1 Stammdaten
- Name(n)
- Vorname(n)
- Geburtsname
- Geschlecht
- Geburtsdatum
- Anrede
- zugehörige Schule
- Schulart
- Art
- Zugang zum pädagogischen Netz, Zugang zum Verwaltungsnetz
- Straße
- Wohnort
- Telefon
- Weitere Kontaktdaten (Telefax, E-Mail-Adresse, URL [Webkommunikation])
3.7.2 Arbeitsrechtliche Zusatzangaben
z. B. Beginn des Mutterschutzes, Beginn der Elternzeit
3.8 Daten der Ansprechpartner in Betrieben/Praktikumsstellen
3.8.1 Stammdaten
- Name(n)
- Vorname
- Art
- Zuständigkeit
- Telefonnummer
- Telefaxnummer
- E-Mail- Adresse
- URL (Webkommunikation)
3.8.2 Angaben zum Betrieb
- Name
- Anschrift
- Typ
- Telefonnummer
- Telefaxnummer
- E-Mail-Adresse
- URL des Betriebs (Webkommunikation)
- Mutterkonzern
- Einrichtung Bund/Land
3.8.3 Zuordnung zu den Schülerinnen/Schülern
4 **Kategorien der Empfänger, denen die personenbezogenen Daten offengelegt werden:**
4.1 Externe Empfänger: Auftragsverarbeiter der Schule
Die Daten werden ausschließlich dem von der Schule beauftragten Auftragsverarbeiter (i.d.R. das kommunale RZ) unter den Voraussetzungen des Art. 28 Verordnung (EU) 2016/679 (Datenschutz-Grundverordnung – DSGVO) offengelegt, soweit dies technisch erforderlich ist.

Anlage 2 **BaySchO**

Die Daten der Nrn. 3.2 und 3.3 werden, soweit in Art. 85a Abs. 2 genannt, zum Zweck der Durchführung des automatisierten Verfahrens zur Unterstützung der Schulen bei schulübergreifenden Verwaltungsvorgängen bei der nach Art. 85a Abs. 1 BayEUG beauftragten öffentlichen Stelle für die Schule verarbeitet.

4.2 Externe Empfänger: Erziehungsberechtigte
Daten betreffend die eigenen Kinder gem. Nr. 3.2

4.3 Andere externe Empfänger

Empfänger	Übermittelte Daten	Zweck der Übermittlung	Rechtsgrundlage
Automatisiertes Verfahren zur Unterstützung der Schulverwaltung			
Zuständiges staatliches Schulamt (bei Grund- und Mittelschulen) zuständige Regierung, zuständige Ministerialbeauftragte und zuständiger Ministerialbeauftragter, Staatsministerium	Nr. 3.1 und 3.2, soweit in Art. 113a Abs. 2 BayEUG genannt	Unterrichtsplanung der staatlichen Schulen; Prüfung der Unterrichtssituation; Bezuschussung nichtstaatlicher Schulen nach dem Bayerischen Schulfinanzierungsgesetz	Art. 85 Abs. 1 Satz 5 Nr. 3 i. v. m. Art. 113a Abs. 2 BayEUG; Art. 31 ff. BaySchFG
Amtliche Schulstatistik			
Landesamt für Statistik	Nr. 3.1 – 3.5 und 3.7, soweit nach Art. 113b BayEUG Bestandteil der Amtlichen Schulstatistik	Bildungsplanung; Organisation des Schulwesens	Art. 113b Abs. 6 und 8 BayEUG
Gastschülerliste			
Jeweils zuständiger Aufwandsträger	Nr. 3.2, beschränkt auf Klasse, Name(n), Vornamen, Geburtsdatum, Gemeindekennzahl (des Wohnortes beziehungsweise bei Berufsschülern mit Beschäftigungsverhältnis des Orts des Ausbildungsbetriebs), Schuleintritt; bei Berufsschulen zudem Ausbildungsberuf, Ausbildungsbeginn, Ausbildungsende, Name und Anschrift des Ausbildungsbetriebs	Feststellung der Gastschülereigenschaft	Art. 85 Abs. 1 Satz 1 BayEUG i. V. m. Art. 10 und 19 BaySchFG

119

BaySchO Anlage 2

Teilnahme an Ausbildungs- und Bildungsmaßnahmen			
Der jeweilige Maßnahmeträger	Nr. 3.2, beschränkt auf Name(n), Vornamen, Klasse, Ausbildungsbetrieb	Zeitliche Koordinierung des Berufsschulunterrichts mit anderen ausbildungsbezogenen Bildungsmaßnahmen	Art. 85 Abs. 1 Satz 1 BayEUG i. V. m. § 25 Abs. 2, § 11 Abs. 1 Satz 1 Nr. 2 und 3 BSO
Abschlusszeugnis der Berufsschule			
Die für die Berufsausbildung zuständigen Stellen	Nr. 3.2, beschränkt auf Name(n), Vornamen, Kammernummer, Durchschnittsnote des Abschlusszeugnisses der Berufsschule	Aufnahme der Durchschnittsnote des Abschlusszeugnisses der Berufsschule in das Berufsabschlusszeugnis	Art. 85 Abs. 1 Satz 1 BayEUG i. V. m. § 25 Abs. 1 Nr. 3, § 24 Abs. 2 BSO
Schülerliste zur Kostenfreiheit des Schulwegs			
Zuständiger Aufgabenträger der Schülerbeförderung	Nr. 3.2, beschränkt auf amtliche Schulbezeichnung, Klasse, Name(n), Vorname(n), Geburtsdatum, Anschrift	Ermittlung der Schulwegkostenfreiheit	Art. 85 Abs. 1 Satz 1 BayEUG i. V. m. Art. 3 Abs. 4 BaySchFG, Art. 1 Abs. 1 und Art. 5 des Gesetzes über die Kostenfreiheit des Schulwegs i. V. m. der Verordnung über die Schülerbeförderung

Anlage 2 **BaySchO**

Erfassung des Verbleibs von Abgängern der Mittelschule oder des Förderzentrums			
Zuständiges staatliches Schulamt oder zuständige Regierung, zuständige Berufsschule	Nr. 3.2 beschränkt auf verpflichtende Angaben: Name(n), Vornamen, Geburtsdatum, Anschrift, besuchte Mittelschule oder besuchten Förderzentrum, Klasse, Schulamtsbezirk, voraussichtlicher schulischer oder beruflicher Verbleib im kommenden Schuljahr freiwillige Angaben: Art des voraussichtlichen Abschlusses der Mittelschule, voraussichtliche Note im Fach Deutsch, beruflicher Interessenschwerpunkt	Überwachung der Schulpflicht, Begleitung von Abgängerinnen und Abgängern und Absolventinnen/Absolventen der Mittelschule oder des Förderzentrums (ohne Schülerinnen/Schüler des M-Zugs) im Übergang Schule – Beruf	betr. die verpflichtenden Angaben: Art. 85 Abs. 1 Satz 1 i. V. m. Art. 39 BayEUG und § 3 MSO oder. § 34 VSO-F betr. die freiwilligen Angaben: Art. 6 Abs. 1 Buchstabe a DSGVO
Schulwechsel			
Zielschule bei Schulwechseln	Nr. 3.2, beschränkt auf die in Art. 85a Abs. 2 BayEUG genannten Daten	Schulwechsel von Schülern	Art. 85a Abs. 3 BayEUG
Internetauftritt von Schulen			
Auftragsverarbeiter Nutzer der Homepage	Daten der Schulleitung und soweit Lehrkräfte an der Schule eine Funktion mit Außenwirkung wahrnehmen Daten gem. Nr. 3.1 beschränkt auf Name(n), Namensbestandteile, Vorname(n), Funktion, Amtsbezeichnung, Lehrbefähigung, dienstliche Anschrift, dienstliche Telefonnummer, dienstliche E-Mail-Adresse.	Präsentation der Schule nach außen, Information der Öffentlichkeit	Art. 85 Abs. 1 Satz 1; Einwilligung

BaySchO Anlage 2

		Andere Daten (z.B. Fotos), in deren Veröffentlichung auf den Internetseiten der Schule die Betroffenen wirksam eingewilligt haben; Daten von Lehrkräften, die an der Schule keine Funktion mit Außenwirkung wahrnehmen, sowie von Schülerinnen und Schülern, Erziehungsberechtigten und sonstigen Personen, Daten (z.B. Fotos), in deren Veröffentlichung auf den Internetseiten der Schule die Betroffenen, bei Minderjährigen bis zur Vollendung des 14. Lebensjahres die Erziehungsberechtigten sowie bei Minderjährigen ab Vollendung des 14. Lebensjahres diese selbst und die Erziehungsberechtigten wirksam eingewilligt haben.		

4.4 Interne Empfänger/Zugriffsberechtigte

	Zugriffsrechte auf
Schulleitung	– Nr. 3.1 bis 3.5; 3.7, 3.8 (ohne Nr. 3.2.16); – Nr. 3.2.16, soweit dies zur Erfüllung ihrer pädagogischen, organisatorischen und rechtlichen Aufgaben erforderlich ist; – Nr. 3.6.4 (nur lesend)
Verwaltungspersonal im Sekretariat	– Nr. 3.1 – Nr. 3.2 (ohne Nr. 3.2.15 und 3.2.16), – Nr. 3.3 bis 3.5 – Nr. 3.7, 3.8

Anlage 2 **BaySchO**

Lehrkräfte	– Daten der von ihnen unterrichteten Schülerinnen und Schüler gemäß Nr. 3.2; dabei Nr. 3.2.15 bis Nr. 3.2.18 in den selbst unterrichteten Fächern; außerdem fächerübergreifend im konkreten Einzelfall, insbesondere für den Zeitraum, für den dies zur Erfüllung ihrer Aufgaben als Mitglied der Klassenkonferenz (insbesondere Zeugniserstellung, Entscheidung über das Vorrücken, Empfehlung an die Lehrerkonferenz im Fall des Vorrückens auf Probe) erforderlich ist – Nr. 3.8 – Nr. 3.1.19 und 3.2.19 (nur mit der Buchausleihe befasste Lehrkräfte)
Klassenleitungen; Oberstufenkoordinator und -koordinatorin	Schreibend: – Nr. 3.2.15, Nr. 3.2.16 fachbezogen – fächerübergreifend für die Schülerinnen und Schüler ihrer Klasse, um schulische oder häusliche Probleme erkennen zu können, die sich durch einen plötzlichen Leistungsabfall in mehreren Fächern gleichzeitig bemerkbar machen, sowie für die Zeugnisvorbereitung und Zeugniserstellung, – Nr. 3.2.18, Nr. 3.5
Lehrkräfte der jeweiligen Schülerinnen und Schüler an Berufsschulen	(zusätzlich zu den vorstehenden) Lesend: – Nr. 3.2.15, Nr. 3.2.16 fächerübergreifend während des gesamten Schuljahrs für die von ihnen unterrichteten Schülerinnen und Schüler wegen der schulorganisatorischen und didaktischen Besonderheiten der Berufsschulen
Beratungslehrkräfte und Schulpsychologen	Lesend: – Nr. 3.2 (ohne Nr. 3.2.15 bis Nr. 3.2.17 und 3.2.19), Nr. 3.8 – fächerübergreifend hinsichtlich Nr. 3.2.15 bis 3.2.17 nur im konkreten Einzelfall, soweit dies zur Erfüllung ihrer pädagogisch-psychologischen und rechtlichen Aufgaben im Rahmen der Schulberatung erforderlich ist
Administrator	Daten der Programmbenutzer gemäß Nr. 3.6.1 und 3.6.2

5 **Vorgesehene Fristen für die Löschung der verschiedenen Datenkategorien im Verfahren Schulverwaltungsprogramm**

Nr. 3.1.10, 3.1.12, 3.1.14	Spätestens am Ende des laufenden Schuljahres
Nr. 3.1 (außer Nr. 3.1.10–3.1.14 und 3.1.19), Nr. 3.2 (außer Nr. 3.2.4, 3.2.6, 3.2.7, 3.2.16 bis 3.2.19) Nr. 3.3 und 3.4 Nr. 3.6.1 bis 3.6.2, Nr. 3.7	Spätestens am Ende des nachfolgenden Schuljahres, in dem die betroffene Person von der Schule abgegangen ist

Nr. 3.1.11, 3.1.13, 3.1.19 Nr. 3.2.4, 3.2.6, 3.2.7, 3.2.16 bis 3.2.18 Nr. 3.5	Spätestens am Ende des nachfolgenden Schuljahres
Nr. 3.6.3, 3.6.4	Ein Jahr nach der Anlage/der Änderung des Datensatzes
Nr. 3.2.19, 3.8	Löschung spätestens am Ende des nachfolgenden Schuljahres, in dem die Schülerin/der Schüler von der Schule abgegangen ist

Anlage 2 **BaySchO**

Abschnitt 2: Elektronischer Notenbogen

1 Zwecke der Verarbeitung:
  Unterstützung der Lehrkräfte bei der
  - individuellen Förderung der Schülerinnen und Schüler
  - Bewertung von Schülerleistungen
  - Erfüllung der Unterrichts- und Beratungspflichten der Schule gegenüber Schülern und Erziehungsberechtigten
  - Vorbereitung schulrechtlicher Entscheidungen
  - Erstellung von Zeugnissen
2 Kategorien der betroffenen Personen
  - Lehrkräfte
  - Schülerinnen und Schüler
  - Erziehungsberechtigte
  - Schulleitung
3 Kategorien der gespeicherten Daten
3.1 Daten der Lehrkräfte, der Klassenleitungen und der Schulleitung
3.1.1 Stammdaten
  - Name(n)
  - Vorname(n)
  - Geschlecht
  - Nutzerrolle
  - Amtsbezeichnung
  - Lehrerkürzel
3.1.2 Unterrichtsdaten
  - unterrichtete Fächer
  - fachbezogene Zuordnung zu unterrichteten Schülerinnen und Schülern
  - Zuordnung zu erteilten Erziehungs- und Ordnungsmaßnahmen nach Art. 86 Abs. 1, 2 Nrn. 1 bis 5 BayEUG
3.1.3 Daten über protokollierungsbedürftige Zugriffe
3.2 Daten der Schülerinnen und Schüler
3.2.1 Stammdaten
  - Name(n)
  - Vorname(n)
  - Geschlecht
  - Geburtsdatum
  - Geburtsort
  - Erziehungsberechtigte
3.2.2 Aktuelle Unterrichtsdaten
  - Klasse
  - Klassenart
  - Unterrichtsart
  - Schule
  - Schulart
  - Jahrgangsstufe
  - Vorrücken in diese Jahrgangsstufe
  - Aufnahme in die Schule durch
  - Wiederholungen
  - Ausbildungsrichtung/Fachgruppe/Wahlpflichtfächergruppe
  - besuchter Religions-/Ethikunterricht
  - Fremdsprachen
  - Wahlpflichtfächer
  - Wahlunterricht/Förderunterricht/Pluskurse/Arbeitsgemeinschaften
  - differenzierter Sport einschließlich Sportart

125

BaySchO Anlage 2

        – Erfüllung der Schulpflicht
        – ggf. Berufsfeld
3.2.3 Leistungsdaten
        – Note
        – Art
        – ggfs. allgemeine Bemerkung gemäß Art. 52 Abs. 2 Satz 3 BayEUG
        – Gewichtung
        – Datum der Leistungsbewertung
        – Zeugnisbemerkungen
        – Erreichen des Klassenziels
        – Empfehlungen und Entscheidungen der Klassen- oder Lehrerkonferenz
        – Bemerkungen zu Zwischenzeugnis und Jahreszeugnis
3.2.4 Individuelle Unterstützung, Nachteilsausgleich und Notenschutz
        ggf. Maßnahmen der Individuellen Unterstützung, des Nachteilsausgleiches und Notenschutzes gemäß Art. 52 Abs. 5 BayEUG, §§ 32 bis 34 BaySchO bei einzelnen Schülerinnen und Schülern (insbesondere wegen Lese- und Rechtschreibstörung)
3.2.5 Absenzen
        – Zahl der versäumten Unterrichtstage
        – Art der Absenz (entschuldigt/unentschuldigt)
        – Datum
        – Attestpflicht
3.2.6 Erziehungs- und Ordnungsmaßnahmen nach Art. 86 Abs. 1, 2 Nrn. 1 – 5 BayEUG
        – Art
        – Betreff
        – Datum
        – Lehrkraft
3.2.7 Austritt
        – Ergänzungsprüfung
        – Prüfungsende
        – Eignung für weiterführende Schule
        – Austrittsdatum
        – Abschluss

3.3 **Daten der Erziehungsberechtigten**
3.3.1 Stammdaten
        – Name(n)
        – Vorname(n)
        – Geschlecht
        – Kontaktdaten
        – Zuordnung zu Schülerin/Schüler

4 **Kategorien der der Empfänger, denen die personenbezogenen Daten offengelegt werden:**
4.1 Externe Empfänger: Auftragsverarbeiter
      Die Daten werden ausschließlich dem von der Schule beauftragten Auftragsverarbeiter und den Voraussetzungen des Art. 28 DSGVO offengelegt, soweit dies technisch erforderlich ist.
4.2 Interne Empfänger/Zugriffsberechtigte

Anlage 2 **BaySchO**

	Zugriffsrechte im konkreten Einzelfall auf
Schulleitung	Nr. 3.2.3, 3.2.4 und 3.2.6: schreibend Nr. 3.1 bis 3.2.2, 3.2.5 und Nr. 3.2.7 bis 3.3: lesend (3.1.3 nur hinsichtlich der eigenen Daten)
Lehrkräfte	Daten aller Schülerinnen und Schüler: 3.2.6: schreibend Nr. 3.2.1 sowie Angabe der Klasse: lesend Daten der von ihnen unterrichteten Schülerinnen und Schüler: Nr. 3.2.3 und 3.2.5 in selbst unterrichteten Fächern: schreibend; im Übrigen lesend, insbesondere für den Zeitraum, für den dies zur Erfüllung der Aufgaben als Mitglied der Klassenkonferenz erforderlich ist (insbesondere Zeugniserstellung, Entscheidung über das Vorrücken, Empfehlung an die Lehrerkonferenz im Fall des Vorrückens auf Probe); Nr. 3.1 bis 3.2.2, 3.2.4, 3.2.7 bis 3.3: lesend (3.1.3 nur hinsichtlich der eigenen Daten)
(Stellvertretende) Klassenleitung, Oberstufenkoordinator oder Oberstufenkoordinatorin	(zusätzlich zu den Zugriffsrechten als Lehrkraft) Nr. 3.2.3, 3.2.5 fächerübergreifend für die Schülerinnen und Schüler ihrer Klasse, um schulische oder häusliche Probleme erkennen zu können, die sich durch einen plötzlichen Leistungsabfall in mehreren Fächern gleichzeitig bemerkbar machen, sowie für die Zeugnisvorbereitung und Zeugniserstellung
Lehrkräfte an Berufsschulen	(zusätzlich zu den Zugriffsrechten der übrigen Lehrkräfte) Daten der von ihnen unterrichteten Schülerinnen und Schüler: Nr. 3.2.3 fächerübergreifend während des gesamten Schuljahrs während des gesamten Schuljahres wegen der schulorganisatorischen und didaktischen Besonderheiten der Berufsschulen
Beratungslehrkräfte und Schulpsychologen	(zusätzlich zu den Zugriffsrechten der Lehrkräfte) Nr. 3.2, 3.3 lesend, soweit dies für die soweit dies zur Erfüllung ihrer pädagogisch-psychologischen und rechtlichen Aufgaben im Rahmen der Schulberatung erforderlich ist.
Administrator	Nr. 3.1 bis 3.3: schreibend

5 Vorgesehene Fristen für die Löschung der verschiedenen Datenkategorien
Wird der elektronische Notenbogen als Hilfsmittel zur Erstellung entsprechender Schülerakten verwendet, so gelten für die aus diesen Daten erstellten Schülerakten die Aufbewahrungsfristen des § 40 BaySchO.
Im Übrigen werden die gespeicherten Daten jeweils spätestens am Ende des Schuljahres gelöscht, das dem Schuljahr nachfolgt, in dem die Daten gespeichert wurden.

BaySchO Anlage 2

Abschnitt 3: Klassentagebuch

Die mit * gekennzeichneten Regelungen gelten nur für Klassentagebücher in automatisierter Form
1 **Zwecke der Verarbeitung:**
 Unterstützung
 - bei der Erfassung und Dokumentation von Unterrichtsstunden und Fehlzeiten;
 - bei der Wahrnehmung der Aufsichtspflicht und Überwachung der Schulpflicht
 - bei der Erfüllung der Auskunftspflicht gegenüber Schülerinnen und Schülern, deren Erziehungsberechtigten und ggf. Ausbildungsbetrieben
2 **Kategorien der betroffenen Personen**
 - Schülerinnen und Schüler
 - Erziehungsberechtigte
 - Lehrkräfte
 - Schulleitung
 - Verwaltungspersonal*
3 **Kategorien der gespeicherten Daten**
3.1 Daten der Lehrkräfte, der Klassenleitungen, der Schulleitung und des Verwaltungspersonals
3.1.1 Stammdaten
 - Name(n)
 - Vorname(n)
 - Geschlecht
 - Nutzerrolle*
 - Amtsbezeichnung
 - Lehrerkürzel
3.1.2 Unterrichtsdaten und -elemente (nicht bei Verwaltungspersonal)
 - unterrichtete Fächer
 - Lehrverteilung
 - Stunden- und Vertretungsplandaten
 - Unterrichtsdokumentation
 - Unterrichtsrelevante Termine (z.B. Prüfungstermine, Schulfahrten, Praktika)
 - Hausaufgaben
3.1.3 Nutzungsbezogene Daten
 - Erteilte Bestätigungen/Befreiungen
3.2 Daten der Schülerinnen und Schüler
3.2.1 Stammdaten
 - Name(n)
 - Vorname(n)
 - Geschlecht
 - Geburtsdatum
 - Geburtsort
 - Erziehungsberechtigte
3.2.2 Aktuelle Unterrichtsdaten
 - Klasse
 - Klassenart
 - Unterrichtsart
 - Schule
 - Schulart
 - Jahrgangsstufe
 - Ausbildungsrichtung/Fachgruppe/Wahlpflichtfächergruppe
 - besuchter Religions-/Ethikunterricht
 - Fremdsprachen
 - Wahlpflichtfächer

Anlage 2 **BaySchO**

- Wahlunterricht/Förderunterricht/Pluskurse/Arbeitsgemeinschaften
- differenzierter Sport einschließlich Sportart
- ggf. Berufsfeld
- ggfs. Ausbildungsbetrieb

3.2.3 Absenzen
- Grund der Absenz: Verspätung/Krankheit/Befreiung/Beurlaubung (Auswahlfeld)
- ggf. erwarteter Zeitraum der Abwesenheit (von… bis)
- ggf. Verspätungsdauer
- versäumte Unterrichtsstunden
- Entschuldigungsstatus: unentschuldigt/entschuldigt/mit Attest entschuldigt
- ggf. Befreiungs- oder Beurlaubungsstatus: nicht bestätigt/bestätigt/mit Attest bestätigt

3.3 **Daten der Erziehungsberechtigte**

3.3.1 Stammdaten
- Name(n)
- Vorname(n)
- Geschlecht
- Kontaktdaten
- Zuordnung zu Schülerin/Schüler

4 **Kategorien der der Empfänger, denen die personenbezogenen Daten offengelegt werden:**

4.1 Externe Empfänger: Auftragsverarbeiter *
Die Daten werden dem von der Schule beauftragten Auftragsverarbeiter unter den Voraussetzungen des Art. 28 DSGVO offengelegt, soweit dies technisch erforderlich ist.

4.2 Externe Empfänger: ggf. Ausbildungsbetrieb
Die Daten der Nr. 3.2 werden, soweit in § 25 BSO genannt, im Rahmen der Zusammenarbeit gem. § 83 Abs. 2 BBiG zum Zwecke einer erfolgreichen dualen Berufsausbildung den Ausbildungsbetrieben offengelegt.

4.3 Interne Empfänger/Zugriffsberechtigte

	Zugriffsrechte* auf
Schulleitung, Verwaltungspersonal	Nr. 3.1.1, 3.1.2, 3.2.1, 3.2.2 und 3.3 lesend Nr. 3.1.3 und 3.2.3 schreibend
Klassenleitungen und Lehrkräfte an Berufsschulen der jeweiligen Schülerinnen und Schüler	Nr. 3.1.1, 3.1.2, 3.2.1, 3.2.2 und 3.3 lesend Nr. 3.2.3 schreibend Nr. 3.1.3 schreibend, beschränkt auf die jeweils unterrichteten Fächer
Lehrkräfte und Vertretungslehrkräfte der jeweiligen Schülerinnen und Schüler	Nr. 3.1.1, 3.1.2, 3.2.1, 3.2.2, 3.3, lesend Nr. 3.1.2, 3.1.3 und 3.2.3 schreibend, beschränkt auf die jeweils unterrichteten Fächer
Administrator*	Nr. 3 schreibend

5 Vorgesehene Fristen für die Löschung
Die gespeicherten Daten werden spätestens jeweils am Ende des Schuljahres gelöscht, das dem Schuljahr nachfolgt, in dem die Daten gespeichert wurden.

BaySchO Anlage 2

Abschnitt 4: Passwortgeschütze Lernplattform

1 **Zwecke der Verarbeitung:**
   - Unterstützung der Schulentwicklung
   - Ergänzung der pädagogischen Arbeit durch virtuelle Klassenräume
   - Förderung der Kooperation innerhalb der Schule und zwischen Schulen
   - ortsunabhängiges Arbeiten mit digitalen Unterrichtswerkzeugen
   - Durchführung elektronisch unterstützter Leistungsnachweise
   - Durchführung von Distanzunterricht unter den Voraussetzungen von § 19 Abs. 4 BaySchO

2 **Kategorien der betroffenen Personen**
   - Pädagogisches Personal: Lehrkräfte, Betreuungspersonal förderbedürftiger Schülerinnen und Schüler, Studienreferendare, Lehramtsstudierende im Schulpraktikum, weiteres pädagogisches Personal (z.b. Ganztagsbetreuung)
   - Schülerinnen und Schüler
   - Nutzer des erweiterten Nutzerkreises: externe Partner im Sinne des Art. 2 Abs. 5 BayEUG

3 **Kategorien der gespeicherten Daten**

3.1 Daten des pädagogischen Personals
   Daten des pädagogischen Personals werden grundsätzlich nur gespeichert, soweit die jeweiligen Betroffenen wirksam eingewilligt haben. Einer Einwilligung bedarf es nicht, soweit die Lernplattform auf Grund von Regelungen des Staatsministeriums (z.b. Lehrpläne) verpflichtender Bestandteil des Unterrichts ist. In diesem Fall sind die Betroffenen vor dem Einsatz der Lernplattform über Art und Umfang der Datenverarbeitung umfassend durch die Schule zu informieren.

3.1.1 Stammdaten
   - Name(n)
   - Vorname(n)
   - Schule
   - Funktion
   - Amtsbezeichnung
   - Angaben zur Lehrbefähigung
   - E-Mail-Adresse im Rahmen der Lernplattform
   - Benutzername
   - Nutzerrolle
   - lokale User-ID
   - Passwort
   - Klassenleiter
   - Angaben zum Unterrichtseinsatz
   - Profilbild (optional)

3.1.2 Nutzungsbezogene Daten
   - Zeitpunkt der Anmeldung
   - Zeitpunkt des ersten Logins
   - Zeitpunkt des letzten Logins
   - Zeitpunkt der letzten Kennwortänderung
   - Summe der Logins
   - Gesamtnutzungsdauer der Lernplattform
   - in Anspruch genommener Speicherplatz
   - Korrekturzeichen und -anmerkungen
   - Mitgliedschaften in virtuellen Kursen/Räumen der Lernplattform (auch im Rahmen einer Schulpartnerschaft) jeweils mit Zeitpunkt des Beginns und der letzten Nutzung der Mitgliedschaft sowie Art der Zugriffsberechtigung
   - bearbeitete Lektionen, jeweils mit Zeitpunkt der Erstellung und der letzten Änderung; Auswertung der absolvierten Tests

Anlage 2 **BaySchO**

- in der Lernplattform veröffentlichte Beiträge. Lektionen und Nachrichten (auch Audio-, Video-, Bildaufnahmen oder sonstige Dateien) ggf. inkl. Bearbeitungs-, Zustellungs- und Lesestatus un sowie Zeitpunkt der Erstellung und der letzten Änderung
- IP-Adresse des Benutzers
- ggf. Authentifizierungstoken
- ID zur eindeutigen Geräteidentifikation
- individuelle Einstellungen und Konfigurationen

3.2 Daten der Schülerinnen und Schüler
Schülerdaten werden grundsätzlich nur gespeichert, soweit die Betroffenen oder bei Minderjährigen bis zur Vollendung des 14. Lebensjahres die Erziehungsberechtigten sowie bei Minderjährigen ab Vollendung des 14. Lebensjahres diese selbst und die Erziehungsberechtigten, wirksam eingewilligt haben. Einer Einwilligung bedarf es nicht, soweit die Lernplattform auf Grund von Regelungen des Staatsministeriums (z.b. Lehrpläne) verpflichtender Bestandteil des Unterrichts ist. In diesem Fall sind die Betroffenen vor dem Einsatz der Lernplattform über Art und Umfang der Datenverarbeitung umfassend durch die Schule zu informieren.

3.2.1 Stammdaten
- Name(n)
- Vorname(n)
- Schule
- Klasse/Kurs
- E-Mail-Adresse im Rahmen der Lernplattform
- Benutzername
- Nutzerrolle
- lokale User-ID
- Passwort
- Profilbild (optional)

3.2.2 Nutzungsbezogene Daten
- Zeitpunkt der Anmeldung
- Zeitpunkt des ersten Logins
- Zeitpunkt des letzten Logins
- Zeitpunkt der letzten Kennwortänderung
- Summe der Logins
- Gesamtnutzungsdauer der Lernplattform
- in Anspruch genommener Speicherplatz
- Mitgliedschaften in virtuellen Kursen/Räumen der Lernplattform (auch im Rahmen einer Schulpartnerschaft) jeweils mit Zeitpunkt des Beginns und der letzten Nutzung der Mitgliedschaft sowie Art der Zugriffsberechtigung
- bearbeitete Lektionen, jeweils mit Zeitpunkt der Erstellung und der letzten Änderung; Auswertung der absolvierten Tests
- Korrekturzeichen und -anmerkungen
- in der Lernplattform veröffentlichte Beiträge, Lektionen und Nachrichten (auch Audio-, Video-, Bildaufnahmen oder sonstige Dateien), ggf. inkl. Bearbeitungs-, Zustellungs- und Lesestatus, sowie Zeitpunkt der Erstellung und der letzten Änderung
- IP-Adresse des Benutzers
- ggf. Authentifizierungstoken
- ID zur eindeutigen Geräteidentifikation
- individuelle Einstellungen und Konfigurationen

3.3 Daten von Nutzern des erweiterten Nutzerkreises
Daten von Nutzern des erweiterten Nutzerkreises werden grundsätzlich nur verarbeitet, soweit diese wirksam eingewilligt haben.

3.3.1 Stammdaten
- Name(n)
- Vorname(n)

BaySchO Anlage 2

- ggfs. Arbeitgeber
- Funktion
- E-Mail-Adresse im Rahmen der Lernplattform
- Benutzername
- Nutzerrolle
- lokale User-ID
- Passwort
- Profilbild (optional)
- Klasse/Kurs

3.3.2 Nutzungsbezogene Daten
- Zeitpunkt der Anmeldung
- Zeitpunkt des ersten Logins
- Zeitpunkt des letzten Logins
- Summe der Logins
- Gesamtnutzungsdauer der Lernplattform
- in Anspruch genommener Speicherplatz
- Mitgliedschaften in virtuellen Kursen/Räumen der Lernplattform (auch im Rahmen einer Schulpartnerschaft)
- jeweils mit Zeitpunkt des Beginns der Mitgliedschaft und der letzten Nutzung der Mitgliedschaft sowie Art der Zugriffsberechtigung
- in der Lernplattform veröffentlichte Beiträge, Lektionen und Nachrichten (auch Audio-, Video-, Bildaufnahmen oder sonstige Dateien), ggf. inkl. Bearbeitungs-, Zustellungs- und Lesestatus, sowie Zeitpunkt der Erstellung und der letzten Änderung
- IP-Adresse des Benutzers (in verkürzter/anonymisierter Form)
- ggf. Authentifizierungstoken
- ID zur eindeutigen Geräteidentifikation
- individuelle Einstellungen und Konfigurationen

4 **Kategorien der Empfänger, denen die personenbezogenen Daten offengelegt werden**

4.1 Externe Empfänger: Pädagogisches Personal, Schülerinnen und Schüler anderer Schulen im Rahmen von Schulkooperationen, die gemeinsam einen virtuellen Kurs/Raum nutzen.

4.1.1 Daten des pädagogischen Personals der Partnerschule
- Angehörige des pädagogischen Personal der Partnerschule haben untereinander ein Leserecht oder Hörrecht betreffend die Daten gemäß Nr. 3.1.1 (ausgenommen lokale User-ID, Passwort) und betreffend die Korrekturzeichen und -anmerkungen sowie die in der Lernplattform veröffentlichten Beiträge, Lektionen gemäß 3.1.2 und Nachrichten (auch Audio-, Video-, Bildaufnahmen oder sonstige Dateien) jeweils mit Zeitpunkt der Erstellung und Zeitpunkt der letzten Änderung.
- Schülerinnen und Schüler in den jeweiligen virtuellen Kursen/Räumen haben ein Lese- bzw. Hörrecht betreffend Daten des pädagogischen Personals gemäß Nr. 3.1.1 (ausgenommen lokale User-ID und Passwort), in der Lernplattform erstellten Beiträge und Nachrichten (auch Audio-, Video-, Bildaufnahmen oder sonstige Dateien), Korrekturzeichen und -anmerkungen und Lektionen jeweils mit Zeitpunkt der Erstellung und Zeitpunkt der letzten Änderung gemäß Nr. 3.1.2.

4.1.2 Schülerdaten
Angehörige des pädagogischen Personals haben – soweit aus didaktischen Gründen für die beteiligten Schulen erforderlich – betreffend die Schülerinnen und Schüler der Partnerschule
- ein Leserecht oder Hörrecht für die Daten gemäß Nr. 3.2.1 (ausgenommen lokale User-ID, Passwort),
- ein Verarbeitungsrecht betreffend die Mitgliedschaften in virtuellen Kursen/Räumen (jeweils mit Zeitpunkt des Beginns und der letzten Nutzung der Mitgliedschaft) betreffend der Daten gemäß 3.2.2, bearbeitete Lektionen, Auswertung der

Anlage 2 **BaySchO**

absolvierten Tests, Korrekturzeichen und -anmerkungen, in der Lernplattform veröffentlichte Beiträge und Nachrichten (auch Audio-, Video-, Bildaufnahmen oder sonstige Dateien), jeweils mit Zeitpunkt der Erstellung sowie Zeitpunkt der letzten Änderung.
- Das an dem virtuellen Kurs/Raum beteiligte pädagogische Personal der Partnerschulen kann – soweit dies aus didaktischen Gründen erforderlich ist – die von ihm unterrichteten Schülerinnen und Schülern gemeinsam befähigen
- ein Leserecht oder Hörrecht für die Daten gemäß Nr. 3.2.1 betreffend Vornamen, Namen und besuchte Schule,
- sowie in den jeweiligen virtuellen Kursen/Räumen (jeweils mit Zeitpunkt des Beginns der Mitgliedschaft und Zeitpunkt der letzten Nutzung der Mitgliedschaft) folgende Daten gemäß 3.2.2: bearbeitete Lektionen, Auswertung der absolvierten Tests, Korrekturzeichen und -anmerkungen, in der Lernplattform erstellte Beiträge und Nachrichten (auch Audio-, Video-, Bildaufnahmen oder sonstige Dateien), jeweils mit Zeitpunkt der Erstellung sowie Zeitpunkt der letzten Änderung
- der Schülerinnen und Schüler der jeweiligen Partnerschule einzusehen.
4.2 Externe Empfänger: Nutzer des erweiterten Nutzerkreises
4.2.1 eigene Daten gemäß Nr. 3.3
schreibend,
4.2.2 Daten des pädagogischen Personals (Leserecht oder Hörrecht, soweit dies zur Kooperation mit dem Nutzer des erweiterten Nutzerkreises erforderlich ist)
Auf den jeweiligen virtuellen Kurs/Raum bezogenen Daten des pädagogischen Personals gemäß Nr. 3.1.1 (ausgenommen lokale User-ID und Passwort), in der Lernplattform veröffentlichte Beiträge und Nachrichten (auch Audio-, Video-, Bildaufnahmen oder sonstige Dateien) und Lektionen jeweils mit Zeitpunkt der Erstellung sowie Zeitpunkt der letzten Änderung gemäß Nr. 3.1.2.
4.2.3 Daten von Schülerinnen und Schülern (lesend, soweit dies zur Kooperation mit dem Nutzer des erweiterten Nutzerkreises erforderlich ist)
- die Daten gemäß Nr. 3.2.1 betreffend Vorname, Namen, besuchte Schule, Klasse/Kurs
- in der Lernplattform veröffentliche Beiträge und Nachrichten (auch Audio-, Video-, Bildaufnahmen oder sonstige Dateien) und bearbeitete Lektionen, Auswertung der absolvierten Tests, Korrekturzeichen und -anmerkungen jeweils mit Zeitpunkt der Erstellung und der letzten Änderung, soweit diese im direkten Zusammenhang mit der Kooperation mit dem externen Nutzer stehen.
4.3 Externe Empfänger: Auftragsverarbeiter
Die Daten werden ausschließlich dem von der Schule beauftragten Auftragsverarbeiter und ggf. dessen Unterauftragnehmer unter den Voraussetzungen des Art. 28 DSGVO offengelegt, soweit dies technisch erforderlich ist.
4.4 Interne Empfänger/Zugriffsberechtigte

	Zugriffsberechtigung
Von der Schulleitung beauftragter Administrator	Auf alle in Nr. 3 genannten Daten der jeweiligen Schule schreibend
Pädagogisches Personal	Auf eigene Daten gem. Nr. 3.1 schreibend; Daten der von ihnen unterrichteten Schülerinnen und Schüler in den virtuellen Kursen/Räumen der Lernplattform gemäß Nr. 3.2.1 (lokale User-ID und Passwort ausgenommen außer bei Vergabe eines Initialpassworts bzw. temporären Passworts) und Nr. 3.2.2 schreibend.

BaySchO Anlage 2

	Ggf. Daten von Nutzern des erweiterten Nutzerkreises in den virtuellen Kursen/Räumen der Lernplattform gemäß Nr. 3.3.1 (ausgenommen lokale User-ID und Passwort) und Nr. 3.3.2 lesend.
Pädagogisches Personal, das gemeinsam einen virtuellen Kurs/Raum betreut	Betreffend die Daten gemäß Nr. 3.1.1 (ausgenommen lokale User-ID und Passwort) und betreffend die Korrekturzeichen und -anmerkungen sowie erstellten Beiträge und Nachrichten (auch Audio-, Video-, Bildaufnahmen oder sonstige Dateien) und Lektionen gemäß Nr. 3.1.2 jeweils mit Zeitpunkt der Erstellung sowie Zeitpunkt der letzten Änderung, untereinander lesend oder hörend.
Schülerinnen und Schüler	Auf ihre eigenen Daten gemäß Nr. 3.2 schreibend; auf die auf den jeweiligen virtuellen Kurs/Raum bezogenen Daten des pädagogischen Personals gemäß Nr. 3.1.1 (ausgenommen lokale User-ID und Passwort), in der Lernplattform veröffentlichte Beiträge und Nachrichten (auch Audio-, Video-, Bildaufnahmen oder sonstige Dateien) und Lektionen jeweils mit Zeitpunkt der Erstellung sowie Zeitpunkt der letzten Änderung gemäß Nr. 3.1.2. lesend oder hörend.
Schülerinnen und Schüler untereinander und ggf. gegenüber Nutzern des erweiterten Nutzerkreises	Im Rahmen eines virtuellen Kurses/Raumes: auf Vornamen, Namen und die besuchte Schule lesend; soweit aus didaktischen Gründen erforderlich und von dem pädagogischen Personal befähigt gegenseitig lesend der Daten gemäß 3.2.2 in Bezug auf Beiträge, Nachrichten (auch Audio-, Video-, Bildaufnahmen oder sonstige Dateien) und die bearbeiteten Lektionen jeweils mit Zeitpunkt der Erstellung sowie Zeitpunkt der letzten Änderung), ggf. darüber hinaus auch mit Auswertung, Korrekturzeichen und -anmerkungen. Ggf. Nutzern des erweiterten Nutzerkreises in den virtuellen Kursen/Räumen der Lernplattform in Bezug auf folgende Daten gemäß Nr. 3.3.1: Vornamen, Namen, Arbeitgeber und soweit aus didaktischen Gründen erforderlich und von dem pädagogischen Personal befähigt lesend der Daten gemäß 3.3.2 in Bezug auf Beiträge und Nachrichten (auch Audio-, Video-, Bildaufnahmen oder sonstige Dateien), Korrekturzeichen und -anmerkungen und die bearbeiteten Lektionen jeweils mit Zeitpunkt der Erstellung sowie Zeitpunkt der letzten Änderung, ggf. darüber hinaus auch mit Auswertung, Korrekturzeichen und -anmerkungen.

5   **Vorgesehene Fristen für die Löschung der verschiedenen Datenkategorien**
Soweit die Speicherung der Daten einer Einwilligung bedarf (vgl. Nrn. 3.1, 3.2, 3.3), werden die gespeicherten Daten des pädagogischen Personals, Schülerinnen und Schüler und Nutzern des erweiterten Nutzerkreises gelöscht, wenn die Betroffenen, bei Minderjährigen bis zur Vollendung des 14. Lebensjahres die Erziehungsberechtigten sowie bei Minderjährigen ab Vollendung des 14. Lebensjahres diese selbst oder die Erziehungsberechtigten die erteilte Einwilligung widerrufen.

Anlage 2 **BaySchO**

Verkürzte/anonymisierte IP-Adressen werden jeweils spätestens drei Monate nach dem Ende des laufenden Schuljahres gelöscht.
Folgende Daten der Schülerinnen und Schüler werden spätestens gelöscht
- in der Grund- und Förderschule spätestens am Ende des Besuchs der Jahrgangsstufe 2 und am Ende des Besuchs der Jahrgangsstufe 4,
- in der zweijährigen gymnasialen Qualifikationsstufe am Ende der Qualifikationsstufe,
- in der Beruflichen Oberschule oder der Beruflichen Oberschule zur sonderpädagogischen Förderung spätestens am Ende des Schulbesuchs,
- im Übrigen jeweils am Ende des laufenden Schuljahres:
Klasse/Kurs, Mitgliedschaften in virtuellen Kursen/Räumen der Lernplattform (auch im Rahmen einer Schulpartnerschaft), jeweils mit Zeitpunkt des Beginns der Mitgliedschaft und Zeitpunkt der letzten Nutzung der Mitgliedschaft und Art der Zugriffsberechtigung, bearbeitete Lektionen jeweils mit Zeitpunkt der Erstellung sowie Zeitpunkt der letzten Änderung, Auswertung der absolvierten Tests, Korrekturzeichen und -anmerkungen, in der Lernplattform veröffentlichte Beiträge und Nachrichten (auch Audio-, Video-, Bildaufnahmen oder sonstige Dateien) jeweils mit Zeitpunkt der Erstellung sowie Zeitpunkt der letzten Änderung.
Die sonstigen gespeicherten Daten des pädagogischen Personals, der Schülerinnen und Schüler sowie des erweiterten Nutzerkreises werden jeweils spätestens am Ende des Schuljahres gelöscht, in dem die diese die jeweilige Schule verlassen haben.
Gesetzliche Aufbewahrungspflichten bleiben unberührt.

BaySchO Anlage 2

Abschnitt 5: Schulinterner passwortgeschützter Bereich

1 Zwecke der Verarbeitung:
- Information der am Schulleben der jeweiligen Schule beteiligten Personen (Schulleitung, Lehrkräfte, Verwaltungspersonal, Erziehungsberechtigte, Schülerinnen und Schüler) über Sachverhalte mit Schulbezug
- Organisation des Schullebens
- digitale Fehlzeitenmeldung

2 Kategorien der betroffenen Personen
- Schulleitung
- Lehrkräfte
- Verwaltungspersonal
- Erziehungsberechtigte
- Schülerinnen und Schüler
- sonstige Personen

3 Kategorien der gespeicherten Daten
3.1 Daten der Lehrkräfte
3.1.1 Stammdaten
- Name(n)
- Vorname(n)
- Benutzername
- Namenskürzel
- Funktion
- Amtsbezeichnung
- dienstliche Anschrift
- dienstliche Telefonnummer
- dienstliche E-Mail-Adresse
- private E-Mail-Adresse (nur zum Zweck der systemseitig automatisierten Information der Lehrkraft und nur, soweit die Lehrkraft darin wirksam eingewilligt hat)
- lokale User-ID

3.1.2 Stundenplandaten, Vertretungsplandaten
- Klasse/Kurs
- Fach
- Datum
- Dauer (Uhrzeit von/bis)
- Ort (Gebäude, Raum)
- vertretene Lehrkraft
- vertretende Lehrkraft
- Bemerkungen zur Vertretung

3.1.3 Angaben in schulinternen Informationsplattformen
- klassen-, fach- oder schulbezogene Information, soweit erforderlich mit wirksamer Einwilligung der Lehrkraft,
- Lesebestätigung (Datum, Uhrzeit)

3.1.4 Ressourcennutzung
- Ressource
- Datum
- Dauer (Uhrzeit von/bis)
- Reservierungsgrund ohne Personenbezug zu Dritten

3.1.5 Buchungsdaten für Sprechzeiten
- Datum
- Dauer (Uhrzeit von/bis)
- Ort (Gebäude, Raum)

Anlage 2 **BaySchO**

3.1.6 Weitere schulbezogene Daten
- Daten (z.B. Fotos), in deren Veröffentlichung im schulinternen passwortgeschützten Bereich die Betroffenen wirksam eingewilligt haben
3.1.7 Sonstige nutzungsbezogene Daten (Protokolldaten)
- Individuelle Einstellungen und Konfigurationen
- Protokolldaten: erfolgreiche Logins, IP-Adresse, Inhaltspflege in einem Redaktionssystem
3.2 Daten des Verwaltungspersonals
3.2.1 Stammdaten
- Name(n)
- Vorname(n)
- Benutzername
- Namenskürzel
- Funktion
- Amtsbezeichnung
- dienstliche Anschrift
- dienstliche Telefonnummer
- dienstliche E-Mail-Adresse
- private E-Mail-Adresse (nur zum Zweck der systemseitig automatisierten Information der Verwaltungskraft und nur, soweit die Verwaltungskraft darin wirksam eingewilligt hat)
- lokale User-ID
3.2.2 Angaben in schulinternen Informationsplattformen
- klassen-, fach- oder schulbezogene Information, soweit erforderlich mit wirksamer Einwilligung der Verwaltungskraft
- Lesebestätigung (Datum, Uhrzeit)
3.2.3 Ressourcennutzung
- Ressource
- Datum
- Dauer (Uhrzeit von/bis)
- Reservierungsgrund ohne Personenbezug zu Dritten
3.2.4 Weitere schulbezogene Daten
- Daten (z.B. Fotos), in deren Veröffentlichung im schulinternen passwortgeschützten Bereich die Betroffenen wirksam eingewilligt haben
3.2.5 Sonstige nutzungsbezogene Daten (Protokolldaten)
- Individuelle Einstellungen und Konfigurationen
- Protokolldaten: erfolgreiche Logins, IP-Adresse, Inhaltspflege in einem Redaktionssystem
3.3 Daten der Schülerinnen und Schüler
Schülerdaten werden nur gespeichert, soweit die Betroffenen oder bei Minderjährigen bis zur Vollendung des 14. Lebensjahres die Erziehungsberechtigten sowie bei Minderjährigen ab Vollendung des 14. Lebensjahres diese selbst und die Erziehungsberechtigten wirksam eingewilligt haben.
3.3.1 Stammdaten
- Name(n)
- Vorname(n)
- Benutzername
- Namenskürzel
- E-Mail-Adresse
- lokale User-ID
3.3.2 Angaben in schulinternen Informationsplattformen
- klassen- oder schulbezogene Information
- Lesebestätigung (Datum, Uhrzeit)

BaySchO Anlage 2

3.3.3 Buchungsdaten für Sprechzeiten
- Lehrkraft
- Datum
- Dauer (Uhrzeit von/bis)
- Ort (Gebäude, Raum)
3.3.4 Digitale Fehlzeitenmeldung
- Grund der Absenz: Verspätung/Krankheit/Befreiung/Beurlaubung (Auswahlfeld)
- ggf. erwartete Dauer der Abwesenheit
3.3.5 Weitere schulbezogene Daten
Daten (z.b. Fotos), in deren Veröffentlichung im schulinternen passwortgeschützten Bereich die Betroffenen, bei Minderjährigen bis zur Vollendung des 14. Lebensjahres die Erziehungsberechtigten sowie bei Minderjährigen ab Vollendung des 14. Lebensjahres diese selbst und die Erziehungsberechtigten, wirksam eingewilligt haben.
3.3.6 Sonstige nutzungsbezogene Daten (Protokolldaten)
- Individuelle Einstellungen und Konfigurationen
- Protokolldaten: erfolgreiche Logins, IP-Adresse
3.4 Daten der Erziehungsberechtigten
Daten von Erziehungsberechtigten werden nur gespeichert, soweit die Betroffenen wirksam eingewilligt haben.
3.4.1 Stammdaten
Name(n)
- Vorname(n)
- Benutzername
- Namenskürzel
- E-Mail-Adresse),
3.4.2 klassen- oder schulbezogene Informationen
3.4.3 Lesebestätigung
- Datum
- Uhrzeit
3.4.4 Buchungsdaten für Sprechzeiten
Lehrkraft
- Datum
- Dauer [Uhrzeit von/bis]
- Ort [Gebäude, Raum])
3.4.5 Weitere schulbezogene Daten
Daten (z.B. Fotos), in deren Veröffentlichung im schulinternen passwortgeschützten Bereich die Betroffenen wirksam eingewilligt haben
3.5 Daten sonstiger Betroffener
Daten (z.B. Fotos), in deren Veröffentlichung im schulinternen passwortgeschützten Bereich die Betroffenen wirksam eingewilligt haben;
4 Kategorien der Empfänger, denen die personenbezogenen Daten offengelegt werden:
4.1 Externe Empfänger: Auftragsverarbeiter der Schule
Die Daten werden dem von der Schule beauftragten Auftragsverarbeiter unter den Voraussetzungen des Art. 28 DSGVO offengelegt, soweit dies technisch erforderlich ist.
4.2 Externe Empfänger: Erziehungsberechtigte
- Zugriff auf Nrn. 3.1.5, 3.3.3, 3.3.4 und 3.4.4 schreibend, soweit selbst betroffen;
- Nrn. 3.1.6, 3.2.4, 3.3.5, 3.4.5 und 3.5 lesend.
- Im Übrigen lesend mit folgenden Einschränkungen:

Anlage 2 **BaySchO**

- kein Leserecht für private E-Mail-Adressen und Ressourcennutzung
- Stundenplandaten und Vertretungsplandaten können bis maximal einen Tag nach Ablauf der Gültigkeit des Stundenplans/Vertretungsplans eingesehen werden
- Lesebestätigungen können nur für selbst erstellte Beiträge eingesehen werden

4.3 Interne Empfänger/Zugriffsberechtigte

	Zugriff
Schulleitung	Nr. 3 lesend und schreibend.
Verwaltungspersonal	– Lesend und schreibend, soweit durch die Schulleitung beauftragt (nicht eigene Lesebestätigungen nur lesend) – Nr. 3.2.3 lesend und schreibend, soweit die Ressource selbst genutzt wird – Im Übrigen lesend, bzgl. Nr. 3.1.1, 3.2.1, 3.3.1, 3.4.1 (ausgenommen lokale User-ID) und Lesebestätigungen für Beiträge anderer Nutzer jedoch nur, soweit durch die Schulleitung beauftragt (ausgenommen: Nr. 3.1.7 und 3.3.6)
Lehrkräfte	– Lesend und schreibend, soweit durch die Schulleitung beauftragt (nicht eigene Lesebestätigungen nur lesend) – Nr. 3.1.4 lesend und schreibend, soweit die Ressource selbst genutzt wird – Nrn. 3.1.5, 3.3.3 und 3.4.4 lesend und schreibend, im Übrigen lesend, bzgl. Nrn. 3.1.1, 3.2.1, 3.3.1, 3.4.1 (ausgenommen lokale User-ID) und Lesebestätigungen für Beiträge anderer Nutzer jedoch nur, soweit durch die Schulleitung beauftragt (ausgenommen: Nrn. 3.2.5 und 3.3.6)
Schülerinnen und Schüler	Nrn. 3.1.5, 3.3.3 schreibend für selbst erstellte Sprechzeitenbuchungen Bei volljährigen Schülern Nr. 3.3.4 schreibend Im Übrigen lesend mit folgenden Einschränkungen: – kein Leserecht für private E-Mail-Adressen und Ressourcennutzung – Stundenplandaten und Vertretungsplandaten können bis maximal einen Tag nach Ablauf der Gültigkeit des Stundenplans/Vertretungsplans eingesehen werden – Lesebestätigungen können nur für selbst erstellte Beiträge eingesehen werden – Kein Leserecht für Buchungsdaten von Elternsprechzeiten

5 **Vorgesehene Fristen für die Löschung der verschiedenen Datenkategorien**
Soweit die Speicherung der Daten einer Einwilligung bedarf, werden die gespeicherten Daten gelöscht, wenn die Betroffenen, bei Minderjährigen bis zur Vollendung des 14. Lebensjahres die Erziehungsberechtigten sowie bei Minderjährigen ab Vollendung des 14. Lebensjahres diese selbst oder die Erziehungsberechtigten die erteilte Einwilligung widerrufen.
Unbeschadet davon werden Grunddaten gemäß Nrn. 3.1.1, 3.2.1, 3.3.1, 3.4.1 spätestens einen Monat nachdem die betreffende Person die Schule verlassen hat gelöscht; alle übrigen Daten werden jeweils spätestens einen Monat nach Ablauf des jeweiligen Schuljahres gelöscht. Daten gemäß Nrn. 3.1.7, 3.2.5, 3.3.6 werden nach einem Monat gelöscht.

BaySchO Anlage 2

Abschnitt 6: Videoüberwachung an Schulen

1 **Zwecke der Verarbeitung:**
   – Schutz von Leben, Gesundheit, Freiheit und Eigentum der Personen, die sich im Bereich der Schule oder in deren unmittelbarer Nähe aufhalten;
   – Schutz der schulischen Einrichtung vor Sachbeschädigung und Diebstahl
2 **Kategorien der betroffenen Personen**
   – alle Personen, die sich im Eingangsbereich der Schule aufhalten oder sich zwischen 22:00 Uhr und 6:30 Uhr außerhalb von schulischen oder sonstigen von der Schule zugelassenen Veranstaltungen auf dem Schulgelände befinden;
   – darüber hinaus alle Personen, die sich außerhalb von schulischen oder sonstigen von der Schule zugelassenen Veranstaltungen an Feiertagen, Wochenenden oder in den Ferien auf dem Schulgelände befinden.
3 **Kategorien der gespeicherten Daten**
   Mit Hilfe von optisch-elektronischen Einrichtungen erhobene personenbezogene Daten
4 **Kategorien der Empfänger, denen die personenbezogenen Daten offengelegt werden:**
5 **Externe Empfänger**
4.1 **Externe Empfänger:**
   Personen und Stellen, denen die Daten im Einzelfall nach den einschlägigen datenschutzrechtlichen Vorschriften offengelegt werden dürfen.
4.2 **Interne Empfänger/Zugriffsberechtigte**
   Zugriff auf die personenbezogenen Daten haben nur die Schulleitung und von der Schulleitung beauftragte Angehörige des Lehr- und Verwaltungspersonals
5 **Vorgesehene Fristen für die Löschung der verschiedenen Datenkategorien**
   Die gespeicherten Daten werden jeweils spätestens drei Wochen nach Aufzeichnung gelöscht, soweit sie nicht zur Verfolgung von Ordnungswidrigkeiten von erheblicher Bedeutung oder von Straftaten oder zur Geltendmachung von Rechtsansprüchen benötigt werden.

Anlage 2   **BaySchO**

Abschnitt 7: Digitale Kommunikations- und Kollaborationswerkzeuge

1   **Zwecke der Verarbeitung:**
   - Beratung und Beschlussfassungen schulischer Gremien mit digitalen Hilfsmitteln unter den Voraussetzungen von § 18a BaySchO;
   - Durchführung von Distanzunterricht unter den Voraussetzungen von § 19 Abs. 4 BaySchO;
   - schulinterne, unterrichtliche Nutzung, soweit diese aus pädagogischen Gründen (z.b. zur Förderung der Medienkompetenz; gemeinsame Bearbeitung digitaler Produkte in Gruppenarbeit) erforderlich ist;
   - Lehrerausbildung im Rahmen des Distanzunterrichts unter den Voraussetzungen von § 19 Abs. 4 BaySchO in Verbindung mit den Zulassungs- und Ausbildungsverordnungen der verschiedenen Schularten sowie den dazu erlassenen Verwaltungsvorschriften.
   - Soweit die Betroffenen oder bei Minderjährigen bis zur Vollendung des 14. Lebensjahres die Erziehungsberechtigten sowie bei Minderjährigen ab Vollendung des 14. Lebensjahres diese selbst und die Erziehungsberechtigten wirksam eingewilligt haben, außerdem
     1. Unterstützung der Schulentwicklung
     2. Ergänzung der pädagogischen Arbeit durch virtuelle Klassenräume
     3. Ortsunabhängiges Arbeiten mit digitalen Unterrichtswerkzeugen
     4. Innen- und Außenkommunikation der Schule (soweit nicht Telekommunikation i.S. des Telekommunikationsgesetzes — TKG)
     5. Schulberatung im Bereich der einzelnen Schule

2   **Kategorien der betroffenen Personen**
   - Pädagogisches Personal: Lehrkräfte, Betreuungspersonal förderbedürftiger Schülerinnen und Schüler, Studienreferendarinnen und -referendare, Lehramtsanwärterinnen und -anwärter, Fachlehreranwärterinnen und -anwärter, Förderlehreranwärterinnen und -anwärter, Lehramtsstudierende im Schulpraktikum, weiteres pädagogisches Personal (z. B. Ganztagsbetreuung)
   - Verwaltungspersonal und Hauspersonal
   - Schülerinnen und Schüler
   - Gastnutzer (temporäre Nutzer, für die kein Nutzerprofil hinterlegt ist)
   - Weitere Personen, die von der Video- oder Tonübertragung erfasst werden (z.B. Schulbegleitungen)

3   **Kategorien der verarbeiteten Daten**
Über weitere Personen, die von der Video- oder Tonübertragung erfasst werden, werden ausschließlich Daten nach Nr. 3.2 verarbeitet.

3.1   Nutzerbezogene Daten

3.1.1   Stammdaten
   - Name(n)
   - Vorname(n)
   - Nutzerrolle
   - Schulzugehörigkeit bzw. Organisationszugehörigkeit
   - Zugehörigkeit ggf. zu Klasse, Fächern und Kursen
   - Mitgliedschaften in virtuellen Räumen (z.b. Konferenzen, Chatgruppen) sowie Art der Zugriffsberechtigung
   - E-Mail-Adresse im Rahmen der schulischen Nutzung (schulintern erzeugt oder freiwillig angegeben)
   - ggf. Benutzerkennung
   - ggf. lokale User-ID

3.1.2   Sichtbare Profilinformationen
   - angezeigter Name des Benutzers
   - E-Mail-Adresse im Rahmen der schulischen Nutzung
   - Profilbild (optional)
   - Online-Status inkl. Zeitpunkt der letzten Aktivität

BaySchO Anlage 2

- Klassen und Kurse (z.B. Oberstufenkurse, Wahlkurse, AGs) bei Schülerinnen und Schülern
- Dienststelle
- Funktionen und Fächerverbindung bei Lehrkräften

3.1.3 Passwort

3.1.3 Inhaltsdaten
- im eigenen Profil gespeicherte Informationen,
- Termine und Kalendereinträge,
- erhaltene Termineinladungen (z.B. zu Videokonferenzen),
- Kontaktdaten,
- E-Mails inkl. Anhänge
- selbst abgelegte Dateien und Verzeichnisse
- individuelle Einstellungen und Konfigurationen
- auf den Einzelfall bezogene und im Einzelfall auf Veranlassung der betroffenen Person erzeugte Standortdaten

3.1.5 Sonstige nutzungsbezogene Daten (Protokolldaten)
- Zeitpunkt der An- und Abmeldung
- Zeitpunkt des ersten Logins
- Zeitpunkt des letzten Logins
- Zeitpunkt der letzten Kennwortänderung
- in Anspruch genommener Speicherplatz
- Zeitpunkt des Beginns und Endes der letzten Nutzung der Mitgliedschaft in virtuellen Räumen
- IP-Adresse des Benutzers

3.2 Videobild und Ton im Rahmen von Videokonferenzen
- Videobild oder Bildschirmanzeige bei Videonutzung (optional: Freigabe für die betroffenen Personen freiwillig, wenn nicht durch die Aufsicht führende Lehrkraft die Übertragung des Videobildes gemäß Art. 56 Abs. 4 Satz 4 BayEUG angeordnet ist)
- Ton bei Videonutzung oder Telefonie (bei Video- oder Telefonkommunikation)

3.3 Gruppen- oder paarbezogene nutzungsbezogene Daten
- Chat/Messenger-Texte, und Chat/Messenger-Sprach- und Videonachrichten, Bilder, und weitere einem oder mehreren an dem Austausch Beteiligte(n) der Gruppe zugänglich gemachte Dateien (z. B. Text-, Tabellen oder Multimediadokumente) und Verzeichnisse inklusive Bearbeitungs-, Zustellungs- und Lesestatus und Zeitpunkt der Erstellung und der letzten Änderung mit Namen des erstellenden oder ändernden Nutzers
- Bei gemeinsamer Bearbeitung von Dokumenten zuletzt vorgenommene Änderungen mit Namen

3.4 Ausgeschlossene Daten
- Ausgeschlossen ist die Verarbeitung von
- besonderen Kategorien personenbezogener Daten (Art. 9 DSGVO), insbesondere Gesundheitsdaten und
- Daten, die einem besonderen strafrechtlichen Geheimnisschutz unterliegen,
- soweit sie nicht durch Bekanntmachung des StMUK zugelassen wird, die die jeweiligen Anforderungen an die Datensicherheit festlegt.

4 Kategorien der Empfänger, denen die personenbezogenen Daten offengelegt werden

4.1 Externe Empfänger: Auftragsverarbeiter
Die Daten werden ausschließlich dem/den von der Schule beauftragten Auftragsverarbeiter und ggf. dessen Unterauftragnehmern im Rahmen des Auftragsverhältnisses nach Art. 28 DSGVO offengelegt, soweit dies technisch erforderlich ist.

4.2 Externe Empfänger: Gastnutzer

4.2.1 Eigene Daten gemäß Nr. 3.1 lesend

Anlage 2 **BaySchO**

4.2.2 Angezeigter Name des Benutzers und Daten nach Nr. 3.2 und 3.3 der im selben virtuellen Raum anwesenden betroffenen (Nr. 2)
4.2.3 Selbst abgelegte Dateien und Verzeichnisse nach Nr. 3.1.4, sofern der betroffene Benutzer ausdrücklich die Berechtigung erteilt hat
4.3 Interne Empfänger/Zugriffsberechtigte
4.4 Studienreferendarinnen und -referendare, Lehramtsanwärterinnen und -anwärter, Fachlehreranwärterinnen und -anwärter sowie Förderlehreranwärterinnen und -anwärter im Rahmen der nach den Zulassungs- und Ausbildungsordnungen vorgesehenen Unterrichtsbesuche und Hospitationen: Zugriffsberechtigung richtet sich nach der Zugriffsberechtigung der Gastnutzer (Nr. 4.2)
4.5 Externes und internes pädagogisches Personal, dessen Anwesenheit im Unterricht gemäß den Zulassungs- und Ausbildungsordnungen der verschiedenen Schularten sowie den dazu erlassenen Verwaltungsvorschriften im Rahmen der Lehrerausbildung vorgesehen ist: Zugriffsberechtigung richtet sich nach der Zugriffsberechtigung der Gastnutzer (Nr. 4.2)

Empfänger	Zugriffsberechtigung auf Datenkategorien						
	3.1.1	3.1.2	3.1.3	3.1.4	3.1.5	3.2	3.3
Von der Schulleitung beauftragter Administrator	L/S im Rahmen der Beauftragung (5), (6)						
Alle Nutzer bzgl. eigenen Daten	L(1)	L/S	-	L/S	L	+	L/S
Alle Teilnehmer desselben virtuellen Raums untereinander	-	L	-	(2)	-	+	L
Empfänger	Zugriffsberechtigung auf Datenkategorien						
	3.1.1	3.1.2	3.1.3	3.1.4	3.1.5	3.2	3.3
Verwaltungspersonal	L (1)	L	-	(2)	L		
Hauspersonal	L (1)	L	-	(2)	L		
Pädagogisches Personal bzgl. Daten der von ihnen unterrichteten Schülerinnen und Schüler und der von ihnen eingeladenen Gastnutzer	L (1), S (3)	L	S (4)	(2)	-	+	L
Schülerinnen und Schüler bzgl. Daten der sie unterrichtenden Lehrkräfte sowie der Schülerinnen und Schüler in ihren Klassen/Kursen	L(1)	L	-	(2)	-	+	-
Alle Nutzer bzgl. der Daten aller anderen Nutzer	- S (3)	L	-	(2)	-	-	-

BaySchO Anlage 2

L =Lesend, S =Schreibend, +=Zugriff vorhanden, -=kein Zugriff
(1) Ausgenommen die lokale User-ID
(2) Soweit vom Betroffenen freigegeben L oder L/S
(3) bzgl. Mitgliedschaft in virtuellen Räumen, welche der Benutzer selbst erstellt hat oder die er administrieren darf
(4) Passwort kann zurückgesetzt, aber nicht vergessen werden
(5) Ausgenommen die Vergabe eines temporären Passworts
(6) Der Administrator ist ergänzend berechtigt, die Zeitpunkte der An- und Abmeldung (Nr. 3.1.5.) bei schulischen Gremiensitzungen gemäß § 18a BaySchO zu Zwecken der Sicherstellung der Wirksamkeit von Beschlüssen und Entscheidungen an eine schriftführende Person zu Dokumentationszwecken weiterzugeben.

5. **Vorgesehene Fristen für die Löschung der verschiedenen Datenkategorien**
Soweit die Verarbeitung auf einer Einwilligung beruht (vgl. Nr. 1), werden die gespeicherten Daten des pädagogischen Personals, von Schülerinnen und Schüler und Gastnutzern unverzüglich gelöscht, wenn die Betroffenen, bei Minderjährigen bis zur Vollendung des 14. Lebensjahres die Erziehungsberechtigten sowie bei Minderjährigen ab Vollendung des 14. Lebensjahres diese selbst oder die Erziehungsberechtigten die erteilte Einwilligung widerrufen.
Für die Daten gelten die nachfolgenden Fristen zur Löschung:

Datenkategorie	Löschfrist
3.1.1–3.1.4	spätestens 3 Monate – ab dem Zeitpunkt, zu dem die Schülerin bzw. der Schüler oder das pädagogische Personal die Schule verlassen, – nach Beendigung der Zusammenarbeit (bei Gastnutzern). Die Möglichkeit der Wiederherstellung der Daten kann zur Sicherstellung des Rechts auf Datenübertragbarkeit für weitere 6 Monate vorgesehen werden, sofern die Verarbeitung eingeschränkt ist und die Betroffenen keine Löschung verlangen.
3.1.5, 3.3 (ohne gespeicherte IP-Adressen der Benutzer)	Spätestens 3 Monate nach Ende des laufenden Schuljahres bzw. Ende des Projektes oder Auflösung einer langfristig bestehenden Gruppe (z.B. Fachschaften), im Fall der Speicherung im Rahmen der zweijährigen gymnasialen Qualifikationsstufe spätestens am Ende der Qualifikationsstufe oder im Rahmen der Beruflichen Oberschule oder der Beruflichen Oberschule zur sonderpädagogischen Förderung spätestens am Ende des Besuchs der Beruflichen Oberschule oder der Beruflichen Oberschule zur sonderpädagogischen Förderung
Gespeicherte IP- Adressen der Benutzer	spätestens nach 3 Monaten
3.2	wird nicht gespeichert

Anlage 2 **BaySchO**

Gesetzliche Aufbewahrungspflichten bleiben unberührt.
6. Technische und organisatorische Maßnahmen
   – Die Verwendung des digitalen Kommunikationswerkzeugs erfolgt auf der Grundlage einer Nutzungsordnung, die geeignete Vorkehrungen gegen ein Mithören und die Einsichtnahme durch Unbefugte in Video- oder Telefonkonferenz, Chat oder E-Mail trifft.
   – Die Aufzeichnung von Bild-, Ton- oder Videoübertragung ist nicht gestattet und soweit möglich technisch zu unterbinden.
   – Die benötigten Datenverbindungen sind verschlüsselt abzuwickeln.
   – Alle Nutzer haben jederzeit die Möglichkeit, ihre Ton- und Bildübertragung zu unterbrechen.
   – Weitere technische und organisatorische Mindestanforderungen, insbesondere an die Datensicherheit, legt das StMUK durch Bekanntmachung fest

BaySchO Anlage 2

Abschnitt 8: Zentrale vom Freistaat Bayern über das Staatsministerium bereitgestellte Nutzerverwaltung und Anmeldeinfrastruktur

1 Zwecke der Verarbeitung
- Bereitstellung einer digitalen Authentifizierungsinfrastruktur
- Bereitstellung einer digitalen Autorisierungsinfrastruktur
- Bereitstellung einer gemeinsamen Datenbasis für angebundene Anwendungen
- Eindeutige Zuordnung einzelner Nutzer zu einem bestimmten Nutzerkonto

2 Kategorien der betroffenen Personen
- Lehrkräfte
- nichtunterrichtendes Personal (Verwaltungspersonal, Hauspersonal und externes Betreuungspersonal)
- Schülerinnen und Schüler
- Erziehungsberechtigte
- Sonstiges pädagogisches Personal
- Nutzer des erweiterten Nutzerkreises

3 Kategorien der verarbeiteten Daten

3.1 Daten aller im IDM angelegten Personen

3.1.1 Stammdaten
- Benutzername
- Passwort
- Vorname(n)
- Name(n)
- Anrede
- akademische Grade
- E-Mail-Adresse
- Alternative E-Mail-Adresse (freiwillig)
- Geschlecht
- Benutzerrolle
- Berechtigungen
- Lokale UserID
- Profilbild
- Ablaufdatum des Benutzeraccounts
- Gruppenmitgliedschaften

3.1.2 Nutzungsbezogene Daten
- Zeitpunkt der Kontoerstellung
- Zeitpunkt der ersten Anmeldung/Login
- Zeitpunkt der letzten Anmeldung/Login
- Zeitpunkt der letzten Kennwortänderung
- Anzahl der Logins
- Authentifizierungstoken
- ID zur eindeutigen Geräteidentifikation
- Individuelle Einstellungen und Konfigurationen
- IP-Adresse
- Fehlversuche beim Login
- Informationen über Änderungen (Historie, ändernder Benutzer und geänderte Werte)

3.2 Daten der Lehrkräfte und des nicht unterrichtenden Personals

3.2.1 Erweiterte Stammdaten
- Namenskürzel
- Ordnungsmerkmal (nicht einsehbar, rein technische Verarbeitung)

3.2.2 Angaben zum Dienstverhältnis
- Amts-/Dienstbezeichnung
- Stammschule

Anlage 2 **BaySchO**

3.2.3 Lehrbefähigung
- Lehramt
- Fächer der Lehrbefähigung
3.2.4 Lehrerlaubnis
- Lehramt
- Fächer der Lehrerlaubnis
3.2.5 unterrichtete Fächer
- Unterrichtete Fächer
3.2.6 Einsatz an anderer Schule
- Schulnummer
- Zuweisungsart
3.2.7 Beschäftigungsverhältnis
- Schule
- Schuljahr
- Zugang
- Abgang
- Abordnung an nichtschulische Dienststelle
3.2.8 Klassenleitung/Gruppenleitung
Klassen/Gruppen, in denen die Lehrkraft (stellvertretende) Klassen- oder Gruppenleitung ist.
3.2.9 Lehrerbezogene Stundenplandaten
- Welche Klassen in welchen Fächern wie viele Stunden unterrichtet werden sollen
- Raum und Zeit des Unterrichts
- Kennung, welche Zeit-, Klasse-, Fach-Koppeln welche Lehrkräfte betreffen
3.3 Daten der Schülerinnen und Schüler
3.3.1 Erweiterte Stammdaten
- Tag der Geburt
- Ordnungsmerkmal (nicht einsehbar, rein technische Verarbeitung)
3.3.2 Aktuelle Unterrichtsdaten
- Schule
- Klasse/Gruppe
- Jahrgangsstufe
- Art der Klasse/Gruppe
- Unterrichtsart
- besuchter Religionsunterricht
- Stunden an anderer Schule
- Lehrkraft, Zeit, Raum des besuchten Unterrichts
3.3.3 Eintritt
- Eintrittsdatum
- von Schule
3.3.4 Funktion im Schulleben
z. B. Schülersprecherin oder Schülersprecher, Klassensprecherin oder Klassensprecher
3.3.5 Geschwister
Geschwister an derselben Schule
3.4 Daten der Erziehungsberechtigten
- Art des Erziehungsberechtigten
- Zugeordnetes Kind/Zugeordnete Kinder
3.5 Nutzer des erweiterten Nutzerkreises
- Gültigkeitsdauer
- Ersteller
4 Kategorien der Empfänger, denen die personenbezogenen Daten offengelegt werden
4.1 Externe Empfänger: Auftragsverarbeiter

BaySchO Anlage 2

Die Daten werden ausschließlich von der Schule beauftragten Auftragsverarbeitern und deren weiteren Auftragsverarbeitern im Rahmen des jeweiligen Auftragsverhältnisses nach Art. 28 DSGVO offengelegt, soweit dies zur Erfüllung des jeweiligen Auftragsverhältnisses technisch erforderlich ist.

4.2 Sonstige externe Empfänger:
 - Weitere nutzungsberechtigte Einrichtungen der BayernCloud Schule, denen der Betroffene im Rahmen der ByCSAngebote zugeordnet ist (z.b. zweite Beschäftigungsstelle, Einsatzschule i.R. der mobilen Reserve) oder im Rahmen schulübergreifender Angebote.
 - Verantwortliche der zentralen Angebote der BayernCloud Schule (z.B. teachSHARE, Fortbildungsdatenbank FIBS, Foren).

4.3 Interne Empfänger/Zugriffsberechtigte

Empfänger	Zugriffsberechtigung auf Datenkategorien				
	3.1	3.2	3.3	3.4	3.5
Von der Schulleitung beauftragter Administrator	L/S				
Alle Nutzer bzgl. eigener Daten	L/S (1)	L (3)	L (3)	L	L
Alle Lehrkräfte	L (1)	L (3)	L (3)	L	-
Alle Verwaltungskräfte	L (1)	L (3)	L (3)	L	L
Alle Eltern	L (1) (2)	-	L (2) (3)	-	-
Alle sonstigen Nutzer	L (1)	-	-	-	-

L = Lesend, S = Schreibend, – = kein Zugriff
(1) Ausgenommen die lokale User-ID und fremde Passwörter
(2) Bezüglicher eigener Kinder
(3) Ausgenommen das Ordnungsmerkmal

5 **Vorgesehene Fristen für die Löschung der verschiedenen Datenkategorien**
Soweit die Verarbeitung auf einer Einwilligung beruht (z.B. Alternative E-Mail-Adresse), werden die gespeicherten Daten des pädagogischen Personals, des Verwaltungspersonals von Schülerinnen und Schülern und Gastnutzern unverzüglich gelöscht, wenn die Betroffenen, bei Minderjährigen bis zur Vollendung des 14. Lebensjahres die Erziehungsberechtigten sowie bei Minderjährigen ab Vollendung des 14. Lebensjahres diese selbst oder die Erziehungsberechtigten die erteilte Einwilligung widerrufen.

Für die Daten gelten die nachfolgenden Fristen zur Löschung:

Datenkategorie	Löschfrist
Alle	spätestens drei Monate – ab dem Zeitpunkt, zu dem die Schülerin bzw. der Schüler oder das pädagogische Personal die Schule verlassen, – Nach Ende der Tätigkeit an der Schule (bei Verwaltungskräften und sonstigen Nutzern) – Nach Beendigung der Zusammenarbeit (bei Gastnutzern). – Die Möglichkeit der Wiederherstellung der Daten kann zur Sicherstellung des Rechts auf Datenübertragbarkeit für weitere sechs Monate vorgesehen werden, sofern die Verarbeitung eingeschränkt ist und die Betroffenen keine Löschung verlangen.

Gesetzliche Aufbewahrungspflichten bleiben unberührt.

Anlage 3
(zu § 46c Abs. 3)

1. Pflichtfächer	
Deutsch als Zweitsprache	10
Mathematik[1][2]	5
Englisch[1][2]	4
Gesamtstundenzahl im Bereich der Pflichtfächer	19
2. Wahlpflichtfächer zur flexiblen Belegung[3]	
Religionslehre/Ethik/Islamischer Unterricht	4
Gesellschaftswissenschaftliches Fach	
Wirtschaftswissenschaftliches bzw. berufsorientierendes Fach	
Naturwissenschaftlich-technisches Fach	
Musisch-ästhetisches Fach	
Sport	
Gesamtstundenzahl im Bereich der Pflicht- und Wahlpflichtfächer	23
3. Wahlfächer[4]	
Weitere Belegung von Fächern des Pflichtbereichs	7
Weitere Belegung von Fächern des Wahlpflichtbereichs	
Arbeitsgemeinschaften mit unterschiedlicher inhaltlicher Ausrichtung	
Gesamtstundenzahl im Bereich der Pflicht-, Wahlpflicht- und Wahlfächer (Richtwert)	30

1 Alternativ zum Unterricht in eigenständigen Lerngruppen kommt, insbesondere im Fortgang des Schuljahres, auch die regelmäßige Teilnahme am regulären Unterricht der Schule in Betracht, an der die Brückenklasse eingerichtet wurde.

2 Abweichungen von der angegebenen Stundenzahl im Fach Mathematik und Englisch sind je nach Situation vor Ort möglich; in der Summe soll jedoch die Zahl von 9 Wochenstunden nicht unterschritten werden.

3 Abweichungen von der angegebenen Stundenzahl sind je nach Situation vor Ort möglich. Die Kinder und Jugendlichen können auf unterschiedliche Klassen bzw. – sobald nähere Erkenntnisse zum Leistungsstand vorliegen – ggf. auch auf unterschiedliche Jahrgangsstufen verteilt werden (je nach individueller Situation ggf. unabhängig vom Alter des Schülers bzw. der Schülerin auch auf niedrigere Jahrgangsstufen).

4 Die in der Stundentafel bei den Wahlfächern angegebene Stundenzahl ist nicht verbindlich; der tatsächliche Umfang der Stundenbelegung im Bereich der Wahlfächer richtet sich nach den individuellen Wünschen und Bedürfnissen bzw. nach den pädagogischen und organisatorischen Gegebenheiten vor Ort.

Schulordnung für die Realschulen (Realschulordnung – RSO)

Vom 18. Juli 2007 (GVBl. S. 458), zuletzt geändert durch § 3 der Verordnung vom 1. August 2022 (GVBl. S. 494)

Auf Grund von Art. 8 Abs. 2 und 3, Art. 25 Abs. 3 Satz 1, Art. 30 Abs. 1 Satz 4, Art. 37 Abs. 3 Satz 3, Art. 44 Abs. 2 Satz 1, Art. 45 Abs. 2 Sätze 1 und 4, Art. 46 Abs. 4 Satz 3, Art. 49 Abs. 1 Sätze 2 und 3, Art. 50 Abs. 2 Satz 1, Art. 51 Abs. 3, Art. 52 Abs. 4, Art. 53 Abs. 4 Satz 2 und Abs. 6 Satz 1, Art. 54 Abs. 3 Satz 1, Art. 55 Abs. 1 Nr. 6, Art. 58 Abs. 1 Satz 3 und Abs. 6, Art. 62 Abs. 8 Satz 1 und Abs. 9, Art. 63 Abs. 6, Art. 65 Abs. 1 Satz 4, Art. 68, Art. 69 Abs. 7, Art. 84 Abs. 1 Satz 2, Art. 86 Abs. 15, Art. 89 und 128 Abs. 1 des Bayerischen Gesetzes über das Erziehungs- und Unterrichtswesen (BayEUG) in der Fassung der Bekanntmachung vom 31. Mai 2000 (GVBl S. 414, ber. S. 632, BayRS 2230–1-1-UK), zuletzt geändert durch Gesetz vom 26. Juli 2006 (GVBl S. 397) erlässt das Bayerische Staatsministerium für Unterricht und Kultus folgende Verordnung:

Inhaltsübersicht (nicht amtlich)

**TEIL 1
Allgemeines**

§ 1 Geltungsbereich

**TEIL 2
Aufnahme, Schulwechsel**

§ 2 Aufnahme in die unterste Jahrgangsstufe
§ 3 Probeunterricht
§ 4 Erneuter Eintritt in die Realschule
§ 5 Aufnahme in eine höhere Jahrgangsstufe
§ 6 Aufnahmeprüfung
§ 7 Nachholfrist, Probezeit
§ 8 Gastschülerinnen und Gastschüler
§ 9 Aufnahme in die Abendrealschule
§ 10 Wechsel der Realschule oder der Wahlpflichtfächergruppe
§ 11 Übertritt an ein Gymnasium

**TEIL 3
Schulbetrieb**

§ 12 Einrichtung von Klassen
§ 13 Wahlpflichtfächergruppen – Ausbildungsrichtungen –
§ 14 Wahlpflichtfächer, Wahlfächer, Ergänzungsunterricht
§ 15 Höchstausbildungsdauer
§ 16 Stundentafeln

**TEIL 4
Leistungen, Zeugnisse**

**KAPITEL 1
Leistungsnachweise**

§ 17 Leistungsnachweise
§ 18 Große Leistungsnachweise
§ 19 Kleine Leistungsnachweise
§ 20 Korrektur und Besprechung
§ 21 Bewertung der Leistungen
§ 22 Nachholung von Leistungsnachweisen
§ 23 Bildung der Jahresfortgangsnote

**KAPITEL 2
Vorrücken und Wiederholen**

§ 24 Entscheidung über das Vorrücken
§ 25 Vorrückungsfächer
§ 26 Vorrücken auf Probe
§ 27 Nachprüfung
§ 28 Überspringen einer Jahrgangsstufe
§ 29 Freiwilliges Wiederholen
§ 30 Verbot des Wiederholens

**KAPITEL 3
Zeugnisse**

§ 31 Zwischen- und Jahreszeugnisse
§ 32 Bescheinigung über die Dauer des Schulbesuchs

**TEIL 5
Prüfungen, Abschluss**

**KAPITEL 1
Abschlussprüfung**

§ 33 Prüfungsausschuss
§ 34 Festsetzung der Jahresfortgangsnote
§ 35 Schriftliche Prüfung
§ 36 Mündliche Prüfung
§ 37 Praktische Prüfung
§ 38 Bewertung der Prüfungsleistungen
§ 39 Festsetzung des Prüfungsergebnisses und der Zeugnisnoten

§§ 1, 2 **RSO**

§ 40	Notenausgleich		§ 49	Festsetzung des Prüfungsergebnisses und der Zeugnisnoten
§ 41	Abschlusszeugnis			
§ 42	Wiederholung der Abschlussprüfung		§ 50	Zusätzliche Regelungen für Schülerinnen und Schüler staatlich genehmigter Ersatzschulen
§ 43	Verhinderung an der Teilnahme			
§ 44	Nachholung der Abschlussprüfung			**KAPITEL 3**
§ 45	Unterschleif			**Ergänzungsprüfung**
	KAPITEL 2		§ 51	Ergänzungsprüfung
	Abschlussprüfung für andere Bewerberinnen und Bewerber			**TEIL 6**
§ 46	Allgemeines			**Schlussvorschrift**
§ 47	Zulassung		§ 52	Inkrafttreten
§ 48	Prüfungsgegenstände		Anlage 1	Stundentafel für die Realschule
			Anlage 2	Stundentafel für die dreijährige Abendrealschule

TEIL 1
Allgemeines

§ 1 Geltungsbereich

¹Diese Schulordnung gilt für die öffentlichen Realschulen, die Realschulen zur sonderpädagogischen Förderung und Abendrealschulen und die staatlich anerkannten Ersatzschulen mit dem Charakter einer öffentlichen Schule. ²Für den Realschulen entsprechende Ersatzschulen gilt diese Schulordnung im Rahmen der Art. 90, 92 Abs. 2 Nr. 2 und Abs. 5 und Art. 93 BayEUG, für staatlich anerkannte Ersatzschulen gilt sie darüber hinaus im Rahmen des Art. 100 Abs. 2 BayEUG.

TEIL 2
Aufnahme, Schulwechsel

§ 2 Aufnahme in die unterste Jahrgangsstufe

(1) Die Schülerinnen und Schüler werden von einem Erziehungsberechtigten angemeldet.

(2) Die Aufnahme in die unterste Jahrgangsstufe setzt voraus, dass die Schülerin oder der Schüler
1. für den Bildungsweg der Realschule geeignet ist,
2. am 30. September das 12. Lebensjahr noch nicht vollendet hat; über Ausnahmen in besonderen Fällen entscheidet die Schulleiterin oder der Schulleiter.

(3) Für den Bildungsweg der Realschule sind geeignet
1. Schülerinnen und Schüler einer öffentlichen oder staatlich anerkannten Grundschule, wenn sie im Übertrittszeugnis dieser Schule oder im Jahreszeugnis der Jahrgangsstufe 5 einer öffentlichen oder staatlich anerkannten Mittelschule als geeignet für den Bildungsweg der Realschule oder des Gymnasiums bezeichnet sind,
2. Schülerinnen und Schüler, die mit Erfolg am Probeunterricht teilgenommen haben,
3. Schülerinnen und Schüler einer öffentlichen oder staatlich anerkannten Grundschule, denen zum Schulhalbjahr, d.h. zum letzten Unterrichtstag der zweiten vollen Unterrichtswoche im Februar oder zum Ende der Jahrgangsstufe 3 das Überspringen der Jahrgangsstufe 4 gestattet worden ist,
4. Schülerinnen und Schüler eines öffentlichen oder staatlich anerkannten Gymnasiums, wenn sie nicht dem Wiederholungsverbot nach Art. 53 Abs. 3 BayEUG unterliegen.

(4) Es werden auch Schülerinnen und Schüler aufgenommen, die in beiden Fächern nur mit der Note 4 und damit ohne Erfolg am Probeunterricht der Realschule oder des Gymnasiums teilgenommen haben, deren Erziehungsberechtigte aber die Aufnahme gleichwohl beantragen.

(5) Das Übertrittszeugnis, der mit Erfolg besuchte Probeunterricht, die Entscheidung über das Überspringen und das Zeugnis des Gymnasiums gelten nur für den Übertritt an die Realschule im folgenden Schuljahr.

(6) An öffentlichen Heimschulen kann die Aufnahme von Externen auf Schülerinnen und Schüler beschränkt werden, die ihren Wohnsitz im Sinn des Bürgerlichen Gesetzbuchs im Einzugsbereich der Schule haben.

(7) ¹Sind mehr Bewerberinnen und Bewerber vorhanden als im Hinblick auf die räumlichen und personellen Verhältnisse der Schule aufgenommen werden können, so bemühen sich die Leiterinnen oder Leiter der staatlichen und nicht staatlichen Schulen um einen örtlichen Ausgleich. ²Gelingt dieser nicht, so entscheidet die oder der Ministerialbeauftragte mit Wirkung für die öffentlichen Schulen.

(8) Die Aufnahme erfolgt zu Beginn des Schuljahres, sonst nur aus wichtigem Grund.

§ 3 Probeunterricht

(1) ¹Für Schülerinnen und Schüler, bei denen die Voraussetzungen nach § 2 Abs. 3 Nrn. 1, 3 und 4 nicht gegeben sind und die nicht der Jahrgangsstufe 5 einer öffentlichen oder staatlich anerkannten Mittelschule angehören, führt die Realschule einen Probeunterricht in den Fächern Deutsch und Mathematik durch. ²In begründeten Ausnahmefällen, z.B. bei ärztlich nachgewiesener Erkrankung sowie im Fall der erfolglosen Teilnahme am Probeunterricht des Gymnasiums, können Schülerinnen und Schüler am Nachholtermin des Probeunterrichts in den letzten Tagen der Sommerferien teilnehmen.

(2) ¹Der Probeunterricht dauert grundsätzlich drei Tage. ²Er kann im Fall des Abs. 1 Satz 2 gekürzt werden, wenn es die Zahl der Schülerinnen und Schüler zulässt. ³Der Probeunterricht kann für benachbarte Realschulen gemeinsam durchgeführt werden; die oder der Ministerialbeauftragte kann hierzu Regelungen treffen.

(3) Schülerinnen und Schüler, die am Probeunterricht einer Realschule teilgenommen haben, können diesen im selben Kalenderjahr nicht wiederholen und dann auch nicht an der Aufnahmeprüfung für die Jahrgangsstufe 6 teilnehmen.

(4) Für die Vorbereitung und Durchführung des Probeunterrichts beruft die Schulleiterin als Vorsitzende oder der Schulleiter als Vorsitzender einen Aufnahmeausschuss ein.

(5) ¹Im Probeunterricht sollen die Schülerinnen und Schüler in kleinen Unterrichtsgruppen zusammengefasst werden. ²Für jede Unterrichtsgruppe sind mindestens zwei Mitglieder des Aufnahmeausschusses verantwortlich, die abwechselnd unterrichten und beobachten. ³Dem Probeunterricht werden die Anforderungen der Jahrgangsstufe 4 unter Berücksichtigung der Zielsetzung der Realschule zugrunde gelegt.

(6) ¹Die schriftlichen Aufgaben werden landeseinheitlich gestellt und von je zwei Lehrkräften des Fachs benotet; auch mündliche Leistungen werden benotet. ²Die Arbeiten sind zwei Jahre aufzubewahren.

(7) ¹Die Teilnahme am Probeunterricht ist erfolgreich, wenn in dem einen Fach mindestens die Note 3 und in dem anderen Fach mindestens die Note 4 erreicht wurde. ²Die Erziehungsberechtigten werden darüber informiert, ob die Schülerin oder der Schüler in die unterste Jahrgangsstufe der Realschule aufgenommen werden kann. ³Die erfolglose Teilnahme am Probeunterricht wird auf dem Übertrittszeugnis vermerkt. ⁴Werden die Schülerinnen und Schüler nicht aufgenommen, erhalten die Erziehungsberechtigten das Übertrittszeugnis zurück.

§ 4 Erneuter Eintritt in die Realschule

¹Schülerinnen und Schüler, die in der untersten Jahrgangsstufe während des Schuljahres an die Mittelschule wechseln, gelten bei erneutem Eintritt in die Realschule nur dann als Wiederholungsschülerinnen und -schüler, wenn der Wechsel nach dem Ende des ersten Schulhalbjahres erfolgt. 2§ 2 Abs. 2 Nr. 2 und § 24 Abs. 3 bleiben unberührt.

§ 5 Aufnahme in eine höhere Jahrgangsstufe

(1) ¹Die Aufnahme in eine höhere Jahrgangsstufe setzt das Bestehen einer Aufnahmeprüfung gemäß § 6 und einer Probezeit gemäß § 7 Abs. 2 bis 5 voraus. ²§ 2 Abs. 2 Nr. 3 sowie Abs. 5 bis 8 gelten entsprechend.

(2) Die Aufnahmeprüfung entfällt bei Schülerinnen und Schülern öffentlicher oder staatlich anerkannter
1. Gymnasien, Wirtschaftsschulen und Mittlerer-Reife-Klassen der Mittelschulen, denen die Erlaubnis zum Vorrücken oder zum Vorrücken auf Probe in die nächsthöhere Jahrgangsstufe erteilt wurde oder deren Jahreszeugnis in solchen Vorrückungsfächern, die auch in der entsprechenden Jahrgangsstufe der Realschule unterrichtet werden, nicht mehr als einmal die Note 5 aufweist,
2. Mittelschulen, die in die Jahrgangsstufen 6 bis 9 eintreten wollen, wenn deren Jahreszeugnis in den Fächern Deutsch, Englisch und Mathematik eine Durchschnittsnote von mindestens 2,00 aufweist, die Vorrückungserlaubnis erteilt wurde und die Erziehungsberechtigten an einem Beratungsgespräch an der Realschule teilnehmen.

§ 6 Aufnahmeprüfung

(1) ¹Die Aufnahmeprüfung wird schriftlich und gegebenenfalls mündlich durchgeführt. ²Schriftliche Arbeiten sind zu fertigen in den Fächern Deutsch, Englisch und Mathematik. ³Die Aufnahmeprüfung erstreckt sich in der Regel auf alle Vorrückungsfächer der vorhergehenden Jahrgangsstufe der Realschule. ⁴Sie entfällt in Fächern, in denen die Bewerberin oder der Bewerber an der bisher besuchten öffentlichen oder staatlich anerkannten Schule keinen Pflichtunterricht hatte, sowie in Fächern, in denen im Jahreszeugnis des Gymnasiums, der Wirtschaftsschule sowie der Mittlere-Reife-Klassen der Mittelschule mindestens die Note 4 oder im Jahreszeugnis der Mittelschule mindestens die Note 2 nachgewiesen wird.

(2) ¹Die Entscheidung über das Bestehen der Aufnahmeprüfung trifft die Schulleiterin oder der Schulleiter. ²Eine nicht bestandene Aufnahmeprüfung kann bei entsprechendem Ergebnis als bestandene Aufnahmeprüfung für eine niedrigere Jahrgangsstufe gewertet werden.

§ 7 Nachholfrist, Probezeit

(1) ¹In den Pflicht- und Wahlpflichtfächern, in denen die Schülerin oder der Schüler in der bisherigen Schule nicht unterrichtet wurde oder die an der Realschule ein höheres Lehrziel haben, muss die Schülerin oder der Schüler innerhalb einer von der Schulleiterin oder vom Schulleiter festzusetzenden Frist, die nicht mehr als ein Schuljahr betragen darf, eine Prüfung ablegen. ²In dieser Prüfung, die auch in der Teilnahme an schriftlichen Leistungsfeststellungen bestehen kann, ist nachzuweisen, dass die Schülerin oder der Schüler im Unterricht erfolgreich mitarbeiten kann. ³Bis dahin kann die Schülerin oder der Schüler von den Leistungsnachweisen in diesen Fächern durch die Schulleiterin oder den Schulleiter befreit werden.

(2) ¹In der Probezeit wird festgestellt, ob die Schülerin oder der Schüler den Anforderungen der Realschule gewachsen ist. ²Über das Bestehen der Probezeit entscheidet die Schulleiterin oder der Schulleiter auf der Grundlage einer Empfehlung der Klassenkonferenz.

(3) ¹Beim Übertritt von einem öffentlichen oder staatlich anerkannten Gymnasium entfällt die Probezeit, wenn die Schülerin oder der Schüler am Gymnasium die Vorrückungserlaubnis für die nächsthöhere Jahrgangsstufe erhalten hat. ²Dies gilt nicht für Schülerinnen oder Schüler, die auf Probe vorgerückt sind.

(4) ¹Die Probezeit dauert in der Regel bis zum Termin des Zwischenzeugnisses. ²In den Fällen des Abs. 1 endet sie mit Ablauf der festgesetzten Frist. ³Die Probezeit kann aus besonderen Gründen längstens bis zum Ende des Schuljahres verlängert werden. ⁴Schülerinnen und Schüler, deren Probezeit bis zum Ende des Schuljahres verlängert wurde, unterliegen den Vorrückungsbestimmungen.

(5) Schülerinnen und Schüler, die die Probezeit nicht bestanden haben, können bei ausreichendem Leistungsstand in die vorhergehende Jahrgangsstufe zurückverwiesen werden; sie gelten dort nicht als Wiederholungsschülerinnen und -schüler.

§ 8 Gastschülerinnen und Gastschüler

¹Schülerinnen und Schülern, die ihren gewöhnlichen Aufenthalt längere Zeit im Ausland hatten, dort keine anerkannte deutsche Auslandsschule besucht haben und sich dem Aufnahmeverfahren zunächst nicht unterziehen wollen, kann die Schulleiterin oder der Schulleiter in stets widerruflicher Weise den Besuch des Unterrichts in einzelnen oder allen Fächern gestatten. ²Unterliegen solche Schülerinnen und Schüler der Schulpflicht, so müssen sie am Unterricht in allen Pflicht- und Wahlpflichtfächern teilnehmen. ³Über den Schulbesuch wird auf Antrag eine Bestätigung ausgestellt. ⁴Ein Zeugnis kann nur erteilt werden, wenn die Schülerin und der Schüler auf Grund des bestandenen Aufnahmeverfahrens die Schule besucht.

§ 9 Aufnahme in die Abendrealschule

(1) In die Abendrealschule werden Bewerberinnen und Bewerber aufgenommen, die
1. eine abgeschlossene Berufsausbildung oder eine regelmäßige Berufstätigkeit von insgesamt mindestens zwei Jahren nachweisen,
2. beim Eintritt in die erste Jahrgangsstufe mindestens 17 Jahre alt sind; wenn sie das 45. Lebensjahr vollendet haben, nur in besonderen Fällen,
3. die Mittelschule erfolgreich abgeschlossen oder die Vollzeitschulpflicht durch den Besuch einer anderen Schule erfüllt haben und
4. berufstätig bleiben; die Abschlussklasse dürfen auch Personen besuchen, die nicht mehr berufstätig sind.

(2) ¹Als berufstätig sind in der Regel nur Personen anzusehen, die ihren Lebensunterhalt vorwiegend durch eigene Tätigkeit bestreiten. ²Wehrdienst und Zivildienst, Bundesfreiwilligendienst, das freiwillige ökologische Jahr sowie das freiwillige soziale Jahr werden auf die Berufstätigkeit angerechnet. ³Eine durch Bescheinigung der Agentur für Arbeit nachgewiesene Arbeitslosigkeit kann in begründeten Einzelfällen als Berufstätigkeit berücksichtigt werden.

(3) ¹Die Entscheidung über die Aufnahme trifft die Schulleiterin oder der Schulleiter. ²Für die endgültige Aufnahme ist das Bestehen einer Probezeit, die längstens bis zum Termin des Zwischenzeugnisses dauert, Voraussetzung. ³Für das Bestehen der Probezeit gelten die §§ 5 bis 7 entsprechend.

(4) Bewerberinnen und Bewerber, die sich bereits zweimal einer Prüfung zum Erwerb eines mittleren Schulabschlusses ohne Erfolg unterzogen haben, können grundsätzlich nicht aufgenommen werden; die Schulleiterin oder der Schulleiter kann Ausnahmen bewilligen.

§ 10 Wechsel der Realschule oder der Wahlpflichtfächergruppe

(1) Für den Übertritt aus einer staatlich genehmigten an eine öffentliche oder staatlich anerkannte Realschule gelten die §§ 4 bis 6 entsprechend.

(2) Während des Schuljahres ist der Übertritt an eine andere Realschule nur aus wichtigem Grund, insbesondere bei Wohnsitzwechsel, zulässig.

(3) Ist gegen eine Schülerin oder einen Schüler wegen einer Verfehlung eine Untersuchung anhängig, so ist der Übertritt nur zulässig, wenn die bisher besuchte Schule bestätigt, dass ein Antrag auf Ausschluss von allen Schulen einer oder mehrerer Schulart nach Art. 86 Abs. 2 Nr. 11 und 12 BayEUG nicht gestellt wird.

(4) Beim Übertritt in eine andere Wahlpflichtfächergruppe gilt § 7 Abs. 1 entsprechend.

§ 11 Übertritt an ein Gymnasium

¹Die Eignung zum Übertritt in die Jahrgangsstufe 5 des Gymnasiums liegt vor, wenn im Jahreszeugnis der Jahrgangsstufe 5 die Gesamtdurchschnittsnote in den Fächern Deutsch und Mathematik mindestens 2,5 beträgt. ²Die Eignung zum Übertritt in die Jahrgangsstufe 5 des Gymnasiums wird von der Lehrerkonferenz festgestellt, wenn infolge nachgewiesener erheblicher persönlicher Beeinträchtigungen ohne eigenes Verschulden die in Satz 1 genannte Gesamtdurchschnittsnote nicht erreicht wurde (z. B. Krankheit) und für die Schülerin oder den Schüler aufgrund ihrer oder seiner bisherigen Leistungen die Aussicht besteht, ein Gymnasium mit Erfolg zu besuchen.

TEIL 3
Schulbetrieb

§ 12 Einrichtung von Klassen

¹Der Unterricht wird in Klassen erteilt, deren Bildung sich nach pädagogischen, personellen, räumlichen und organisatorischen Gegebenheiten richtet. ²Für Schülerinnen und Schüler mit nicht deutscher Muttersprache können besondere Klassen gebildet werden, in denen Abweichungen von der Stundentafel zulässig sind.

§ 13 Wahlpflichtfächergruppen – Ausbildungsrichtungen –

(1) Ausbildungsrichtungen im Sinn des Art. 8 Abs. 3 BayEUG sind die Wahlpflichtfächergruppen.

(2) Die Entscheidung, welche Wahlpflichtfächergruppen geführt werden, trifft bei den staatlichen Realschulen die Schulleiterin oder der Schulleiter im Benehmen mit dem Aufwandsträger und der Lehrerkonferenz sowie im Einvernehmen mit dem Elternbeirat.

§ 14 Wahlpflichtfächer, Wahlfächer, Ergänzungsunterricht

(1) ¹An staatlichen Schulen kann Unterricht in einer Wahlpflichtfächergruppe oder in einem Wahlpflichtfach eingerichtet werden, wenn mindestens 14 Schülerinnen und Schüler teilnehmen; § 27 Abs. 7, 8 Satz 2 der Bayerischen Schulordnung bleibt unberührt. ²Eine Wahlpflichtfächergruppe oder ein Wahlpflichtfach wird im Rahmen des schulischen Angebots durch die Erziehungsberechtigten gewählt.

(2) Im Rahmen der Zielsetzung der Realschule und der verfügbaren Lehrerwochenstunden entscheidet die Schulleiterin oder der Schulleiter im Benehmen mit dem Elternbeirat über die Einrichtung von Unterricht in Wahlfächern.

(3) ¹Der Besuch eines Wahlfachs darf während des Schuljahres nur mit Genehmigung der Schulleiterin oder des Schulleiters abgebrochen oder begonnen werden. ²Über

den Ausschluss vom Besuch eines Wahlfachs entscheidet die Schulleiterin oder der Schulleiter.

(4) ¹Für die Jahrgangsstufe 5 und 6 kann an staatlichen Schulen in den Fächern Deutsch, Englisch und Mathematik Ergänzungsunterricht eingerichtet werden. ²Ab der siebten Jahrgangsstufe kann insbesondere in den Prüfungsfächern Förderunterricht eingerichtet werden. ³In den Fällen der Sätze 1 und 2 können Parallelgruppen eingerichtet werden, wenn die Teilnehmer aus verschiedenen Klassen stammen und bei Bildung von nur einer Gruppe die Zahl 10 überschritten würde; die Mindestschülerzahl beträgt fünf.

§ 15 Höchstausbildungsdauer

(1) ¹Die Höchstausbildungsdauer beträgt acht Schuljahre. ²Für die Berechnung zählen alle an öffentlichen oder staatlich anerkannten Realschulen, Wirtschaftsschulen, Mittlere-Reife-Klassen der Mittelschulen oder Gymnasien verbrachten Schuljahre ausgenommen Flexibilisierungsjahre sowie solcher, für die eine Beurlaubung zum Schulbesuch im Ausland bestand.

(2) Die Höchstausbildungsdauer gilt auch dann als überschritten, wenn feststeht, dass der Abschluss der Schule nicht mehr innerhalb der Höchstausbildungsdauer erreicht werden kann.

(3) Die oder der Ministerialbeauftragte kann unter den Voraussetzungen des § 45 der Bayerischen Schulordnung Ausnahmen zulassen.

§ 16 Stundentafeln

(1) ¹Für die Realschulen und Abendrealschulen gelten die Stundentafeln nach Anlagen 1 und 2. ²Das Staatsministerium kann bei Vorliegen besonderer Umstände Abweichungen von der Stundentafel vornehmen. ³Um einzelne Klassen in einem Fach oder in mehreren Fächern besonders zu fördern, kann die Schule zeitlich begrenzt durch Erhöhung der Stundenzahl in diesen Fächern und entsprechende Verringerung in anderen Fächern von der Stundentafel abweichen. ⁴Die Entscheidung trifft die Schulleiterin oder der Schulleiter im Benehmen mit der Lehrerkonferenz und dem Elternbeirat.

(2) ¹Unterricht in einstündigen Fächern kann auch in der Form erteilt werden, dass nur in einem Schulhalbjahr zweistündig unterrichtet wird. ²Findet der Unterricht im ersten Schulhalbjahr statt, so wird die Note des Zwischenzeugnisses in das Jahreszeugnis übernommen. ³Wird der Unterricht nur im zweiten Schulhalbjahr erteilt, so ist in das Zwischenzeugnis folgende Bemerkung aufzunehmen: »Die Leistungen im Fach... werden erst im Jahreszeugnis beurteilt.«.

(3) Schülerinnen und Schülern, die in die Jahrgangsstufen 8, 9 oder 10 eintreten und an zuvor besuchten Schulen keinen Unterricht in Englisch hatten, kann die oder der hierfür bestimmte Ministerialbeauftragte im Einzelfall zur Vermeidung einer unbilligen Härte genehmigen, dass Englisch durch eine andere Fremdsprache ersetzt wird.

TEIL 4
Leistungen, Zeugnisse

KAPITEL 1
Leistungsnachweise

§ 17 Leistungsnachweise

¹Große Leistungsnachweise sind Schulaufgaben; kleine Leistungsnachweise sind Kurzarbeiten, Stegreifaufgaben, fachliche Leistungstests sowie mündliche und praktische Leistungen. ²Sie sind möglichst gleichmäßig über das Schuljahr zu verteilen. ³Über die Leistungen der Schülerinnen und Schüler führen die Lehrkräfte Aufzeichnungen.

§ 18 Große Leistungsnachweise

(1) ¹Schulaufgaben sind in folgender Anzahl anzufertigen:

Vorrückungsfach	Jahrgangsstufe					
	5	6	7	8	9	10
Deutsch	4	4	4	4	3	3
Englisch	4	4	4	4	3	3
Mathematik (Wahlpflichtfächergruppe I)	4	4	4	4	4	3
Mathematik (Wahlpflichtfächergruppen II und III)	4	4	3	3	3	3
Physik (Wahlpflichtfächergruppe I)	-	-	2	2	3	3
Physik (Wahlpflichtfächergruppen II und III)	-	-	-	2	2	2
Betriebswirtschaftslehre/Rechnungswesen (Wahlpflichtfächergruppe II)	-	-	3	3	3	3
Französisch (Wahlpflichtfächergruppe III)	-	-	3	3	3	3
Chemie (Wahlpflichtfächergruppe I)	-	-	-	2	2	2
Chemie (Wahlpflichtfächergruppen II und III)	-	-	-	-	2	2
Kunst, Werken, Ernährung und Gesundheit, Sozialwesen (als Prüfungsfach in Wahlpflichtfächergruppe III)	-	-	3	3	3	3

²An den Abendrealschulen wird die Anzahl der Schulaufgaben von der Lehrerkonferenz festgesetzt.

(2) ¹In den Fächern Kunst, Werken sowie Ernährung und Gesundheit wird eine Schulaufgabe als praktischer Leistungsnachweis durchgeführt. ²Im Fach Englisch kann in den

Jahrgangsstufen 8 und 9 je eine Schulaufgabe durch eine Überprüfung der mündlichen Kommunikationsfähigkeit ersetzt werden. ³Im Fach Französisch kann in Jahrgangsstufe 9 eine Schulaufgabe durch eine Sprachzertifikatsprüfung – z.b. DELF A2 scolaire – oder eine Überprüfung der mündlichen Kommunikationsfähigkeit ersetzt werden.

(3) ¹Durch Beschluss der Lehrerkonferenz, der zu Beginn des Schuljahres zu fassen ist, kann in den Jahrgangsstufen 5 bis 9 in Fächern mit mehr als zwei Schulaufgaben eine der Schulaufgaben ersetzt werden durch:
1. zwei Kurzarbeiten oder
2. ein bewertetes Projekt (z.b. Dokumentation und Präsentation).
²Wird in den Fächern Englisch oder Französisch in Jahrgangsstufe 9 von Abs. 2 Satz 2 oder 3 Gebrauch gemacht, ist in diesen Fächern der Ersatz einer Schulaufgabe nach Satz 1 nicht möglich. ³Die an die Stelle einer Schulaufgabe tretenden Leistungsnachweise müssen den Anforderungen einer Schulaufgabe gleichwertig sein. ⁴In den Fällen des Satzes 1 Nr. 1 muss die Entscheidung für ein Fach bzw. Wahlpflichtfach für alle Klassen einer Jahrgangsstufe einheitlich getroffen werden. ⁵Die Zahl der Schulaufgaben und der sie gegebenenfalls ersetzenden Leistungsnachweise wird den Erziehungsberechtigten zu Beginn des Schuljahres mitgeteilt.

(4) ¹Schulaufgaben im Fach Deutsch sind zusammenhängende Texte, insbesondere Aufsätze bzw. textgebundene Aufsätze. ²In den Jahrgangsstufen 5 bis 7 kann jeweils eine Aufgabe aus dem Bereich der Rechtschreibung und der Grammatik als eine Schulaufgabe gegeben werden.

(5) ¹Schulaufgaben werden spätestens eine Woche vorher angekündigt. ²An einem Tag darf nicht mehr als eine Schulaufgabe, in einer Kalenderwoche sollen nicht mehr als zwei Schulaufgaben abgehalten werden.

(6) Die Verwendung von Hilfsmitteln richtet sich nach gesondert erlassenen Bestimmungen.

(7) ¹Auf eine Schulaufgabe sind höchstens 60 Minuten zu verwenden. ²Bei Aufsätzen und praktischen Leistungsnachweisen ist die Arbeitszeit entsprechend der Themenstellung zu steigern. ³In der Jahrgangsstufe 10 können in den Fächern der Abschlussprüfung höchstens zwei Schulaufgaben bis zum Umfang einer Prüfungsaufgabe gehalten werden.

(8) ¹Mit Ausnahme des Fachs Deutsch können Schulaufgaben und Stegreifaufgaben im Einvernehmen mit dem Elternbeirat durch angesagte Tests im Turnus von sechs Wochen ersetzt werden. ²Die gemäß § 19 Abs. 6 Satz 2 geforderte Mindestanzahl an Leistungsnachweisen reduziert sich auf einen Leistungsnachweis im Sinne des § 19 Abs. 4.

(9) Die Schulleiterin oder der Schulleiter kann nach Rücksprache mit der Lehrkraft und der Fachbetreuerin oder dem Fachbetreuer einen großen Leistungsnachweis für ungültig erklären und die Erhebung eines neuen anordnen, wenn die Anforderungen für die Jahrgangsstufe nicht angemessen waren oder der Lehrstoff nicht genügend vorbereitet war.

§ 19 Kleine Leistungsnachweise

(1) ¹Kurzarbeiten werden spätestens eine Woche vorher angekündigt. ²Sie erstrecken sich auf den Inhalt von höchstens sechs unmittelbar vorhergegangener Unterrichtsstunden sowie auf Grundkenntnisse. ³Kurzarbeiten müssen sich vom Umfang einer Schulaufgabe deutlich unterscheiden und sollen mit einem Zeitaufwand von höchstens 30 Minuten bearbeitet werden können. ⁴Die Entscheidung, ob Kurzarbeiten geschrieben werden, trifft die Lehrerkonferenz zu Beginn des Schuljahres; § 18 Abs. 3 Satz 5 gilt entsprechend.

(2) ¹Stegreifaufgaben werden nicht angekündigt. ²Sie werden schriftlich bearbeitet und beschränken sich auf den Inhalt der vorhergegangenen Unterrichtsstunde bzw.

Doppelstunde einschließlich der Grundkenntnisse. ³Die Bearbeitungszeit beträgt nicht mehr als 20 Minuten.

(3) ¹Fachliche Leistungstests können nach Maßgabe näherer Bestimmungen des Staatsministeriums durchgeführt werden. ²Sie werden spätestens eine Woche vorher angekündigt. ³An dem Tag, an dem die Klasse einen fachlichen Leistungstest schreibt, werden Schulaufgaben, Kurzarbeiten und Stegreifaufgaben nicht gehalten.

(4) Mündliche Leistungsnachweise sind Rechenschaftsablagen, Referate und Unterrichtsbeiträge.

(5) Praktische Leistungsnachweise sind zu erbringen in den Fächern Sport, Musik, Kunst, Werken, Textiles Gestalten, Ernährung und Gesundheit sowie Informationstechnologie.

(6) ¹Die Zahl der Kurzarbeiten und Stegreifaufgaben sowie der mündlichen und praktischen Leistungsnachweise bestimmt die Lehrkraft des betreffenden Fachs. ²In jedem Schulhalbjahr sind je Fach insgesamt mindestens zwei, in mehr als zweistündigen Fächern mindestens drei Leistungsnachweise nach Satz 1 zu fordern, davon in zwei- und mehrstündigen Vorrückungsfächern mindestens ein Leistungsnachweis im Sinn von Abs. 4. ³Im Fall des § 16 Abs. 2 sind die für das Schuljahr vorgeschriebenen Leistungsnachweise jeweils im Schulhalbjahr zu erbringen.

(7) ¹Für Kurzarbeiten und Stegreifaufgaben gilt § 18 Abs. 6 entsprechend. ²An einem Tag darf nicht mehr als eine Schulaufgabe oder eine Kurzarbeit geschrieben werden. ³An Tagen, an denen die Klasse eine Schulaufgabe oder eine Kurzarbeit schreibt, werden Stegreifaufgaben nicht gegeben. ⁴In einer Woche sollen höchstens drei angekündigte schriftliche Leistungsnachweise gehalten werden, davon höchstens zwei Schulaufgaben.

(8) § 18 Abs. 9 gilt entsprechend.

§ 20 Korrektur und Besprechung

(1) ¹Schriftliche Leistungsnachweise sollen von den Lehrkräften innerhalb zweier Wochen korrigiert, benotet, an die Schülerinnen und Schüler zurückgegeben und mit ihnen besprochen werden. ²Eine Schulaufgabe darf nicht geschrieben werden, bevor die vorausgegangene Schulaufgabe im selben Fach zurückgegeben und besprochen worden ist.

(2) ¹Schulaufgaben und Kurzarbeiten werden den Schülerinnen und Schülern zur Kenntnisnahme durch die Erziehungsberechtigten mit nach Hause gegeben, bei fachlichen Leistungstests und Stegreifaufgaben kann dies geschehen. ²Die Leistungsnachweise sind innerhalb einer Woche unverändert an die Schule zurückzugeben; andernfalls kann die Hinausgabe weiterer Leistungsnachweise unterbleiben.

§ 21 Bewertung der Leistungen

(1) ¹Erläuterungen und Schlussbemerkungen können auf Arbeiten angebracht werden. ²Bei Schulaufgaben im Fach Deutsch muss dies geschehen. ³Bei der Bewertung einer schriftlichen Arbeit kann die äußere Form mit berücksichtigt werden. ⁴Bei schriftlichen Arbeiten sind Verstöße gegen die Sprachrichtigkeit und schwerere Ausdrucksmängel zu kennzeichnen, im Fach Deutsch und in den Fremdsprachen sind sie zu bewerten.

(2) ¹§ 45 Abs. 1 gilt entsprechend. ²Bei Versuch kann ebenso verfahren werden. ³Als Versuch gilt auch das Bereithalten nicht zugelassener Hilfsmittel.

(3) Nach Beginn der Leistungserhebung können gesundheitliche Gründe der Schülerin oder des Schülers, denen zufolge der Leistungsnachweis nicht gewertet werden soll, in der Regel nicht mehr anerkannt werden.

(4) ¹Versäumt eine Schülerin oder ein Schüler ohne ausreichende Entschuldigung einen angekündigten Leistungsnachweis oder wird eine Leistung verweigert, so wird die Note 6 erteilt. ²§ 43 Abs. 2 gilt entsprechend.
(5) § 33 Abs. 5 gilt entsprechend; die oder der Ministerialbeauftragte kann Sonderregelungen treffen.

§ 22 Nachholung von Leistungsnachweisen

(1) ¹Versäumen Schülerinnen und Schüler einen angekündigten Leistungsnachweis mit ausreichender Entschuldigung, so erhalten sie einen Nachtermin. ²Versäumen sie mehrere angekündigte Leistungsnachweise mit ausreichender Entschuldigung, so kann je Fach ein Nachtermin für mehrere Leistungsnachweise angesetzt werden.
(2) ¹Wird auch der Nachtermin mit ausreichender Entschuldigung versäumt, so kann eine Ersatzprüfung angesetzt werden, die sich über den gesamten bis dahin behandelten Unterrichtsstoff des Schuljahres erstrecken kann. ²Eine Ersatzprüfung kann auch angesetzt werden, wenn in einem Fach wegen der Versäumnisse der Schülerin oder des Schülers keine hinreichenden kleinen Leistungsnachweise vorliegen.
(3) ¹Eine Ersatzprüfung kann in einem Fach nur einmal im Schulhalbjahr stattfinden. ²Der Termin der Ersatzprüfung ist der Schülerin oder dem Schüler und den Erziehungsberechtigten spätestens eine Woche vorher mitzuteilen. ³Mit dem Termin ist der Prüfungsstoff bekannt zu geben.
(4) ¹Nimmt die Schülerin oder der Schüler an der Ersatzprüfung wegen Erkrankung nicht teil, so muss die Erkrankung durch ärztliches Zeugnis nachgewiesen werden. ²Die Schule kann die Vorlage eines schulärztlichen Zeugnisses verlangen.

§ 23 Bildung der Jahresfortgangsnote

(1) Bei der Bildung der Jahresfortgangsnote befindet die Lehrkraft entsprechend dem Umfang und Schwierigkeitsgrad der einzelnen Leistungsnachweise auch über deren Gewichtung.
(2) ¹Die Jahresfortgangsnote wird aus den Noten der schriftlichen, der mündlichen und gegebenenfalls der praktischen Leistungsnachweise gebildet. ²Fachliche Leistungstests zählen wie kleine Leistungsnachweise. ³Die Noten aus den Schulaufgaben, den gegebenenfalls an ihre Stelle tretenden Leistungsnachweisen sowie den Noten aus den angesagten Tests gemäß § 18 Abs. 8 haben doppeltes Gewicht.
(3) Hat eine Schülerin oder ein Schüler außerhalb des stundenplanmäßigen Unterrichts in Schulveranstaltungen, internationalen Sprachzertifikatsprüfungen oder vom Staatsministerium als geeignet anerkannten Wettbewerben besondere Leistungen erbracht und ist eine eindeutige fachliche Zuordnung möglich, so können diese in der Jahresfortgangsnote im entsprechenden Fach angemessen berücksichtigt werden.

KAPITEL 2
Vorrücken und Wiederholen

§ 24 Entscheidung über das Vorrücken

(1) ¹Die Grundlage für die Entscheidung über das Vorrücken bilden die Leistungen in den Vorrückungsfächern. ²Vom Vorrücken sind Schülerinnen und Schüler ausgeschlossen, deren Jahreszeugnis
1. in einem Vorrückungsfach die Note 6 oder
2. in zwei Vorrückungsfächern die Note 5

aufweist, sofern nicht gemäß § 26 das Vorrücken auf Probe gestattet oder gemäß § 27 eine Nachprüfung erfolgreich abgelegt wird. ³Eine Bemerkung in einem Vorrückungsfach gemäß § 31 Abs. 5 steht hinsichtlich des Vorrückens einer Note 6 gleich.

(2) Bei Schülerinnen und Schülern mit nicht deutscher Sprache, die keinen eigenständigen Deutschunterricht erhalten haben, und bei Aussiedlerschülerinnen und -schülern sind in den ersten beiden Jahren des Schulbesuchs in der Bundesrepublik Deutschland unzureichende Leistungen im Fach Deutsch in den Jahrgangsstufen 5 bis 9 bei der Entscheidung über das Vorrücken nicht zu berücksichtigen.

(3) ¹Treten Schülerinnen und Schüler später als zwei Monate vor Unterrichtsbeendigung aus der Schule aus, ohne an eine andere Realschule überzutreten, so stellt die Klassenkonferenz die Noten fest. ²Gleichzeitig entscheidet sie, ob die Schülerinnen und Schüler bei weiterem Verbleib an der Schule die Erlaubnis zum Vorrücken erhalten hätten; die Feststellung wird mit Begründung in die Niederschrift aufgenommen. ³Schülerinnen und Schüler, deren Bescheinigung nach § 32 Satz 1 keine Bemerkung über die Erlaubnis zum Vorrücken enthält, können im darauf folgenden Schuljahr zu einer Aufnahmeprüfung für die nächsthöhere Jahrgangsstufe nicht zugelassen werden. ⁴Bei Wiedereintritt in die gleiche Jahrgangsstufe gelten sie als Wiederholungsschülerinnen und -schüler.

§ 25 Vorrückungsfächer

(1) ¹Vorrückungsfächer sind alle Pflicht- und Wahlpflichtfächer. ²Ausgenommen sind Textiles Gestalten, Kunst, Werken, Musik und Sport, sofern diese Fächer nicht Wahlpflichtfächer in der Wahlpflichtfächergruppe III sind.

(2) An den Abendrealschulen sind alle Pflicht- und Wahlpflichtfächer Vorrückungsfächer.

§ 26 Vorrücken auf Probe

(1) Schülerinnen und Schüler der Jahrgangsstufen 5 bis 9, die wegen Note 6 in einem oder Note 5 in zwei Vorrückungsfächern das Ziel der jeweiligen Jahrgangsstufe erstmals nicht erreicht haben, können mit Einverständnis ihrer Erziehungsberechtigten auf Probe vorrücken, wenn sie in den Fächern Deutsch, Englisch, Mathematik und in dem jeweiligen gruppenspezifischen Wahlpflichtfach nach § 35 Abs. 1 Satz 1 keine schlechtere Note als einmal Note 5 haben und die Lehrerkonferenz auf der Grundlage einer Empfehlung der Klassenkonferenz zu der Auffassung gelangt, dass nach dem Gesamtbild aller erzielten Leistungen erwartet werden kann, dass sie im nächsten Schuljahr das Ziel der Jahrgangsstufe erreichen.

(2) Wird einer Schülerin oder einem Schüler das Vorrücken auf Probe nach Abs. 1 oder nach Art. 53 Abs. 6 Satz 2 BayEUG gestattet, so wird in das Jahreszeugnis folgende Bemerkung aufgenommen:»Die Schülerin bzw. der Schüler erhält die vorläufige Erlaubnis zum Besuch der Jahrgangsstufe... «.

(3) ¹Die Probezeit dauert bis zum 15. Dezember. ²Sie kann von der Klassenkonferenz in besonderen Fällen um höchstens zwei Monate verlängert werden. ³Die Lehrerkonferenz entscheidet, auf der Grundlage einer Empfehlung der Klassenkonferenz, ob die Schülerin oder der Schüler nach dem Gesamtbild aller erzielten Leistungen die Probezeit bestanden hat oder zurückverwiesen wird. ⁴Zurückverwiesene Schülerinnen und Schüler, denen das Vorrücken auf Probe nach Art. 53 Abs. 6 Satz 2 BayEUG gestattet wurde, gelten nicht als Wiederholungsschülerinnen und -schüler.

§ 27 Nachprüfung

(1) ¹Schülerinnen und Schüler der Jahrgangsstufen 7 bis 9, die wegen Note 6 in einem oder Note 5 in zwei Vorrückungsfächern das Ziel der Jahrgangsstufe nicht erreicht haben, die aber in keinem weiteren Vorrückungsfach schlechtere als ausreichende Leistungen aufweisen, können vorrücken, wenn sie sich einer Nachprüfung erfolgreich unterzogen haben. ²Diese findet in den letzten Tagen der Sommerferien statt.

(2) Von der Nachprüfung ausgeschlossen sind Schülerinnen und Schüler mit der Note 6 im Fach Deutsch und Schülerinnen und Schüler, die die betreffende Jahrgangsstufe zum zweiten Mal besuchen.

(3) Die Lehrerkonferenz entscheidet, ob Schülerinnen und Schüler, die von einer Mittlere-Reife-Klasse der Mittelschule, von einer Wirtschaftsschule oder einem Gymnasium in die Realschule übergetreten sind und die betreffende Jahrgangsstufe bereits einmal besucht haben, zur Nachprüfung zugelassen werden.

(4) ¹Die Teilnahme an der Nachprüfung setzt einen Antrag der Erziehungsberechtigten voraus, der spätestens am dritten Werktag nach Aushändigung des Jahreszeugnisses bei der Schule vorliegen muss. ²Die Schülerinnen und Schüler können bei einem Wohnsitzwechsel die Nachprüfung auch an der neuen Schule ablegen.

(5) ¹Die Schülerinnen und Schüler haben sich der Nachprüfung in den Vorrückungsfächern zu unterziehen, in denen ihre Leistungen schlechter als »ausreichend« waren. ²Die Prüfung wird schriftlich durchgeführt und hat in jedem Fach etwa den Umfang einer Schulaufgabe. ³Den Prüfungen liegt der Lehrstoff der zuletzt besuchten Jahrgangsstufe zugrunde.

(6) ¹Die Schulleiterin oder der Schulleiter stellt das Bestehen und damit das Vorrücken fest, sofern in der Nachprüfung Noten erzielt wurden, mit denen Schülerinnen und Schüler unter Anwendung der Vorrückungsbestimmungen hätten vorrücken dürfen. ²Schülerinnen und Schüler, die sich der Nachprüfung erfolgreich unterzogen haben, erhalten ein neues Jahreszeugnis, in dem die in der Nachprüfung erzielten Noten an die Stelle der jeweiligen Jahresfortgangsnote treten, und das einen Vermerk darüber enthält, welche Noten auf der Nachprüfung beruhen.

(7) Die Bestimmungen für die Nachprüfung gelten für Schülerinnen und Schüler der zweiten Jahrgangsstufe der Abendrealschulen entsprechend.

§ 28 Überspringen einer Jahrgangsstufe

¹Die Lehrerkonferenz kann besonders befähigten Schülerinnen und Schülern das Überspringen einer Jahrgangsstufe gestatten, wenn zu erwarten ist, dass sie nach ihrer Reife und Leistungsfähigkeit den Anforderungen gewachsen sind. ²Die Schülerinnen und Schüler rücken auf Probe vor. ³Hinsichtlich der Probezeit gilt § 7 entsprechend.

§ 29 Freiwilliges Wiederholen

(1) ¹Auf Antrag der Erziehungsberechtigten können Schülerinnen und Schüler freiwillig wiederholen oder spätestens zwei Wochen nach Ende des ersten Schulhalbjahres in die vorherige Jahrgangsstufe zurücktreten. ²Diese Schülerinnen und Schüler gelten nicht als Wiederholungsschülerinnen und -schüler.

(2) Schülerinnen und Schüler, die eine Jahrgangsstufe freiwillig wiederholen, aber dabei das Ziel der Jahrgangsstufe nicht erreichen, erhalten anstelle des Jahreszeugnisses eine Bestätigung über das freiwillige Wiederholen und die dabei gezeigten Leistungen mit der Bemerkung, dass das Vorrücken auf Grund des früheren Jahreszeugnisses gestattet wird.

(3) Schülerinnen und Schüler, die im abgelaufenen Schuljahr infolge nachgewiesener erheblicher Beeinträchtigungen ohne eigenes Verschulden wegen Leistungsminderungen

die Voraussetzungen zum Vorrücken nicht erfüllten (z.b. wegen Krankheit) und denen das Vorrücken auf Probe nicht gestattet wurde, gelten nicht als Wiederholungsschülerinnen und -schüler.

§ 30 Verbot des Wiederholens

Ist das Wiederholen nach Art. 53 Abs. 3 oder Art. 55 Abs. 1 Nr. 6 BayEUG nicht zulässig, so wird dies im Jahreszeugnis eigens vermerkt.

ABSCHNITT 3
Zeugnisse

§ 31 Zwischen- und Jahreszeugnisse

(1) ¹Über die in den Pflichtfächern und Wahlpflichtfächern erzielten Leistungen werden am letzten Unterrichtstag der zweiten vollen Unterrichtswoche im Februar Zwischenzeugnisse und am letzten Unterrichtstag des Schuljahres Jahreszeugnisse nach den vom Staatsministerium herausgegebenen Mustern ausgegeben. ²Die Teilnahme am Wahlunterricht wird durch eine den erzielten Fortschritt kennzeichnende Bemerkung bestätigt; ohne ausreichenden Erfolg besuchter Wahlunterricht wird nicht erwähnt.

(2) ¹Das Zwischenzeugnis kann in den Jahrgangsstufen 5 bis 8 für alle oder einzelne Jahrgangsstufen, nicht jedoch für einzelne Klassen, durch mindestens zwei schriftliche Informationen über das Notenbild der Schülerinnen und Schüler ersetzt werden. ²Die Entscheidung trifft die Lehrerkonferenz im Einvernehmen mit dem Elternbeirat vor Unterrichtsbeginn des Schuljahres. ³Unabhängig davon stellt die Schule Schülerinnen und Schülern in begründeten Fällen, insbesondere für Bewerbungszwecke, auf Antrag ein Zwischenzeugnis nach Abs. 1 gegebenenfalls auch nachträglich aus.

(3) ¹Wenn es die Leistungen einer Schülerin oder eines Schülers im ersten Schulhalbjahr fraglich erscheinen lassen, ob ihr oder ihm am Schluss des Schuljahres die Erlaubnis zum Vorrücken erteilt werden kann, wird die Gefährdung im Zwischenzeugnis bzw. in den Informationen über das Notenbild angegeben; besteht die Gefahr, dass die Schülerin oder der Schüler die Jahrgangsstufe gemäß Art. 53 Abs. 3 BayEUG oder wegen Überschreitens der Höchstausbildungsdauer gemäß § 15 nicht mehr wiederholen darf, so wird darauf besonders hingewiesen. ²Ab Jahrgangsstufe 9 sind die Erziehungsberechtigten hiervon sowie von der Gefährdung des Bestehens der Abschlussprüfung durch ein gesondertes Schreiben zu benachrichtigen.

(4) ¹Bei minderjährigen Schülerinnen und Schülern bestätigen die Erziehungsberechtigten durch Unterschrift, dass sie vom Zwischenzeugnis bzw. von den Informationen über das Notenbild Kenntnis genommen haben. ²Das unterschriebene Zeugnis bzw. die Informationen über das Notenbild sind der Klassenleiterin oder dem Klassenleiter vorzulegen und werden den Schülerinnen und Schülern zeitnah zurückgegeben.

(5) Hat eine Schülerin oder ein Schüler in einem Unterrichtsfach keine hinreichenden Leistungsnachweise erbracht und mit ausreichender Entschuldigung weder an Nachterminen noch an einer Ersatzprüfung teilgenommen, so wird anstelle einer Note eine entsprechende Bemerkung mit der Folge des § 24 Abs. 1 Satz 3 aufgenommen.

(6) ¹War eine Schülerin oder ein Schüler von der Teilnahme am Unterricht im Fach Sport befreit, so erhält sie oder er an Stelle einer Note im Zeugnis eine entsprechende Bemerkung. ²Entsprechendes gilt in musischen und praktischen Fächern.

(7) Bei Schülerinnen und Schülern mit nicht deutscher Muttersprache, die keinen eigenständigen Deutschunterricht erhalten haben, und Aussiedlerschülerinnen und -schülern kann in den ersten beiden Jahren des Schulbesuchs in der Bundesrepublik Deutschland die Benotung im Fach Deutsch in den Jahrgangsstufen 5 bis 9 durch eine

allgemeine Bewertung der mündlichen und schriftlichen Ausdrucks und Verständigungsfähigkeit ersetzt oder erläutert werden.

(8) ¹In das Jahreszeugnis ist eine allgemeine Bemerkung im Sinn des Art. 52 Abs. 3 Satz 3 BayEUG über Anlagen, Mitarbeit und Verhalten der Schülerin oder des Schülers aufzunehmen, in das Zwischenzeugnis eine Bemerkung über Mitarbeit und Verhalten. ²Ordnungsmaßnahmen werden nur aus besonderem Anlass erwähnt. ³In den Jahrgangsstufen 9 und 10 dürfen die Zeugnisse keine Bemerkung enthalten, die den Übertritt in das Berufsleben erschwert. ⁴Im Zeugnis der Abendrealschule kann auf die Bemerkung verzichtet werden. ⁵Auf Wunsch der Schülerin oder des Schülers sind Tätigkeiten in der Schülermitverantwortung, als Schülerlotse oder sonstige freiwillige Tätigkeiten für die Schulgemeinschaft zu vermerken.

(9) ¹Die Entscheidung über das Vorrücken muss im Jahreszeugnis vermerkt sein. ²In ein Jahreszeugnis, das den Anforderungen des § 20 der Mittelschulordnung entspricht, wird folgender Vermerk eingetragen: »Die mit diesem Zeugnis nachgewiesene Schulbildung schließt die Berechtigungen des erfolgreichen Mittelschulabschlusses ein.«.

(10) ¹Die Zeugnisse werden von der Klassenleiterin oder dem Klassenleiter entworfen und von der Klassenkonferenz festgesetzt. ²In den Fällen des Vorrückens auf Probe spricht die Klassenkonferenz eine Empfehlung aus, die Entscheidung trifft die Lehrerkonferenz.

§ 32 Bescheinigung über die Dauer des Schulbesuchs

¹Verlassen Schülerinnen und Schüler während des Schuljahres die Schule oder werden sie entlassen, so erhalten sie auf schriftlichen Antrag für das laufende Schuljahr eine Bescheinigung über die Dauer des Schulbesuchs und die bis zum Zeitpunkt des Ausscheidens erzielten Leistungen. ²Wenn sie innerhalb der letzten zwei Monate vor Schuljahresende ausscheiden, erhalten sie außerdem eine Bemerkung über die Aussicht auf das Erreichen des Ziels der Jahrgangsstufe. ³Die Schule kann eine Bescheinigung zurückbehalten, wenn ein von der Schülerin oder dem Schüler zurückzugebendes Lernmittel trotz wiederholter Mahnung weder zurückgegeben noch zu seinem Zeitwert ersetzt wird.

TEIL 5
Prüfungen, Abschluss

KAPITEL 1
Abschlussprüfung

§ 33 Prüfungsausschuss

(1) ¹Mitglieder des Prüfungsausschusses sind alle Lehrkräfte der Jahrgangsstufe 10. ²Die Vorsitzende oder der Vorsitzende des Prüfungsausschusses kann weitere Lehrkräfte in den Prüfungsausschuss berufen.

(2) ¹Die Vorsitzende oder der Vorsitzende des Prüfungsausschusses hat insbesondere folgende Aufgaben und Befugnisse. ²Die Vorsitzende oder der Vorsitzende
1. setzt im Benehmen mit dem Prüfungsausschuss Beginn und Zeiteinteilung der mündlichen und praktischen Prüfung fest,
2. kann für die mündliche Prüfung aus den Mitgliedern des Prüfungsausschusses Unterausschüsse mit mindestens zwei fachlich zuständigen Lehrkräften bilden; verfügt eine Schule in den zu prüfenden Fächern nicht über zwei fachlich zuständige Lehrkräfte, so kann eine andere Lehrkraft in den Unterausschuss berufen werden,

3. ist berechtigt und verpflichtet, etwaige Bedenken gegen die Benotung der Prüfungsarbeiten dem Prüfungsausschuss vor Beginn der mündlichen Prüfung darzulegen und eine Entscheidung des Prüfungsausschusses herbeizuführen,
4. muss einen Beschluss beanstanden, den Vollzug aussetzen und die Entscheidung der oder des Ministerialbeauftragten herbeiführen, wenn sie oder er der Auffassung ist, dass der Beschluss gegen Rechts- oder Verwaltungsvorschriften verstößt,
5. hat das Recht, in die Prüfungsvorgänge einzugreifen und selbst Fragen zu stellen und
6. erledigt alle Prüfungsangelegenheiten, die durch die Schulordnung nicht ausdrücklich dem Prüfungsausschuss, dem Unterausschuss oder den Prüfern zugewiesen sind.

(3) ¹Das Staatsministerium kann für jede öffentliche oder staatlich anerkannte Schule eine Vorsitzende oder einen Vorsitzenden des Prüfungsausschusses bestellen. ²Wer den Vorsitz führt hat folgende zusätzliche Befugnisse:
1. Er kann auch Lehrkräfte anderer Realschulen in den Prüfungsausschuss berufen.
2. Er kann die Jahresfortgangsnoten sowie die Bewertung der von den Schülerinnen und Schülern während des Schuljahres erbrachten schriftlichen und praktischen Leistungsnachweise und der schriftlichen und praktischen Prüfungsarbeiten überprüfen und nach Anhörung des Prüfungsausschusses die Bewertung der schriftlichen und praktischen Prüfungsarbeiten ändern. Die Änderung der Bewertung vermerkt sie oder er auf der Arbeit und bestätigt sie durch Unterschrift. In die Niederschrift über die Abschlussprüfung werden entsprechende Vermerke aufgenommen.

(4) ¹Der Prüfungsausschuss entscheidet mit einfacher Mehrheit. ²Stimmenthaltung ist nicht zulässig. ³Bei Stimmengleichheit entscheidet die Stimme der Vorsitzenden oder des Vorsitzenden.

(5) Kommt ein Ausschluss von der Prüfungsfähigkeit nach den Art. 20 und 21 des Bayerischen Verwaltungsverfahrensgesetzes in Betracht, so ist dies bis spätestens 1. November des der Abschlussprüfung vorausgehenden Jahres der oder dem Ministerialbeauftragten zu melden, die oder der eine Sonderregelung treffen kann.

(6) ¹Über Aufgabenstellung, Verlauf und Ergebnis der Prüfung ist eine Niederschrift zu fertigen, die von der Vorsitzenden oder vom Vorsitzenden des Prüfungsausschusses und von der Schriftführerin oder vom Schriftführer unterzeichnet wird. ²Der Niederschrift wird als Anlage ein Verzeichnis beigegeben, das die von jeder Schülerin und jedem Schüler in der schriftlichen, mündlichen und praktischen Prüfung sowie im Jahresfortgang in den einzelnen Fächern erzielten Noten einschließlich der Prüfungsnoten und Gesamtnoten enthält.

§ 34 Festsetzung der Jahresfortgangsnoten

¹Vor Beginn der schriftlichen Abschlussprüfung setzt die Klassenkonferenz die Jahresfortgangsnoten fest. ²Diese werden den Schülerinnen und Schülern vor der schriftlichen Prüfung mitgeteilt. ³Schülerinnen und Schüler, denen bereits auf Grund der Jahresfortgangsnoten in Nichtprüfungsfächern das Abschlusszeugnis zu versagen ist, nehmen an der Abschlussprüfung nicht teil. ⁴In diesem Fall gilt die Abschlussprüfung als abgelegt und nicht bestanden.

§ 35 Schriftliche Prüfung

(1) ¹Die schriftliche Prüfung erstreckt sich unter besonderer Berücksichtigung der Jahrgangsstufe 10 auf die Lernziele und -inhalte der Fächer Deutsch und Englisch sowie
1. der Fächer Mathematik I und Physik in der Wahlpflichtfächergruppe I,
2. der Fächer Mathematik II und Betriebswirtschaftslehre/Rechnungswesen in der Wahlpflichtfächergruppe II oder

3. des Faches Mathematik II in der Wahlpflichtfächergruppe III und des jeweiligen Wahlpflichtfaches Französisch oder Kunst oder Werken oder Ernährung und Gesundheit oder Sozialwesen bzw. an Abendrealschulen Soziallehre. ²In den Fällen des § 16 Abs. 3 kann an die Stelle von Englisch die Ersatzfremdsprache treten.

(2) ¹Das Staatsministerium stellt einheitliche Aufgaben und legt deren Art sowie die Bearbeitungszeit fest. ²Gleiche Aufgaben sind zur gleichen Zeit zu bearbeiten. ³Aus mehreren zur Wahl gestellten Aufgaben wählt die Vorsitzende oder der Vorsitzende des Prüfungsausschusses im Benehmen mit den fachlich zuständigen Lehrkräften des Prüfungsausschusses am Prüfungstag oder an dem vom Staatsministerium angegebenen Tag eine Aufgabe oder Aufgabengruppe aus. ⁴Bei Parallelklassen können für jede Klasse verschiedene Aufgaben bestimmt werden.

(3) § 18 Abs. 6 gilt entsprechend.

(4) ¹Während der Prüfung führen mindestens zwei Lehrkräfte die Aufsicht. ²Die Schülerinnen und Schüler dürfen den Prüfungsraum während der Prüfung nur mit Erlaubnis einer Aufsicht führenden Lehrkraft verlassen; die Erlaubnis kann jeweils nur einer Schülerin oder einem Schüler erteilt werden.

§ 36 Mündliche Prüfung

(1) ¹Schülerinnen und Schüler können sich in einem Vorrückungsfach, das nicht Prüfungsfach ist, einer mündlichen Prüfung unterziehen, wenn die Leistungen mit der Jahresfortgangsnote 5 oder 6 bewertet worden sind. ²Die Prüfung wird vor der schriftlichen Prüfung durchgeführt. ³Die Jahresfortgangsnote wird nach der mündlichen Prüfung neu festgesetzt.

(2) ¹Schülerinnen und Schüler können sich in einem Prüfungsfach der mündlichen Prüfung unterziehen, wenn sich Jahresfortgangsnote und vorläufige Prüfungsnote um eine Stufe unterscheiden und nach Auffassung des Prüfungsausschusses die schlechtere Note als Gesamtnote festzusetzen wäre. ²Hat der Prüfungsausschuss einen Ausgleich zwischen den Gesamtnoten verschiedener Fächer herbeigeführt, so entfällt in diesen Fächern die Möglichkeit einer freiwilligen mündlichen Prüfung.

(3) Schülerinnen und Schüler müssen sich in einem Prüfungsfach der mündlichen Prüfung unterziehen, wenn nach den besonderen Umständen des Falles der Leistungsstand nach dem Urteil des Prüfungsausschusses durch die Jahresfortgangsnoten und die Noten der schriftlichen bzw. schriftlichen und praktischen Prüfung nicht geklärt erscheint, es sei denn, der Prüfungsausschuss führt bereits von sich aus einen Ausgleich zwischen den Gesamtnoten herbei.

(4) ¹Der Prüfungsausschuss stellt nach der schriftlichen bzw. praktischen Prüfung fest, ob die Voraussetzungen für die Teilnahme an der mündlichen Prüfung vorliegen. ²Kann die Abschlussprüfung nicht mehr bestanden werden, so entfällt die mündliche Prüfung.

(5) Der Zeitplan für die mündliche Prüfung soll den Schülerinnen und Schülern spätestens zwei Tage vor der Prüfung bekannt gegeben werden.

(6) ¹Die mündliche Prüfung ist eine Einzelprüfung und dauert in der Regel 20 Minuten je Fach. ²Sie wird in der Regel von der Lehrkraft abgenommen, die in der Abschlussklasse den Unterricht erteilt hat. ³Die übrigen Mitglieder des Prüfungsausschusses oder Unterausschusses sind berechtigt, Fragen zu stellen.

§ 37 Praktische Prüfung

(1) Die praktische Prüfung in Wahlpflichtfächergruppe III in den Fächern Kunst, Werken sowie Ernährung und Gesundheit wird im letzten Drittel des Schuljahres durchgeführt; die Arbeitszeit beträgt jeweils 240 Minuten.

(2) ¹Die Aufgaben werden von der fachlich zuständigen Lehrkraft im Einvernehmen mit der oder dem Vorsitzenden des Prüfungsausschusses gestellt. ²§ 35 Abs. 4 gilt entsprechend.

§ 38 Bewertung der Prüfungsleistungen

(1) ¹Die schriftlichen und praktischen Prüfungsarbeiten werden jeweils von zwei Mitgliedern des Prüfungsausschusses bewertet, die die Vorsitzende oder der Vorsitzende bestimmt. ²Erste Berichterstatterin oder erster Berichterstatter ist die Lehrkraft, die den Unterricht in der Abschlussklasse erteilt hat. ³Kommt eine Einigung nicht zustande, wird die Note von der Vorsitzenden oder vom Vorsitzenden oder von einer oder einem durch sie oder ihn bestimmten Prüfenden festgesetzt. ⁴Die Bewertungen sind zu unterzeichnen; im Fach Deutsch sowie bei Abweichungen sind sie zu begründen. ⁵Bei der Bewertung der praktischen Prüfungsarbeiten ist die Arbeitsweise zu berücksichtigen.

(2) ¹Die Leistungen in der mündlichen Prüfung bewertet der zuständige Ausschuss. ²Kann er sich nicht auf eine Note einigen, so entscheidet bei Stimmengleichheit die Lehrkraft, die in der Abschlussklasse den Unterricht erteilt hat.

(3) Die Ergebnisse der schriftlichen, praktischen und mündlichen Prüfungen werden den Schülerinnen und Schülern bekannt gegeben.

§ 39 Festsetzung des Prüfungsergebnisses und der Zeugnisnoten

(1) Nach Abschluss der mündlichen Prüfungen setzt der Prüfungsausschuss die Prüfungsnoten und Gesamtnoten fest.

(2) ¹Bei der Festsetzung der Prüfungsnote zählt die Note der schriftlichen Prüfung zweifach, die Note der mündlichen Prüfung einfach. ²Zur Note der schriftlichen Prüfung zählen in den Fächern Englisch und Französisch die Ergebnisse der Prüfungen zur Kommunikationsfähigkeit, in den Fächern Kunst, Werken sowie Ernährung und Gesundheit die Note der praktischen Prüfung. ³In den Fächern Kunst, Werken sowie Ernährung und Gesundheit werden die Noten der schriftlichen und praktischen Prüfung dabei grundsätzlich gleich gewichtet, wobei Tendenzen beider Prüfungsleistungen zu berücksichtigen sind; soweit nach § 36 Abs. 2 auch eine mündliche Prüfung stattfindet, zählt die aus den Noten der schriftlichen und praktischen Prüfung gebildete Note zweifach, die Note der mündlichen Prüfung einfach.

(3) ¹Die Gesamtnote wird in Prüfungsfächern aus der Jahresfortgangsnote und der Prüfungsnote ermittelt. ²Dabei gibt im Allgemeinen die Prüfungsnote den Ausschlag. ³Die Jahresfortgangsnote kann nur dann überwiegen, wenn sie nach dem Urteil des Prüfungsausschusses der Gesamtleistung der Schülerin oder des Schülers in dem betreffenden Fach mehr entspricht als die Prüfungsnote. ⁴In Nichtprüfungsfächern gelten die Jahresfortgangsnoten als Gesamtnoten.

(4) ¹Auf Grund der Gesamtnoten entscheidet der Prüfungsausschuss über das Bestehen der Abschlussprüfung. ²Sie ist nicht bestanden bei
1. Gesamtnote 6 in einem Vorrückungsfach, sofern nicht Notenausgleich nach § 40 gewährt wird,
2. Gesamtnote 5 in zwei Vorrückungsfächern, sofern nicht Notenausgleich nach § 40 gewährt wird, und
3. Gesamtnote 6 im Fach Deutsch.

(5) ¹Scheidet eine Schülerin oder ein Schüler später als zwei Monate vor Beginn der schriftlichen Prüfung aus der Schule aus, gilt die Abschlussprüfung als abgelegt und nicht bestanden. ²Bei einem Wiedereintritt in die Jahrgangsstufe 10 gilt die Schülerin oder der Schüler als Wiederholungsschülerin oder -schüler.

§ 40 Notenausgleich

¹Schülerinnen und Schülern mit Gesamtnote 6 in einem Vorrückungsfach oder Gesamtnote 5 in zwei Vorrückungsfächern wird bei
1. Gesamtnote 1 in einem Vorrückungsfach,
2. Gesamtnote 2 in zwei Vorrückungsfächern oder
3. mindestens Gesamtnote 3 in vier Vorrückungsfächern

Notenausgleich gewährt. ²Notenausgleich ist ausgeschlossen bei Gesamtnote 6 im Fach Deutsch sowie bei Schülerinnen und Schülern, die neben der Gesamtnote 6 in einem Vorrückungsfach oder Gesamtnote 5 in zwei Vorrückungsfächern in einem weiteren Vorrückungsfach Gesamtnote 5 oder 6 erhalten haben.

§ 41 Abschlusszeugnis

(1) ¹Der Realschulabschluss wird durch das Abschlusszeugnis nach dem vom Staatsministerium herausgegebenen Muster nachgewiesen. ²§ 31 Abs. 1 Satz 2 und Abs. 8 Satz 5 gelten entsprechend. ³Neben dem Original erhalten die Schülerinnen und Schüler eine beglaubigte Abschrift des Zeugnisses.

(2) ¹In das Abschlusszeugnis ist eine von der Klassenkonferenz vorzuschlagende allgemeine Beurteilung aufzunehmen; im Einzelfall kann hiervon abgesehen werden. 2§ 31 Abs. 8 Satz 3 gilt entsprechend. ³Auf Antrag kann in das Abschlusszeugnis der letzte Leistungsstand in einem Fach, das in Jahrgangsstufe 8 oder 9 ausgelaufen ist, im Rahmen einer Bemerkung aufgenommen werden.

(3) Schülerinnen und Schüler, die sich der Abschlussprüfung ohne Erfolg unterzogen haben, erhalten ein Jahreszeugnis, das die Leistungen im Schuljahr ohne Einbeziehung der Leistungen der Abschlussprüfung und folgende Bemerkung enthält: »Die Schülerin bzw. der Schüler hat sich der Abschlussprüfung ohne Erfolg unterzogen.«.

§ 42 Wiederholung der Abschlussprüfung

(1) ¹Die Abschlussprüfung kann zur Notenverbesserung einmal wiederholt werden. ²Soll zu diesem Zweck die Jahrgangsstufe 10 wiederholt werden, so darf dies nur im unmittelbar folgenden Schuljahr geschehen und bedarf der Genehmigung der Schulleiterin oder des Schulleiters.

(2) Die Genehmigung nach Art. 54 Abs. 5 Satz 2 BayEUG erteilt die oder der Ministerialbeauftragte.

§ 43 Verhinderung an der Teilnahme

(1) ¹Erkrankungen, die die Teilnahme einer Schülerin oder eines Schülers an der Abschlussprüfung verhindern, sind unverzüglich durch ärztliches Zeugnis nachzuweisen; die Schule kann die Vorlage eines schulärztlichen Zeugnisses verlangen. 2§ 21 Abs. 3 gilt entsprechend.

(2) Hat sich eine Schülerin oder ein Schüler der Prüfung oder einem Prüfungsteil unterzogen, so können nachträglich gesundheitliche Gründe, denen zufolge die Prüfungsleistung nicht gewertet werden soll, nicht anerkannt werden.

(3) Versäumt eine Schülerin oder ein Schüler eine schriftliche, mündliche oder praktische Prüfung, so wird die Note 6 erteilt, es sei denn, sie oder er hat das Versäumnis nicht zu vertreten.

§ 44 Nachholung der Abschlussprüfung

(1) Schülerinnen und Schüler, die an der Abschlussprüfung in allen oder einzelnen Fächern aus von ihnen nicht zu vertretenden Gründen nicht teilnehmen konnten, können

die Abschlussprüfung oder die nicht abgelegten Teile der Prüfung mit Genehmigung der oder des Vorsitzenden des Prüfungsausschusses zu einem späteren Zeitpunkt – spätestens ein halbes Jahr nach Abschluss des letzten Prüfungsteils – nachholen.

(2) Die Aufgaben der schriftlichen Prüfung stellt beim ersten Nachholtermin das Staatsministerium, bei weiteren Terminen die oder der Ministerialbeauftragte.

§ 45 Unterschleif

(1) ¹Bedient sich eine Schülerin oder ein Schüler unerlaubter Hilfe oder macht den Versuch dazu (Unterschleif), so wird die Arbeit mit der Note 6 bewertet. ²Als Versuch gilt auch das Bereithalten nicht zugelassener Hilfsmittel nach Beginn der Prüfung. ³Ebenso kann verfahren werden, wenn die Handlungen zu fremdem Vorteil unternommen werden.

(2) In schweren Fällen wird die Schülerin oder der Schüler von der Prüfung ausgeschlossen; diese gilt als nicht bestanden.

(3) ¹Wird ein Tatbestand nach Abs. 1 erst nach Abschluss der Prüfung bekannt, so ist die betreffende Prüfungsleistung nachträglich mit Note 6 zu bewerten und das Gesamtprüfungsergebnis entsprechend zu berichtigen. ²In schweren Fällen ist die Prüfung als nicht bestanden zu erklären. ³Ein unrichtiges Prüfungszeugnis ist einzuziehen.

(4) Die Entscheidung in den Fällen der Abs. 1 bis 3 trifft der Prüfungsausschuss.

KAPITEL 2
Abschlussprüfung für andere Bewerberinnen und Bewerber

§ 46 Allgemeines

¹Bewerberinnen und Bewerber, die an der von ihnen besuchten Schule den Realschulabschluss oder einen anderen mittleren Schulabschluss gemäß Art. 25 Abs. 1 Satz 2 BayEUG nicht erwerben können oder die keiner Schule angehören, können als andere Bewerberinnen und Bewerber die Abschlussprüfung an einer von der oder dem Ministerialbeauftragten hierfür bestimmten öffentlichen Schule, außer an einer Abendrealschule, ablegen. ²Es gelten die Bestimmungen der §§ 33 bis 45, soweit nachfolgend nichts anderes bestimmt ist.

§ 47 Zulassung

(1) Die Zulassung ist bis einschließlich 1. Februar bei der bzw. dem zuständigen Ministerialbeauftragten zu beantragen; sie bzw. er entscheidet über die Zulassung schriftlich.

(2) ¹Die Bewerberinnen und Bewerber müssen ihren Hauptwohnsitz seit mindestens drei Monaten vor Antragstellung in Bayern haben. ²Für Schülerinnen und Schüler staatlich genehmigter Ersatzschulen kann die oder der Ministerialbeauftragte hiervon Ausnahmen gewähren.

(3) Dem Antrag sind beizufügen
1. der Geburtsschein oder die Geburtsurkunde in beglaubigter Abschrift,
2. ein Lebenslauf, der die Daten des Schulbesuchs enthalten muss,
3. das letzte Jahreszeugnis und gegebenenfalls eine Bescheinigung über den Schulbesuch der zuletzt besuchten Schule,
4. eine Erklärung, ob und gegebenenfalls wann und mit welchem Erfolg die Bewerberin oder der Bewerber schon einmal die Prüfung zu einem mittleren Schulabschluss abgelegt hat oder ob sich die Bewerberin oder der Bewerber zur gleichen oder einer entsprechenden Prüfung bereits an einer anderen Stelle gemeldet hat,

5. eine Erklärung, in welcher Wahlpflichtfächergruppe und, soweit Wahlmöglichkeiten gegeben sind, in welchen Fächern die Bewerberin oder der Bewerber geprüft werden will,
6. eine Erklärung, aus der hervorgeht, wie sich die Bewerberin oder der Bewerber in den einzelnen Fächern vorbereitet und welche Lehrbücher sie oder er benützt hat; Bewerberinnen und Bewerber für die Prüfung in Wahlpflichtfächergruppe III müssen im gewählten Prüfungsfach Kunst, Werken, Sozialwesen sowie Ernährung und Gesundheit entweder eine praktische Tätigkeit oder eine entsprechende Ausbildung nachweisen.

(4) Die Zulassung ist zu versagen, wenn die Bewerberin oder der Bewerber
1. die Prüfung früher ablegen würde, als dies bei ordnungsgemäßem Realschulbesuch möglich wäre,
2. die Prüfung zu einem mittleren Schulabschluss bereits wiederholt hat, hierzu zählen auch Wiederholungsprüfungen in anderen Ländern der Bundesrepublik Deutschland,
3. an einer anderen Stelle zu einer entsprechenden Prüfung zugelassen wurde, diese Prüfung aber noch nicht abgeschlossen ist,
4. nicht die nach Abs. 3 Nr. 6 geforderte praktische Tätigkeit oder Ausbildung nachweist.

(5) Die Bewerberinnen und Bewerber haben beim Antritt zur Prüfung und auf Verlangen auch während der Prüfung ihren amtlichen Lichtbildausweis vorzuzeigen.

§ 48 Prüfungsgegenstände

(1) In den Fächern
1. Geschichte,
2. Chemie (Wahlpflichtfächergruppe I) oder Physik bzw. Chemie (jeweils Wahlpflichtfächergruppen II und III),
3. Religionslehre oder Ethik/Islamischer Unterricht oder Biologie oder Politik und Gesellschaft finden verpflichtende mündliche Prüfungen über die Lernziele und -inhalte der Jahrgangsstufe 10 statt.

(2) Auf Antrag der Prüfungsteilnehmerin oder des Prüfungsteilnehmers findet in höchstens zwei von den Fächern, in denen eine mündliche Prüfung nach Abs. 1 abgelegt wurde, eine schriftliche Prüfung im Umfang einer Schulaufgabe statt.

(3) Die verpflichtenden schriftlichen bzw. schriftlichen und praktischen Prüfungen erstrecken sich auf die vier Prüfungsfächer nach § 35 Abs. 1.

(4) Eine verpflichtende mündliche Prüfung findet ferner in einem nach Abs. 3 bereits schriftlich geprüften Fach außer in den Fremdsprachen statt, dessen Wahl den Bewerberinnen und Bewerbern zusteht.

(5) [1]Die Bewerberinnen und Bewerber können in allen vier Prüfungsfächern nach Abs. 3, in denen nicht bereits eine mündliche Prüfung nach Abs. 4 abgelegt wurde, in die mündliche Prüfung verwiesen werden oder sich freiwillig einer mündlichen Prüfung unterziehen. [2]Der Antrag zur freiwilligen mündlichen Prüfung ist spätestens am Tag nach Bekanntgabe der Ergebnisse der schriftlichen Prüfung einzureichen.

(6) [1]Die mündliche Prüfung dauert mindestens 20 Minuten. [2]Bei der mündlichen Prüfung soll auch auf Lehrplaninhalte der Jahrgangsstufe 10 eingegangen werden, mit denen sich die Bewerberin oder der Bewerber besonders gründlich beschäftigt hat. [3]Mindestens die Hälfte der Prüfungszeit muss den anderen Lernzielen und -inhalten des Lehrplans vorbehalten bleiben.

§ 49 Festsetzung des Prüfungsergebnisses und der Zeugnisnoten

(1) ¹Die Zeugnisnoten ergeben sich ausschließlich aus den in der Prüfung erbrachten Leistungen. ²Bei der Bildung der Zeugnisnoten zählt die Note der schriftlichen Prüfung, in den Fächern Kunst, Werken sowie Ernährung und Gesundheit die aus den Noten der schriftlichen und praktischen Prüfung gebildete Note zweifach, die Note der mündlichen Prüfung einfach. ³Findet keine mündliche Prüfung statt, ist die Note der schriftlichen Prüfung die Zeugnisnote. ⁴In den Fächern, in denen nur eine mündliche Prüfung durchgeführt wird, ist deren Note die Zeugnisnote. ⁵Im Fall des § 48 Abs. 1 Satz 2 ergibt sich die Zeugnisnote aus den Noten der mündlichen und schriftlichen Prüfung; im Zweifel überwiegt die schriftliche Prüfung.

(2) ¹Bewerberinnen und Bewerber, welche die Abschlussprüfung nicht bestanden haben, erhalten auf Wunsch eine Bescheinigung hierüber. ²Auf Antrag entscheidet der Prüfungsausschuss darüber, ob und gegebenenfalls für welche Jahrgangsstufe die nicht bestandene Abschlussprüfung als bestandene Aufnahmeprüfung in eine Realschule gewertet werden kann.

(3) ¹Tritt eine Bewerberin oder ein Bewerber vor der ersten mündlichen Prüfung nach § 48 Abs. 1 zurück, so gilt die Prüfung als nicht abgelegt. ²Bei einem Rücktritt nach diesem Zeitpunkt gilt die Prüfung als abgelegt und nicht bestanden, es sei denn, der Rücktritt erfolgt aus Gründen, die die Bewerberin oder der Bewerber nicht zu vertreten hat.

(4) Wurde die Zulassung zur Abschlussprüfung durch Täuschung erlangt, ist nach § 45 Abs. 3 zu verfahren.

§ 50 Zusätzliche Regelungen für Schülerinnen und Schüler staatlich genehmigter Ersatzschulen

(1) Anträge mehrerer Bewerberinnen und Bewerber, die gemeinsam an einer staatlich genehmigten Ersatzschule unterrichtet werden, sollen von dieser Schule bei der prüfenden öffentlichen Schule gesammelt eingereicht werden.

(2) Die Abschlussprüfung ist in den Räumen der staatlich genehmigten Ersatzschule abzunehmen, wenn diese dafür geeignet sind und die Belange der prüfenden Schule es zulassen.

(3) Bei der Auswahl der zentral gestellten Prüfungsaufgaben wirken Lehrkräfte der Ersatzschule mit.

(4) ¹In den Prüfungsausschuss soll für jedes Prüfungsfach eine Lehrkraft der Ersatzschule, soweit sie beide Staatsprüfungen für das Lehramt an Realschulen oder Gymnasien erfolgreich abgelegt hat oder für sie die erforderliche Unterrichtsgenehmigung nach dem Bayerischen Gesetz über das Erziehungs- und Unterrichtswesen endgültig erteilt worden ist, als Mitglied, nicht aber als Vorsitzende oder Vorsitzender berufen werden. ²Sie soll, soweit Schülerinnen und Schüler der Ersatzschule betroffen sind, bei der Korrektur und Bewertung der Prüfungsarbeiten und bei den mündlichen Prüfungen nach Anweisung der oder des Vorsitzenden des Prüfungsausschusses mitwirken.

(5) Entscheidungen nach den Abs. 2 und 4 trifft die oder der Vorsitzende des Prüfungsausschusses.

KAPITEL 3
Ergänzungsprüfung

§ 51 Ergänzungsprüfung

(1) ¹Schülerinnen und Schüler der Abschlussklassen und andere Bewerberinnen und Bewerber können gleichzeitig mit der Abschlussprüfung oder auch nachträglich in den

in § 35 Abs. 1 Satz 1 genannten Fächern eine Ergänzungsprüfung ablegen, wenn dies für den in Aussicht genommenen Berufsweg oder Bildungsgang erforderlich ist. ²Die Prüfungen werden im Rahmen der Abschlussprüfung durchgeführt.

(2) ¹Die Zulassung ist bis spätestens 10. Februar zu beantragen. ²Über sie entscheidet die oder der Vorsitzende des Prüfungsausschusses.

(3) ¹Die Ergänzungsprüfung wird schriftlich bzw. schriftlich und praktisch vor einem Prüfungsausschuss abgelegt, der aus der oder dem Vorsitzenden des Prüfungsausschusses und je zwei Berichterstattenden für jeden Prüfungsgegenstand besteht. ²Die Bewerberinnen und Bewerber können in die mündliche Prüfung verwiesen werden oder sich freiwillig einer mündlichen Prüfung unterziehen. ³Im Übrigen gelten die Bestimmungen der §§ 46 bis 50.

(4) Die Ergänzungsprüfung ist bestanden, wenn mindestens die Gesamtnote 4 erzielt wurde.

(5) Über die erfolgreiche Teilnahme an einer Ergänzungsprüfung erhalten die Teilnehmerinnen und Teilnehmer ein Zeugnis nach dem vom Staatsministerium herausgegebenen Muster.

Teil 6
Schlussvorschrift

§ 52 Inkrafttreten

¹Diese Verordnung tritt am 1. August 2007 in Kraft. ²Abweichend von Satz 1 tritt Anlage 2 für die Jahrgangsstufe 8 am 1. August 2008, für die Jahrgangsstufe 9 am 1. August 2009 und für die Jahrgangsstufe 10 am 1. August 2010 in Kraft.

Anlage 1 **RSO**

Anlage 1
(zu § 16)

Stundentafel für die Realschule

Wahlpflichtfächergruppe I

Unterrichtsfach	Jahrgangsstufe						Gesamtstunden
	5	6	7	8	9	10	
Religionslehre/Ethik[10]	2	2	2	2	2	2	12
Deutsch	5	5	4	4	4	4	26
Englisch	5	4	4	4	3	4	24
Geschichte	–	2	2	2	2	2	10
Erdkunde	2	2	2	2	2	–	10
Politik und Gesellschaft[2]	–	–	–	–	–	2	2
Wirtschaft und Recht	–	–	–	–	2	–	2
Mathematik	5	5	4	4	5	5	28
Physik	–	–	2	2	3	3	10
Chemie	–	–	–	2	2	2	6
Biologie[3]	2	2	2	2	–	2	10
Informationstechnologie[4] (Schwerpunkt: TZ/CAD oder Informatik)	[4]	[4]	[4]	[4]	[4]	[4]	11
Sport[9]	2+2	2+2	2+2	2+2	2+2	2+2	12 + 12
Musisch-ästhetische Bildung	Gestaltung (Ku, We, TG)	3	2	1[5]	1[5]	1[5]	–	8
	Musik	2	2	1[5]	1[5]	1[5]	–	7
Ernährung und Gesundheit	–	–	2	–	–	–	2
Gesamtstunden[1]	[1]	[1]	[1]	[1]	[1]	[1]	180

Wahlpflichtfächergruppe II

Unterrichtsfach	Jahrgangsstufe						Gesamtstunden
	5	6	7	8	9	10	
Religionslehre/Ethik[10]	2	2	2	2	2	2	12
Deutsch	5	5	4	4	4	4	26
Englisch	5	4	4	4	3	4	24
Geschichte	–	2	2	2	2	2	10

RSO Anlage 1

Unterrichtsfach	Jahrgangsstufe						Gesamtstunden
	5	6	7	8	9	10	
Erdkunde	2	2	2	2	2	–	10
Politik und Gesellschaft[2)]	–	–	–	–	–	2	2
Mathematik	5	5	3	3	3	4	23
Physik	–	–	–	2	2	2	6
Chemie	–	–	–	–	2	2	4
Biologie[3)]	2	2	2	2	–	2	10
Betriebswirtschaftslehre/ Rechnungswesen	–	–	3	3	3	3	12
Wirtschaft und Recht	–	–	–	2	2	–	4
Informationstechnologie[4)] (Schwerpunkt: Betriebswirtschaftslehre/Rechnungswesen)	[4)]	[4)]	[4)]	[4)]	[4)]	[4)]	8
Sport[9)]	2+2	2+2	2+2	2+2	2+2	2+2	12 + 12
Musisch-ästhetische Bildung — Gestaltung (Ku, We, TG)	3	2	1[5)]	1[5)]	1[5)]	–	8
Musisch-ästhetische Bildung — Musik	2	2	1[5)]	1[5)]	1[5)]	–	7
Ernährung und Gesundheit	–	–	2	–	–	–	2
Gesamtstunden[1)]	[1)]	[1)]	[1)]	[1)]	[1)]	[1)]	180

Wahlpflichtfächergruppe IIIa

Unterrichtsfach	Jahrgangsstufe						Gesamtstunden
	5	6	7	8	9	10	
Religionslehre/Ethik[10)]	2	2	2	2	2	2	12
Deutsch	5	5	4	4	4	4	26
Englisch	5	4	4	4	3	4	24
Zweite Fremdsprache (Französisch)	–	–	4	3	4	4	15
Geschichte	–	2	2	2	2	2	10
Erdkunde	2	2	2	2	2	–	10
Politik und Gesellschaft[2)]	–	–	–	–	–	2	2
Betriebswirtschaftslehre/ Rechnungswesen	–	–	2	2	–	–	4
Wirtschaft und Recht	–	–	–	–	2	–	2

Anlage 1 **RSO**

Unterrichtsfach	Jahrgangsstufe						Gesamtstunden
	5	6	7	8	9	10	
Mathematik	5	5	3	3	3	4	23
Physik	–	–	–	2	2	2	6
Chemie	–	–	–	–	2	2	4
Biologie[3]	2	2	2	2	–	2	10
Informationstechnologie[4] (Schwerpunkt: Betriebswirtschaftslehre/Rechnungswesen)	[4]	[4]	[4]	[4]	[4]	[4]	7
Sport[9]	2+2	2+2	2+2	2+2	2+2	2+2	12 + 12
Musisch-ästhetische Bildung	Gestaltung (Ku, We, TG)	3	2	1	–	–	–	6
	Musik	2	2	1[5]	1[5]	1[5]	–	7
Gesamtstunden[1]	[1]	[1]	[1]	[1]	[1]	[1]	180

Wahlpflichtfächergruppe IIIb[6]

Unterrichtsfach	Jahrgangsstufe						Gesamtstunden
	5	6	7	8	9	10	
Religionslehre/Ethik[10]	2	2	2	2	2	2	12
Deutsch	5	5	4	4	4	4	26
Englisch	5	4	4	4	3	4	24
Geschichte	–	2	2	2	2	2	10
Erdkunde	2	2	2	2	2	–	10
Politik und Gesellschaft[2]	–	–	–	–	–	2	2
Wirtschaft und Recht	–	–	–	–	2	–	2
Mathematik	5	5	3	3	3	4	23
Physik	–	–	–	2	2	2	6
Chemie	–	–	–	–	2	2	4
Biologie[3]	2	2	2	2	–	2	10
Wahlpflichtfach[7]	–	–	3	3	3	3	12
Informationstechnologie[4] (Schwerpunkt: TZ/CAD oder Informatik oder Betriebswirtschaftslehre/Rechnungswesen)	[4]	[4]	[4]	[4]	[4]	[4]	9

RSO Anlage 1

Unterrichtsfach		Jahrgangsstufe						Gesamtstunden
		5	6	7	8	9	10	
Sport[9]		2+2	2+2	2+2	2+2	2+2	2+2	12 + 12
Musisch- ästhetische Bildung	Gestaltung[8] (Ku, We, TG)	3	2	1[5]	1[5]	1[5]	–	8
	Musik	2	2	1[5]	1[5]	1[5]	1[5]	8
Ernährung und Gesundheit		–	–	2	–	–	–	2
Gesamtstunden[1]		[1]	[1]	[1]	[1]	[1]	[1]	180

Hinweise zur Stundentafel für die Realschule

1) Je Jahrgangsstufe dürfen 28 Wochenstunden nicht unterschritten, 32 Wochenstunden nicht überschritten werden. Die Stundentafeln müssen im Umfang von mindestens 180 Gesamtstunden erfüllt werden. Abweichend von den Stundentafeln können bis zu zwei Wochenstunden der 180 Gesamtstunden für verpflichtenden Unterricht zur gezielten Förderung der Schülerinnen und Schüler der gesamten Klasse, z. B. durch zusätzlichen Unterricht in Pflicht- und Wahlpflichtfächern oder vertiefenden Unterricht zur Ausgestaltung des Schulprofils wie beispielsweise Forscher- oder Chorklassen oder Projekte/Schulleben, eingesetzt werden. Die Entscheidung, ob und gegebenenfalls welche Wochenstunden in einzelnen Jahrgangsstufen hierdurch ersetzt werden, trifft der Schulleiter oder die Schulleiterin in Absprache mit der Lehrerkonferenz und dem Schulforum. Nicht ersetzt werden können Wochenstunden des Pflichtunterrichts der Fächer Religionslehre, Sport, Informationstechnologie und Musik sowie im Bereich Gestaltung; die jeweilige Anzahl der Gesamtwochenstunden ist in diesen Fächern und im Bereich Gestaltung verbindlich.
2) Mit Inhalten aus dem Fach Wirtschaft und Recht.
3) In Jahrgangsstufe 10 mit Inhalten der Erziehungskunde.
4) Informationstechnologie ist mindestens bis einschließlich Jahrgangsstufe 9 zu unterrichten. Die Verteilung der Wochenstunden im Fach IT ist flexibel.
5) Die Verteilung der Wochenstunden im Fach Musik und im Bereich Gestaltung ist flexibel.
6) Die Wahlpflichtfächergruppe IIIb kann an einer Realschule grundsätzlich nur gebildet werden, wenn auch die Wahlpflichtfächergruppe IIIa zustande kommt.
7) – Als Wahlpflichtfach kann von der Schule eines der folgenden Fächer angeboten werden: Kunst oder Werken oder Ernährung und Gesundheit oder Sozialwesen.
   – Bei der Wahl von Haushalt und Ernährung als Wahlpflichtfach sind in Jahrgangsstufe 7 die 2 Wochenstunden Ernährung und Gesundheit für den Bereich musisch-ästhetische Bildung (Gestaltung bzw. Musik) zu verwenden.
8) Das im Bereich Gestaltung gewählte Fach (Ku bzw. We) darf ab Jahrgangsstufe 7 nicht dem gewählten Wahlpflichtfach entsprechen.
9) Verpflichtend zwei Wochenstunden Basissportunterricht (BSU) und unter Berücksichtigung der personellen, räumlichen und organisatorischen Voraussetzungen bis zu zwei weitere Wochenstunden Sportunterricht, der als BSU oder Differenzierter Sportunterricht (DSU) angeboten werden kann.
10) Wenn das Fach Ethik eingerichtet wird, besteht die Möglichkeit, zusätzlich das Fach Islamischer Unterricht einzurichten. Näheres wird durch das Staatsministerium geregelt.

Anlage 2 (zu § 16)

Stundentafel für die dreijährige Abendrealschule

Fach	Schuljahr		
	1	2	3
	Wochenstunden		
Deutsch[1]	4	4	4
Englisch[1]	5	4	4
Geschichte	1	1	1
Mathematik[1]	4	4	4
Physik[1]	2	2	2

Wahlpflichtfächergruppe I

Mathematik[1]	–	1	1
IT	2	1	1
Chemie	1	1	1
Politik und Gesellschaft	–	1	1
Biologie oder Erdkunde	1	1	1
Wochensumme gesamt	20	20	20

Wahlpflichtfächergruppe II

Wirtschaft und Recht	1	1	–
Betriebswirtschaftslehre/Rechnungswesen[1]	2	2	3
Erdkunde	1	1	1
Politik und Gesellschaft	–	1	1
Wochensumme gesamt	20	20	20

Wahlpflichtfächergruppe III

Soziallehre[1]	2	3	3
Biologie[2]	1	1	1
Erdkunde[2]	1	1	1
Wochensumme gesamt	20	20	20

1) Die Pflichtunterrichtszeit an Abendrealschulen beträgt generell in jedem Schuljahr 20 Wochenstunden. Dabei müssen auf die Fächer Deutsch, Englisch und Mathematik mindestens 3 Wochenstunden pro Fach und Schuljahr sowie auf das spezifische Abschlussprüfungsfach der jeweiligen Wahlpflichtfächergruppe mindestens 2 Wochenstunden pro Schuljahr entfallen.
2) Der Unterricht in Biologie und Erdkunde kann auch folgendermaßen aufgeteilt werden: Schuljahr 1: Erdkunde 2 Stunden Schuljahr 2: Biologie 2 Stunden Schuljahr 3: Erdkunde und Biologie je 1 Stunde oder halbjährlich je 2 Stunden.

Stichwortverzeichnis

Die angegebenen Zahlen beziehen sich auf die Artikel (Art.) und Absätze () des BayEUG und die Paragrafen (§) und Absätze () der BaySchO bzw. der RSO.

A

Abendgymnasium Art. 10 (2) BayEUG

Abendrealschule Art. 10 (1) BayEUG
- Aufnahme § 9 RSO
- Nachprüfung § 27 (7) RSO
- Probezeit § 5–7 RSO
- Schulaufgaben § 16 (1) RSO
- Stundentafeln § 16 (1) RSO, Anlage 2 RSO
- Vorrückungsfächer § 25 (2) RSO

Abmeldung vom Religionsunterricht Art. 46 (4) BayEUG, § 27 (3) BaySchO

Abschlussprüfung Art. 54 BayEUG
- Bewertung § 38 RSO
- Mündliche Prüfung § 36 RSO
- Praktische Prüfung § 37 RSO
- Prüfungsausschuss § 33 RSO
- Schriftliche Prüfung § 35 RSO
- Festsetzung des Prüfungsergebnisses § 39 RSO
- Notenausgleich § 40 RSO
- Abschlusszeugnis § 41 RSO
- Wiederholung § 42 RSO
- Verhinderung an der Teilnahme § 43 RSO
- Nachholung § 44 RSO
- Unterschleif § 45 RSO

Abschlusszeugnis Art. 54 (4) BayEUG
- Aufbewahrung § 37 BaySchO

Alkoholverbot § 23 (1) BaySchO

ärztliches Zeugnis § 20 (2) BaySchO

amtliche Bezeichnung von Schulen Art. 29 (1) BayEUG

Anmeldung § 2 (1) RSO

Attest § 20 (2) BaySchO

Aufgaben
- Elternvertretung Art. 65 BayEUG, § 15 BaySchO

- Klassenkonferenz Art. 53 (4) BayEUG
- Lehrerkonferenz Art. 58 (3) BayEUG, § 3 BaySchO
- Lehrkräfte Art. 59 BayEUG
- Schülermitverantwortung Art. 62 BayEUG, § 10 BaySchO
- Schule Art. 2 BayEUG
- Schulforum Art. 69 BayEUG
- Schulleiter Art. 57 (1–3) BayEUG

Auflösung von öffentlichen Schulen Art. 26 ff. BayEUG

Aufnahme § 2 RSO

Aufnahmeausschuss § 3 (4) RSO

Aufnahmeprüfung § 5, 6 RSO

Aufsicht Art. 109 BayEUG
- Schriftliche Prüfung § 35 (4) RSO
- Schülerheime Art. 109 BayEUG

Aufsichtspflicht § 22 BaySchO

Ausschluss
- in einem Fach Art. 86 (2) Nr. 4 BayEUG
- vom Besuch eines Wahlfaches § 14 (3) RSO
- vom Unterricht Art. 86 (2) Nr. 5–7 BayEUG
- von der Schule Art. 86 Nr. 11, 12 BayEUG
- vorübergehender (Sicherungsmaßnahmen) Art. 87 (1) BayEUG

Außenklassen (siehe Partnerklassen)

Austritt Art. 55 (1) BayEUG

B

Beaufsichtigung § 22 BaySchO

Beendigung des Schulbesuchs Art. 55, Art. 111 BayEUG

Befreiung § 20 BaySchO

Benotung der Leistungen Art. 52 BayEUG

Beratung
- der Lehrkräfte Art. 57 (2) BayEUG
- des pädagogischen Personals Art. 57 (2) BayEUG
- der Erziehungsberechtigten Art. 75, Art. 78 (1) BayEUG, § 12 (2) BaySchO

Beratungsstellen Art. 78 BayEUG

Beratungslehrkräfte Art. 78 (1) BayEUG

Berufsfachschule Art. 13 BayEUG

Berufsoberschule Art. 17 BayEUG

Berufsschulberechtigung Art. 40 BayEUG

Berufsschule Art. 11, Art. 34 BayEUG

Berufsschulpflicht Art. 39 BayEUG
- Befreiung Art. 39 (3) BayEUG

Bescheinigung
- über die Dauer des Schulbesuchs § 32 RSO

Beschluss der Lehrerkonferenz Art. 58 (5) BayEUG

Beschwerderecht Art. 62 BayEUG

Besichtigung schulischer Einrichtungen Art. 113 BayEUG

Beteiligung des Gesundheitsdienstes Art. 118 (3) BayEUG

Beurlaubung § 20 (3) BaySchO

Bewertung
- der Leistungen Art. 52 BayEUG, § 21 RSO
- der Prüfungsleistungen § 38 RSO

Bildstellenwesen Art. 79 BayEUG

Bildungsstandards Art. 45 BayEUG

179

Stichwortverzeichnis

C

Corona-Pandemie
- Sonderregelungen § 46b BaySchO

D

Datenerhebung Art. 85, BayEUG Art. 85a BayEUG

Datenschutz

Digitale Hilfsmittel
- Einsatz § 18a BaySchO

Distanzunterricht §§ 19, 22 BaySchO

Disziplinarausschuss § 7 (4) BaySchO

E

Eigenverantwortung § 3 BaySchO

Einschränkung von Grundrechten Art. 120 BayEUG

Einsichtnahme § 41 BaySchO

Elternbeirat
- Amtszeit § 16 (2) BaySchO
- Gemeinsamer § 14 BaySchO
- Geschäftsgang § 15 BaySchO
- Unterrichtung Art. 67 BayEUG
- Wahl § 14 BaySchO
- Zusammensetzung Art. 66 BayEUG

Elternsprechstunden § 12 BaySchO

Elternsprechtage § 12 BaySchO

Elternversammlung § 12 BaySchO

Elternvertretung
- Bedeutung und Aufgaben Art. 65 BayEUG
- Einrichtungen Art. 64 BayEUG

Entlassung Art. 55, 87 BayEUG

Ergänzungsprüfungen § 51 RSO

Ergänzungsschulen Art. 102 ff. BayEUG

Erhebungen § 24 BaySchO

Erkrankung § 20 BaySchO
- bei Abschlussprüfung § 43 RSO
- bei Ersatzprüfung § 22 (4) RSO
- ärztliches Zeugnis § 20 (2) BaySchO

Errichtung von öffentlichen Schulen Art. 26 ff. BayEUG

Ersatzprüfung § 22 (2–4) RSO

Ersatzschule Art. 91 ff. BayEUG

Erziehungsberechtigte § 12 ff. BaySchO
- Zusammenarbeit § 12 BaySchO Art. 74 BayEUG

Erziehungsmaßnahmen Art. 86 ff. BayEUG

Ethikunterricht Art. 47 BayEUG, § 27 BaySchO

Evaluation Art. 113c BayEUG

F

Fachakademie Art. 18 BayEUG

Fachliche Leistungstests § 17 RSO

Fachoberschule Art. 16 BayEUG

Fachschule Art. 15 BayEUG

Familien- und Sexualerziehung Art. 48 BayEUG

Fernbleiben vom Unterricht Art. 55 (2) BayEUG, § 20 (2) BaySchO

Ferien Art. 5 BayEUG

Finanzielle Abwicklung
- schulischer Veranstaltungen § 25 BaySchO

Förderlehrerinnen/ Förderlehrer Art. 60 BayEUG

Förderschule Art. 33 BaySchO
- der Art. 19 BayEUG
- Ausführungsbestimmungen Art. 24 BayEUG
- Gliederung Art. 20 BayEUG

Freiwilliges Wiederholen § 29 RSO

G

Ganztagsangebot Art. 6 (5) BayEUG

Gastschulverhältnis Art. 43 BayEUG

Geltungsbereich § 1 BaySchO, § 1 RSO

Grundschule Art. 7, Art. 32 BayEUG

Gymnasium Art. 9 BayEUG

H

Haftpflicht Art. 89 (1) BayEUG
- bei Schülerfirmen § 21 (1) BaySchO

Handy Art. 56 (5) BayEUG, § 23 BaySchO

Hausaufgaben § 28 BaySchO

Hausordnung § 2 (2) BaySchO

Hausunterricht Art. 23 BayEUG

Heilpädagogische Förderlehrerinnen/Heilpädagogische Förderlehrer Art. 60 BayEUG

Höchstausbildungsdauer § 15 RSO

I

Individuelle Unterstützung § 32 BaySchO

Information
- des Elternbeirates Art. 67 BayEUG

Inklusive Schule Art. 30b BaySchO

Islamischer Unterricht Art. 47 BayEUG, § 27 BaySchO

J

Jahresbericht Art. 85 (3) BayEUG

Jahresfortgangsnote § 23 RSO

Jahreszeugnisse § 31 RSO

Jahrgangsstufensprecher Art. 62 (2) BayEUG, § 8 (3) BaySchO

K

Klassen Art. 49 BayEUG
- Einrichtung von § 12 RSO

Stichwortverzeichnis

- Ganztagsklassen Art. 6 (5) BayEUG
- Kooperationsklassen Art. 30a (7) BayEUG
- Offene Klassen der Förderschulen Art. 30a (7) BayEUG
- Partnerklassen Art. 30a (7) BayEUG

Klassenelternsprecherin/ Klassenelternsprecher
- Amtszeit § 16 (2) BaySchO
- Wahl § 13 BaySchO

Klassenelternversammlung Art. 64 (3) BayEUG

Klassenkonferenz Art. 53 (4) BayEUG, § 7 (2) BaySchO

Klassensprecherinnen/Klassensprecher Art. 62 (2) BayEUG

Klassen- und Gruppenbildung § 12 RSO

Kreuz Art. 7 (4) BayEUG

Kurzarbeiten § 17 RSO

L

Landesschulbeirat Art. 73 BayEUG

Landesschülerkonferenz Art. 62a BayEUG

Landesschülerrat Art. 62a 112 BayEUG

Landkreisschülersprecher Art. 10 BaySchO

Lehrerkonferenz Art. 58 BayEUG
- Aufgaben der Art. 58 (1) BayEUG, § 3 BaySchO
- Ausschüsse Art. 58 (1) BayEUG, § 7 BayEUG
- Beschlüsse Art. 58 (5) BayEUG
- Beschlussfähigkeit Art. 58 (6) BayEUG
- Beschlussfassung § 6 BaySchO, Art. 58 (6) BayEUG
- Disziplinarausschuss § 7 (4) BaySchO
- Einberufung § 5 BaySchO
- Geschäftsgang Art. 58 (6) BayEUG
- Lehr- und Lernmittelausschuss § 7 (3) BaySchO
- Mitglieder Art. 58 (2) BayEUG
- Sitzungen § 4 BaySchO (1)
- Sitzungsteilnahme Art. 58 (6) BayEUG

- Stimmberechtigung Art. 58 (6) BayEUG
- Vorsitz Art. 58 (2) BayEUG

Lehrkräfte Art. 59 BayEUG

Lehrmittel Art. 51 BayEUG

Lehrpläne Art. 45 BayEUG

Lehr- und Lernmittelausschuss Art. 58 (1) BayEUG, § 7 (3) BaySchO

Leistungsnachweise Art. 52 BayEUG, § 17 RSO
- Bewertung § 21 RSO
- Große § 18 RSO
- Kleine § 19 RSO
- Korrektur § 20 RSO
- Nachholung § 22 RSO
- Nachteilsausgleich Art. 52 (5) BayEUG, § 33 BaySchO
- Praktische § 19 (5)(5) BayEUG, § 31 ff. BaySchO

Lernmittel Art. 51 BayEUG

M

Medienzentren Art. 79 BayEUG

Mittagsbetreuung Art. 31 (3) BayEUG

Mittelschule Art. 7a, Art. 32a BayEUG

Mittlerer Schulabschluss Art. 25 BayEUG

Mobile Sonderpädagogische Dienste Art. 21 BayEUG

Mobile Sonderpädagogische Hilfe Art. 22 BayEUG

Mobilfunktelefone Art. 56 (5) BayEUG, § 23 BaySchO

MODUS-Maßnahmen § 3 BaySchO, Anlage BaySchO

MODUS-Schulen
- Organisation Art. 83 BayEUG
- Zulässigkeit Art. 82 BayEUG
- Zweck Art. 81 BayEUG

Mündliche Prüfung § 36 RSO

N

Nacharbeit Art. 86 (1) BayEUG

Nachholfrist § 7 RSO

Nachholung
- der Abschlussprüfung § 44 RSO

- von Leistungsnachweisen § 22 RSO

Nachmittagsunterricht
- Stellen von Hausaufgaben § 28 BaySchO

Nachprüfung Art. 53 (6) BayEUG, § 27 RSO

Nachteilsausgleich § 33 BaySchO
- Begriffsbestimmung § 31 BaySchO
- Formen § 33 BaySchO
- Verfahren § 36 BaySchO
- Zuständigkeit § 35 BaySchO

Niederschrift
- der Lehrerkonferenz § 4 (4) BaySchO
- des Schulforums § 17 (2) BaySchO
- des Prüfungsausschusses § 33 (6) RSO
- Wahl der Elternvertretung § 13 (5) BaySchO

Notenschutz § 34 BaySchO
- Begriffbestimmung § 31 BaySchO
- Formen § 34 BaySchO
- Verfahren § 36 BaySchO
- Zuständigkeit § 35 BaySchO

Notenausgleich § 40 RSO

Notenstufen Art. 52 (2) BayEUG

O

Ordnungsmaßnahmen Art. 86 BayEUG
- Abschließender Katalog Art. 86 (2) BayEUG
- Unterrichten über 88 (4) BayEUG
- unzulässige Art. 86 (3) BayEUG
- Verfahren Art. 88 (3) BayEUG
- Zuständigkeit Art. 88 (1) BayEUG

Ordnungswidrigkeiten Art. 119 BayEUG

P

Partnerklassen Art. 30a (7) BayEUG

Pflichten
- der Arbeitgeberinnen/ Arbeitgeber Art. 77 BayEUG

181

Stichwortverzeichnis

- der Erziehungsberechtigten Art. 76 BayEUG
- der Schule Art. 75 BayEUG
- Schülerinnen/Schüler Art. 56 (1) BayEUG
- Schulleiterin/ Schulleiter Art. 57 BayEUG

Politische Werbung Art. 84 BayEUG

Praktische Leistungsnachweise § 19 (5) RSO

Praktische Prüfung § 37 RSO

Private Schulen BayEUG
- Aufgabe Art. 90 BayEUG
- Ersatzschulen Art. 91 ff. BayEUG

Probeunterricht § 3 RSO

Probezeit § 7 RSO
- Abendrealschule § 9 RSO

Prüfungsausschuss § 33 RSO
- Vorsitz Art. 54 (2) BayEUG

Prüfungsergebnis § 39 RSO, § 49 RSO

Prüfungsgegenstände § 48 RSO

Prüfungsnote § 39 RSO, § 49 RSO

R

Realschule Art. 8 BayEUG

Rechte
- des Landesschülerrates Art. 62 (3) BayEUG
- der Schülerinnen und Schüler Art. 56 (2) BayEUG
- der Schülermitverantwortung Art. 62 (1) BayEUG

Religionsunterricht Art. 46 BayEUG, § 27 BaySchO
- Abmeldung § 27 (2) BaySchO
- Aufsicht Art. 112 BayEUG

Rückkehr an die Mittelschule § 4 RSO

S

Sammelbestellungen Art. 84 (1) BayEUG, § 2 (2) BaySchO

Sammlungen § 26 BaySchO

Schriftliche Leistungen Art. 52 BayEUG
- Abschlussprüfung § 35 RSO
- Korrekturzeit § 20 (1) RSO

Schülerausschuss Art. 62 (5) BayEUG, § 9 BaySchO

Schülerfirmen § 21 BaySchO
- Konten § 25 (2) BaySchO

Schülerheime Art. 106 ff. BayEUG

Schülerinnen/Schüler
- ohne festen Aufenthalt § 29 BaySchO
- Pflichten Art. 56 (1) BayEUG
- Rechte Art. 56 (2) BayEUG

Schülermitverantwortung Art. 62 BayEUG, § 10 BaySchO

Schülersprecherinnen/Schülersprecher Art. 62 (1) BayEUG, § 9 BaySchO

Schülerstammblatt § 37 BaySchO

Schülerunterlagen § 37 ff. BaySchO, Art. 85 (1a) BayEUG
- Aufbewahrung § 40 BaySchO
- Einsichtnahme § 41 BaySchO
- Verwendung § 38 BaySchO
- Weitergabe bei Schulwechsel § 39 BaySchO

Schülervertretung Art. 62 BayEUG

Schülerzeitung Art. 63 BayEUG
- Finanzierung § 10 (4), § 25 (3) BaySchO

Schulandacht § 27 (1) BaySchO

Schulamt Art. 115 BayEUG, § 43 (1) BaySchO
- Aufgaben 43 (1) BaySchO
- Gastschulverhältnisse Art. 43 BaySchO

Schulaufgaben § 18 RSO

Schulaufsicht 43 (1) BaySchO
- Befugnisse Art. 113 BayEUG
- Beteiligung Art. 116 BayEUG
- Schülerheime Art. 109 BayEUG

Schulaustritt Art. 55 BayEUG, Art. 30 BaySchO

Schulbauten Art. 4 BayEUG

Schulberatung Art. 78 BayEUG

Schulen
- Bezeichnung Art. 29, Art. 30a (7) BaySchO
- Inklusive Art. 30b BayEUG
- Kommunale Art. 30 BayEUG
- Staatliche Art. 26 BayEUG
- Zusammenarbeit Art. 30a, Art. 31 BayEUG

Schulen besonderer Art Art. 126 BayEUG

Schulen für Kranke Art. 23, Art. 33 BayEUG
- Ausführungsbestimmungen Art. 24 BayEUG

Schulforum Art. 69 BayEUG, § 17 BaySchO

Schulgebet § 27 (1) BaySchO

Schulgemeinschaft § 3 BaySchO, Art. 2 (4) BayEUG

Schulgesundheit Art. 80 BayEUG

Schulgottesdienst § 27 (1) BaySchO

Schuljahr Art. 5 BayEUG

Schulkonto § 25 BaySchO

Schullaufbahnbogen § 37 BaySchO

Schulleiterin/Schulleiter Art. 57 BayEUG, § 2 BaySchO
- Aufgaben Art. 57 (2) BayEUG
- Weisungsrecht Art. 57 (2) BayEUG

Schulpflicht
- bei Krankheit Art. 41 BayEUG
- bei sonderpädagogischem Förderbedarf Art. 41 BayEUG
- Eintreten Art. 37 (1) BayEUG
- Erfüllung Art. 36 BayEUG
- Schüler ohne festen Aufenthalt § 29 BaySchO
- Voraussetzungen Art. 35 BayEUG

Schulpsychologen Art. 78 (1) BayEUG

Schulsozialpädagoginnen/ -pädagogen Art. 60 BayEUG

Schulsprengel Art. 32 (4), 42 BayEUG

Schultagebuch § 29 BaySchO

Schulveranstaltungen Art. 30 BayEUG

Schulverbund Art. 32a BayEUG

Schulversuch Art. 81 ff. BayEUG

Schulvorbereitende Einrichtungen Art. 22 BayEUG

Schulwechsel § 3 BaySchO
- Weitergabe von Schülerunterlagen § 39 BaySchO

Schulzwang Art. 118 BayEUG

Sexualerziehung Art. 48 BayEUG

Stichwortverzeichnis

Sicherstellung von Gegenständen § 23 BaySchO

Sicherungsmaßnahmen Art. 87 BayEUG
- Unterrichtung über 88 (4) BayEUG
- Verfahren Art. 88 (3) BayEUG
- Zuständigkeit Art. 88 (1) BayEUG

Sitzungen § 4 BaySchO

Spenden § 26 BaySchO

Sprengelpflicht Art. 42 BayEUG

Statistik Art. 113b BayEUG

Stegreifaufgaben § 17 RSO

Stundenpläne § 19 BaySchO

Stundentafeln Art. 45 BayEUG, § 16 RSO, Anlage 1–2 RSO

T

Teilnahme
- am Probeunterricht § 3 RSO
- am Religionsunterricht § 27 (2) BaySchO
- am Unterricht § 20 (1) BaySchO
- an der Nachprüfung § 27 (4) RSO
- an Sitzungen der Lehrerkonferenz § 4 (2) BaySchO
- Schulveranstaltung § 20 (1) BaySchO
- Verhinderung § 43 RSO

U

Überspringen einer Jahrgangsstufe Art. 37 (3) Bay EUG, § 28 RSO

Übertritt
- an eine andere Schule § 10 RSO
- an ein Gymnasium § 11 RSO
- in eine andere Wahlpflichtfächergruppe § 10 RSO

Umfragen § 24 BaySchO

Unterrichtsbefreiung § 20 BaySchO

Unterrichtszeit § 19 (2) BaySchO

Unterschleif § 45 RSO
- bei Nachteilsausgleich § 33 BaySchO

V

Veranstaltungen Art. 30 BayEUG
- Alkoholverbot § 23 (1) BaySchO
- Aufsicht § 22 BaySchO
- Einvernehmen des Elternbeirats § 12 (1), § 15 (1) BaySchO
- Entscheidung der Schulleitung § 2 (2) BaySchO
- Finanzielle Abwicklung § 25 BaySchO

Verbindungslehrkräfte 62 (5) BayEUG, § 10 BaySchO

Verbot
- des Wiederholens § 30 RSO
- von Rauschmitteln § 23 BaySchO

Verbundausschuss Art. 32 (7) BayEUG, § 18 BaySchO

Verbundkoordinator Art. 32 (7) BayEUG, § 18 BaySchO

Verwaltung
- des Schulkontos § 25 BaySchO
- Personal Art. 57 (2) BayEUG

Verweis Art. 86 (2) BayEUG

Vorrücken Art. 53 BayEUG
- auf Probe § 26 RSO
- Entscheidung über § 24 RSO

Vorrückungsfächer § 25 RSO

W

Wahl(pflicht)fächer Art. 50 BayEUG, § 14 RSO

Werbung Art. 84 BayEUG

Werkmeisterinnen/ Werkmeister Art. 60 BayEUG

Wiederholen Art. 53 BayEUG
- Freiwilliges § 29 RSO

Wiederzulassung Art. 88a BayEUG

Z

Zeugnisse
- Jahreszeugnisse § 31 RSO
- Zwischenzeugnisse § 31 RSO

Zuweisung an eine andere Schule Art. 86 (2) BayEUG

Zwischenzeugnisse § 31 RSO

Zusammenarbeit
- mit Erziehungsberechtigten Art. 74 BayEUG, § 12 BaySchO
- mit Horten Art. 31 (2) BayEUG
- mit Jugendämtern Art. 31 BayEUG
- von Schulen Art. 30a BayEUG

Notizen